情报与反情报丛书

战略情报

情报人员、管理者和用户手册

（全新修订版）

[澳] 唐·麦克道尔（Don McDowell）／著
陈　烨／译　　高金虎／审校

Strategic Intelligence

A Handbook for Practitioners, Managers, and Users

Revised Edition

金城出版社
GOLD WALL PRESS
·北京·

图书在版编目（CIP）数据

战略情报：情报人员、管理者和用户手册 /（澳）唐 · 麦克道尔（Don McDowell）著；陈烨译 . —北京：金城出版社有限公司，2019.9

（情报与反情报丛书 / 高金虎主编）

书名原文：Strategic Intelligence: A Handbook for Practitioners, Managers, and Users

ISBN 978–7–5155–1877–0

Ⅰ . ①战… Ⅱ . ①唐… ②陈… Ⅲ . ①军事情报—情报分析 Ⅳ . ① E87

中国版本图书馆 CIP 数据核字（2019）第 129865 号

战略情报：情报人员、管理者和用户手册

ZHANLUEQINGBAO QINGBAO RENYUAN GUANLIZHE HE YONGHU SHOUCE

作　　者　[澳] 唐 · 麦克道尔
译　　者　陈　烨
审　　校　高金虎
策划编辑　朱策英
责任编辑　李晓凌
开　　本　700毫米×960毫米　1/16
印　　张　18.25
字　　数　281千字
版　　次　2019年9月第1版
印　　次　2019年9月第1次印刷
印　　刷　天津旭丰源印刷有限公司
书　　号　ISBN　978–7–5155–1877–0
定　　价　88.00元

出版发行　**金城出版社有限公司**　北京市朝阳区利泽东二路3号　邮编：100102
发 行 部　(010) 84254364
编 辑 部　(010) 64271423
交流邮箱　gwpbooks@yahoo.com
总 编 室　(010) 64228516
网　　址　http://www.jccb.com.cn
电子邮箱　jinchengchuban@163.com
法律顾问　北京市安理律师事务所　(电话)18911105819

丛书总序

以情报工作为研究对象，探索情报工作规律，研究改进情报工作途径的学科，在西方称为情报研究，在中国则称为军事情报学。名称不同，本质一致。

长期以来，由于情报工作本身存在着较强的隐蔽性，各个国家对情报机构的活动秘而不宣，其情报档案也不公开，从而影响了情报工作受关注的程度，情报活动成了历史研究中被遗忘的一角。

西方的情报研究，始于 1949 年美国学者谢尔曼·肯特（Sherman Kent）《战略情报：为美国世界政策服务》一书的出版。肯特是耶鲁大学历史学教授，第二次世界大战期间担任美国战略情报局（Office of Strategic Services）研究分析处欧洲—非洲科的科长，战后一度回到耶鲁重执教鞭，随后担任中央情报局国家评估办公室主任。在该书中，肯特把战略情报定位为战略家制订和执行计划所必需的情报，是身居高位的文武官员保卫国家福祉必须掌握的知识。肯特开启了情报分析专业化的大门，他因而被称为“情报分析之父”。

1962 年，美国兰德公司的罗伯塔·沃尔斯泰特（Roberta Wohlstetter）出版了《珍珠港：预警与决策》（*Pearl Harbor: Warning and Decision*），深刻剖析 1941 年驻珍珠港美军遭日军突然袭击的原因。从珍珠港事件起步，美国人一点一点地厘清了情报失误发生的原因，并有针对性地开出了改进情报工作的“处方”。

20 世纪 70 年代初，国际学术界在德国斯图加特召开第二次世界大战中的信号情报研讨会议。与会者一致认为，由于相关档案的公开，情报在二战中的作用必须重新审视，二战历史有必要重写。此后，情报研究在西方学术界呈现出方兴未艾之势，一批历史学家、政治学家、战略学家、国际关系学者加入了情报研究的阵营，有力地推动了情报研究的发展。在英语世界，情报研究已经成为社会科学研究的一个组成部分。

与美国相比，中国的情报研究起步并不算晚。早在2500年前的春秋时代，中国兵圣孙子就写出了著名的《孙子兵法》，这是世界上最早的军事情报学著作。孙子对战略情报要素认识的完备性、情报评估的重要性、情报谋略的微妙性、情报理论的科学性的分析，即便与2500年后谢尔曼·肯特的著作相比也不逊色。1943年，军统特工郑介民出版《军事情报学》，书中所勾勒的军事情报工作体系与今日西方的情报研究体系并无本质差别。

今天，军事情报学已经列入了我国研究生与学位教育的学科门类，我们已经培养了军事情报学专业的硕士生、博士生甚至博士后。但情报研究在我国远未成长为一门成熟的学科。理论研究的落后，制约了我国情报与安全保密工作的发展。

中国兵圣孙子说过：知彼知己，百战不殆。情报研究的根本目的是为了改进国家安全工作，维护国家安全和利益。要在复杂多变的世界局势中、在尖锐激烈的国际竞争中立于不败之地，我们必须高起点、高标准、高质量地谋划保密工作，全面、深入地了解世界主要大国情报机构进行策反、渗透、心战、窃密的基本手法，掌握其情报活动的基本特点，从而有的放矢，筑起反渗透、防泄密的防火墙，保障改革开放和社会主义建设事业的顺利进行。这是每一个从事国家安全和保密工作的同志的神圣使命。

基于以上认识，我们策划了这套“情报与反情报丛书”。所选作品均为西方名家的情报研究经典，内容涉及情报基础理论、情报体制、情报历史、谍报技术、反间谍、隐蔽行动、情报分析与失误、突然袭击等，涵盖了情报工作的各个领域。我们希望，这套丛书的出版，可以推动我国的情报研究，并对改善我国国家安全工作有所裨益。

高金虎

目　录

第二部分　重要观察结果

第三部分　关于情报用户和管理者的议题

图示目录

序 言

很荣幸本书能被列入“情报专业教育系列丛书”（professional intelligence education series）教材中，因为本书实现了两个内在的目标：教育和告知情报从业者和用户如何执行情报，以及使读者了解情报教育普遍性的问题。

这是本通俗易懂的教材，各个章节篇幅不长，包含了许多图表。读者通过了解将信息转化为情报的方法，以及接收信息后进行处理的方法等，对情报周期能有更深入的理解。本书易于阅读，内容不算深奥复杂，书中阐述的技巧和理论，可作为深入研究的起点。本书内容涵盖的范围便于分析人员理解和找到搜索信息的方法，为防御性或进攻性行动（defensive or offensive operations）服务。书中还探讨了情报产品的用户如何管理战略情报工作，以支持政策倡议。换句话说，这本书涵盖了战略情报开发和利用的各个方面。

作者唐·麦克道尔（Don McDowell）是全球闻名的情报培训师和顾问。他生活在澳大利亚，他将自己的所学传递给了世界各地无数的情报专业人士。这说明情报行业的核心知识可以超越国家利益范畴。当然，每个国家都有自己的机密，也都有搜集情报的能力，但是，情报周期理论及其流程都是相同的，只不过会受到搜集者所使用的搜集方法的限制，会受到情报产品的生产者和使用者所接受的训练和自身专业素质的限制。

这套情报专业教育系列丛书开始筹备后，我希望美国以外的作者，特别是情报从业者和培训师，能够参与这套系列丛书的写作。唐·麦克道尔勇挑重担，从一名游历全球的情报培训师和从业者的角度撰写了这本教材。本书是他的经验和知识的结晶，也远远超越了这套丛书的撰写目标。

情报专业教育系列丛书主编，教育学博士
简 · 戈德曼（Jan Goldman）

前　言

本书是我多年思考、实验、研究和实践的成果。在这段时间里，在战略情报与分析的理论和实践方面，我不断更新和改进自己的观点和理念，还就这个主题开设讲座、讲授课程、发表演讲、从事写作。从某种程度上来说，我在写这本书时也有些许的挫败感，因为我的情报同仁们几乎没有将他们的相关经验和感想撰写成文，也没有对发展任何一个行业都必需的“学习和意见框架”的建立贡献力量。由此，我想利用本书为媒介，用这种能更好传播、更易获取的方式来介绍我对战略情报理论及其应用的经验。

我承认，读者初看之下一定认为本书针对的主要是执法界。但是，你不应该抱有这种错误的假定，因为战略研究与任何社会的公共部门和私人机构都息息相关。战略分析可以运用于企业、政府的任何领域，甚至可以为个人所用，因为这一技巧有助于我们进行深入的规划活动，而这对于制定宏观计划和战略来说十分关键。我也为来自执法界以外的读者提出了一项挑战：无论讨论执法的哪个领域，你都可以将本书的相关术语和情景（scenario）替换成你感兴趣的那个领域，这可能包括政策制定、市场营销、投资和接管规划（或废止）等类似领域。本书提及的概念可以很容易地应用到其他领域中。

在撰写过程中，我不仅利用了自己长期积累的各类经验，还利用了其他人掌握和分享的各类知识和经验。细心的读者和研究者可能会发现，10年前本书第一次出版时，业界还很少能看到讨论战略分析这一专业主题的参考资料。不过，当前的各类文献的确能够帮助我们理解情报和分析的基本概念，搞清楚情报在战术和战役领域的应用情况。我们还可以发现一个明显的趋势：越来越多的战略分析著作开始重点讨论军事或国家安全的问题。这些书的确也提出了不少洞见，让我们了解如何将经验教训应用于执法和遵约领域、应用于商业世界。但是，书中对战略情报理念和流程应用的发展等问题的探讨，是我自己对于将研究方法应用于政府和企业情报工作的思考。虽然说我提出的并非一个全新的理念，但对于这些概念的“包装”、将这个方法论应用于解决现实存在的战略问题和议题所取得的成功，这些无疑都有助于推动执法界当前的情报流程的发展。

我还要强调几点。我不是要“创造”什么新理念，而只是想通过实践和实验找出那些经过重整和重塑后能应用于真实情报世界的技能、技巧以及研究模型。我的研究成果中不包含此类模型，而执法规划和犯罪趋势预测领域也不存在此类能够完全适用的模型。我们需要一个原则性强、逻辑合理的单一模型，让我们能够信心十足地进行沿用，而且如果我们能够灵活运用以适应变化的形势、克服各类限制因素，就能更好地满足每个战略项目的分析要求。

我真心感谢世界各地从事情报分析与研究的各位同仁和我的学生，感谢他们给予我各种支持、帮助和各类重要的评估意见。我希望他们和那些刚刚从事这一研究的人们能够从本书的理念中获益。我还希望，读者无论来自哪个组织机构，都能在自己的组织中继续对战略分析进行拓展应用。

第一部分

概论

[第一章]

战略情报的应用

虽然本书可以说是第一本关于战略情报及其非军事用途应用的参考书，但书中提出的概念却并不是全新的。毕竟，情报和分析活动已存在多年，且形式多样。从历史的角度来看，如果我们不去考虑该门类的一些现代含义的话，情报实践最早可以追溯到基督教世界的“圣经”时代，甚至在诸如孙子这样的东方军事哲学家的著作中也可寻觅到其踪迹。

在执法界，情报实践的相关文献数量逐年增多。本书谈及的术语“**执法**”(enforcement)，包括警务（policing）、遵约（compliance）和管理（regulation）三层含义。过去10年所产出的大量情报文献恰好说明，情报实践正逐渐被纳入世界执法界的合理责任范围。虽然不是所有的相关文献都能提出创新性观点或启发性意见，但大量内容丰富的战略情报应用和体验的文献材料，的确推动了该行业的发展。不过，到目前为止，情报工作仍然缺少一些被称为一种“**行业**”（profession）的核心要素。业界也没有就其理论内容、通用语言以及人员遴选、训练及培养的标准方法达成共识。“**最佳做法**”[1]的理念，是所有现代管理体系中都需要的重要元素，但情报界至今都缺乏对该理念的清晰阐述，至少没有按照所有从业者都能够普遍接受的方式进行阐述。

[1] 译注：“最佳做法”（best practice)，指的是某种优于其他选择的一种方法或技巧，如果按照这种方法去做，产生的结果要比使用其他方法更好，所以这种做法也就成为一种标准的方法。最佳做法也是一些公认的管理标准的重要特点之一。

情报活动尽管历史悠久，但业界对其仍缺乏明确的定义，也无法形成共识。这样说并非对诸多从业者的表现持有非议，相反，只是想通过这些评论阐明一个事实：尽管情报实践的历史悠久、涉及范围广泛，但我们仍需进一步探讨其在执法界的应用范围、面临的机遇和受到的限制等多方面问题。

欧洲和北美的各类情报协作组织正在积极努力，想要弥补这一不足。例如，许多机构已经建立或帮助建立一些情报培训项目的标准化方法，努力打破情报从业者和学术机构之间的界限，旨在实现技能培训和教育的最佳融合。但是，在一些观察者看来，解决情报培训的问题是一个相对容易的开头，而在将相关惯例和价值观结合起来、形成能为情报界所接受的“情报理论”（intelligence doctrine）方面却毫无进展。以笔者之见，对于该情报规范中需要包含的内容，众说纷纭。然而，让那些竭力追求卓越成就、公众认可和竞争优势的机构达成共识并接受一个通用规范，却并非易事。

一、本书的组织结构和中心论点

上述言论适用于一般意义上的情报世界，而本书的内容则是针对情报学的一门特殊的子学科：战略情报与研究（strategic intelligence and research）。读者可能会注意到，本书既包括对情报情景的批判性评估，同时也用了大量的篇幅来阐述情报管理者所感兴趣的一些实际问题。

另外，本书还用整整一个部分来阐述情报流程，旨在确保任何战略研究项目都能得到有序组织，在理念上有清晰的把握，以满足任务需求。情报流程本身并不难理解，许多读者不仅能够认清这些流程步骤，还能习惯性地将其应用于自己的工作实践。但是，如果读者将其视为一种“常识”或“仅仅是组织结构”而有所轻视，那就错了。事实上，如果我们没有合理的展望和规划，根本无法开展任何有价值的研究项目；同样，如果我们不去关注细节问题，也根本无法成功地完成研究项目。

正如本书后面将要讨论的，战略情报培训方案大多十分重视该情报流程，但仅限于关注如何利用当前的批判性和创造性思维，在具体的战略背景下应用该流程。笔者从教 10 年有余，教授过数百名学生，就笔者自身的经历来看，本书提出的这个严谨、有序却富有创造性的理论方法，是所有情报工作所必需的。如果包含了这个方法的教学策略没有在世界范围内的基本情报方法培训上得以应用，则是一个极大的缺失。

二、战略情报与分析的背景

19 世纪和 20 世纪，情报实践逐步发展成了一种固定的形式，我们从当前的情报实践中仍然可以窥见这种形式的存在。由此带来的负面影响是，许多观察者对于情报实践的环境产生了些许误解。谍报活动和批判性分析的概念通常被混淆成同一类活动的不同组成部分。事实上，**“谍报活动”**是指在侵入性和攻击性的间谍环境中搜集数据信息，而情报分析则是一种更为广泛的解决问题的过程，包括数据搜集和分析、阐释，对未来情况的发展、模式、面临的威胁、风险以及机遇的推测。

战略情报分析可以被视为一类特殊的研究形式，其所解决的议题在广度和细致程度上都有所不同，对各类威胁、风险和机遇的描述要足以为计划和政策的制定提供帮助。

战略情报工作并非一种新出现的分析实践活动。事实上，战略情报与分析是一种早已存在的情报技能形式，有历史记载的战略情报分析活动可追溯至 2000 多年前。但是，其被用于现代执法实践却是近年来才出现的情况。即使到了 21 世纪早期的今天，其发展速度仍然十分缓慢、不成体系。下文列出了战略分析在执法实践背景下的一个广义上的定义。我们要注意的是，尽管定义所使用的措辞都是与执法职责相匹配的词语，但其中包含的理念却十分简单，读者会发现，这些理念可适用于其他环境中，成为政府、非政府组织，甚至是企业界的政策及规划工具。定义中的关键问题在于战略研究的深度，如何开展对未来的全面阐释和预测，以及有针对性地利用分析结果，为未来的积极规划提供基础。

将这种**"新型的"**情报与分析形式应用于现代实践并非易事。此类情报与分析通常被视为，一种占用了包括各类人力资源和专属信息资源在内的大量资源的特殊门类。另外，一种普遍的看法是，战略情报研究的问题与日常的战役情报需求毫不相关。由此，我们需要提供解释，打消情报机构的疑虑，将战略分析视为情报活动的一种合理的乃至根本性的职能。

其他更为传统的情报形式（包括战术情报和战役情报），被编纂成典、获得认可，至少有 20 年的时间。[1] 而对于战略情报理论以及实践原则的归类和编纂工作，却在 20 世纪 90 年代初才刚刚起步。[2] 尽管各国情况有所不同，而这些不同反映了各国在利用战略研究提升规划和筹备水平方面的接受程度和投入力度存在差异，但是，毕竟这方面的工作已经取得十分显著的成效。

目前，战略情报实践规范已建立起来，也经受住了几年的时间考验。当然正如多数工作的日常程序和规范一样，战略情报工作的规范也需要人们去遵守，需要不断改进。不过事实上，战略情报工作的整个流程运转良好，且在诸如特定团伙、法律或犯罪行为现象在内的各类犯罪研究中，已经开始采用一种高度严谨的方法。该方法要求对战略情报分析活动中的每个要素进行定义，从而形成一种**概念分析**（conceptual analysis），要求从业者能够高度严谨、有序地处理各类**"硬数据"**（hard data）和**"软数据"**（soft data）。与此同时，该方法还鼓励从业者培养直觉思维和创造性思维的能力，从而确保从业者能够合理推测那些通常比较模糊且缺乏数据支持的问题。

---

[1] 原注：20 世纪 70 年代中期，由美国安纳卡巴科技有限公司（Corporation Anacapa Sciences Inc.）最初规范并推广执法界的情报培训。甚至到了现在，世界各国的情报技巧基础培训大多都是所谓的"安纳卡巴模式"的有效延续。

[2] 原注：此处特指我在澳大利亚以及后来在加拿大和欧洲所属的公司完成的工作。

三、方法与流程

战略情报研究涉及的各类活动很容易被视为情报流程整体的一部分，但是，由于这些活动的重点不同、用途各异，因而所使用的整体方法和流程要素也有各自的特点，需要面对不同的挑战。的确，战略分析在规划、数据搜集、分析和归纳思考等方面投入的关切和关注度远多于传统的战役情报。

但是，我们不能就此认为战略情报与其他形式情报的区别，主要在于流程的问题。这两者之间其实存在更为根本的区别：两者的根本目的不同，而不同的目的反过来定义并重塑了不同的工作流程，了解这一点十分重要。

战略情报与分析实践的重点在于，既能利用创造性的方法从宏观层面思考问题，同时又能一直在其与战术和战役的影响及结果之间建立切实的联系。虽然要考虑某些情报主题所需的研究深度相对不同，但是，我们从事战略情报分析活动，总是出于如何能够将最终的结果、结论以及相关建议应用于战备和应对机制（operational readiness and response mechanisms）这样一种需求。当然，任何无法回答“我们如何才能将其应用于实践层面”这种问题的战略情报产品都属于半成品。

无论战略情报的用户和客户是军队、政府的管理者，抑或是某地区或某行政区的管理者，战略分析的结果必须涉及“应该采取什么行动”“如何采取行动”以及“应该在哪种法律框架下采取行动”等问题。这些要求[1]不仅适用于国家或州级总部的层面，还关乎制定和落实计划及政策的任何决策层。同时，战略情报产品也并非一种对多年以后的远景进行展望的产物，而是与现代警务息息相关并且对其具有实用性的分析产品，有助于提高我们的能力，以应对不断变化的犯罪行为和公共安全威胁，因此，战略规划必须具备灵活性，能够适应变化的形势。战略规划是一项严谨的研究，这是其核心

[1] 译注：“这些要求”指的是战略分析结果需要对一系列问题提供答案的要求。

要素。同时，我们还必须了解一点：为了对日益突出的犯罪问题进行监视，我们需要持续不断地进行（至少要反复进行）战略研究。

对此我们将在后面的章节中详细阐述。

四、战略情报未来的应用

战略情报是可供管理者使用的工具。例如，警务活动就不仅仅是抓捕目标，还需要对一些重要和首要的议题进行决策。管理者如果没有掌握事实数据，就无法有效履行自己的职能。同样，如果不是已经对相关议题有了深入理解，也就无法适当开展执法行动。战略情报与分析是实现这种深入理解的关键所在，通常能够发挥指挥性作用，这也是战略情报产品形成过程中，管理者并非总能理解议题的一个方面。

认为战略研究仅适用于高层管理人员，这种想法是个误区。实际上，战略研究与所有需要从事战略规划的人员都息息相关。如果某行政区或某地区中心的管理者需要采取一种周密的方法来进行兵力部署和运用，他们也需要对自己所要处理的犯罪问题有战略性的认识，并且用一种与他们所处环境相关的方式来体现这一认识。

如果行政层仍然对战略情报心存疑虑，甚至抱有戒备之心，可能会诉诸战术情报及战役情报等手段，将其结果用于指导未来的实践。而这正是某些执法领域当前的做法，如果真是这样，各地的警察则需担负无法有效完成本职工作的风险。例如，如果我们仅将抓捕结果作为衡量是否成功的主要指标，那么无疑我们不会去确认，这些抓捕行动是否代表了应对某类特定犯罪最重要、最有效的方式的必要性。诸如，缉毒行动就是需要高调、频繁的情报活动和调查活动的典型代表。但是，如果警方的缉毒小组对毒品市场的情况变化以及此类变化对吸毒群体和吸毒者行为产生的影响没有更广泛的了解，那么他们可能会忙碌不堪，却抓不住要害。

有时，这种对结果过分关注的情况影响了我们对情报真实需求的理解——从长远的结果来看，我们所做的努力是对情报的更好利用。正是这个方面的问题，使得在执法领域迟迟无法引入并接受战略情报实践。仅仅依靠一整套的**目标情报**，无法满足对犯罪和社会情况密切关注的需要。在资源有限的情况下，我们需要的是一个既能够提供目标情报，又能提供战略情报的情报机构，而非只能提供其中一种情报产品的机构。

战略情报与战术和战役层面的目标情报之间的差异十分显著，所以在识别和规划时都需与此类目标情报有所区分。但是，两者之间是互补而非竞争关系，同时需要密切互动，在机构环境允许的情况下，最好将两者有机结合。分享目标导向的战役情报，可使战略情报专业人士“掌握”一线的真实情况，而由此得出的战略观点，则有助于目标情报分析人员更好地理解犯罪目标实施行动的环境类型。

各行各业高层管理人员，包括政策制定者和立法者（也包括政治家）都可以从这样一种见解中获益，该见解虽然有时听来逆耳，却阐明了问题的实质，且能够对不断变化的威胁提供警示、对可能的机遇提供预测。虽然说，我们可能认为改变总是自下而上的，但是，对于战略情报来说，过去数年的经验告诉我们，除非“管理层”能够利用战略观点来解决问题，否则仅仅依靠从事战略研究的分析人员，我们根本无法实现真正的改变。

[第二章]

战略情报的作用、定义及概念

“**战略情报**”和“**战略分析**”这两个术语，通常用于描述某种特定类型的情报和分析实践活动。如果说所有情报都是通过对问题的分析来做出预测，那么战略情报则独树一帜，其提供的分析旨在帮助各组织、企业以及政府部门实现首要目标，或者说是战略目标。

本书旨在向读者介绍一些理念，在某些情况下，这可能是一些全新的理念。这样做的目的是为了避免使用有时比较模糊而非清晰的含义对定义的语义进行解读。有一种学派观点认为，战略情报是一种工具，但使用者仅限于高层管理者。的确，许多组织机构都认同下面这个有关战略情报的定义，也使得这一广泛传播的错误观点变得似乎更加可信：

> 有一种观点认为，战略情报是一种特殊的分析形式，目的在于为各机构、企业、国家或国际范围内的决策和规划提供服务。

我们无法反驳这种观点，但这是不是唯一合理的观点呢？为何将战略情报的应用局限于上述层面呢？我们每个人都有过这种体验，主要目标与在实现主要目标过程中需要解决的其他问题是截然不同的概念。当然，我们每一次努力取得的成功，都需依赖一系列（情报）活动的支持。也就是说，我们总会注意到，如果我们想要实现整体性的成功，除了有体现整体意图的主要目标外，在取得成功的路上还要实现诸多“小的”目标。与适用于政府部门的管理一样，这一点同样适用于企业的建立和运营。无论是何种定义，“战略”都与规划和应用包含了实现主要目标所需的全部细节的整体计划直接相关。当然，诸如联邦执法机构或各省级执法机构此类的组织，都有各自需要实现的主要目标。对于这些组织来说，处理阻碍其实现主要目标的所有特征（feature）的情报分析形式，也是进行预警和前期规划的基本特征。

但是，战略规划并非局限于这种总部级别的高层组织。将自身目标和宗旨分别纳入高、低两类决策范围[1]的每个组织或团体，都需要这样一种战略，才能取得成功。所有的组织，无论大小，都应该享有这样的服务。因此，执法战略情报既是一国首府或国家总指挥部的工具，又是地方指挥官的工具。总之，无论是企业集团、地区性组织、家族性组织或者是社会组织，在可以预见的未来，对于需要周密规划、取得主流成就[2]的群体来说，战略情报都可以满足其需求。

一、情报的基本概念

定义

“情报”（intelligence）这个词通常有几种用法，除了与智力相关的用法外，还包括两种截然不同的含义。

- ★ 情报既可以用于描述一个**“流程”**（process），也可以指一种**“活动”**（activity），因此我们经常会说**“从事情报工作”**（doing intelligence work）。
- ★ 另外，情报也指情报流程的**“最终产品”**（final product）。也就是

[1] 译注：此处“高、低两类决策范围”分别指的是“国家与政府层面的决策”与“地方或其他非政府层面的决策”。

[2] 译注：“主流成就”指的是符合某种主流价值观意义上的成就。

说，我们可以说“**开发**”（developing）、“**加工**”（possessing）或“**产出**”（having produced）情报。

也许我们应该先给情报下个定义。简单地说，情报可以指经过加工的信息。这里想要传递的含义是，原始信息在进行阐释之前必须经过加工。但“加工”这个词本身并无实质含义，也不能表达任何精确的概念。的确如此，如果说任何涉及“加工”这个概念的定义都缺少一个核心要素的话，这个核心要素就是情报需要高度的“阐释”，且不可避免地带有些许“推测”的成分。我们这里所讨论的，并非单纯的“应用型研究”。无论我们从事的工作所属哪个领域，我们都需要关心以下问题：

- ★ 需要解决的问题；
- ★ 良好规划的必要性；
- ★ 搜索、汇集并整合数据；
- ★ 寻找答案。

无论你的情报用户是谁，无论你所关注的是哪种情报主题，无论你的情报兴趣点在何处，所有的情报实践都具有一些共同的要素。但是，另一个包含了以上概念的情报常用定义，是根据《牛津简明英语词典》（*Concise Oxford English Dictionary*）和其他多种词典中该词条的内容整合而来。该定义认为情报可以用下列语言来描述：

> 情报是已知信息与新信息的融合，并经过最终阐释的信息内容的集合。

对情报的描述通常包括情报活动在何处和为何实施，诸如军事情报、政治情报、经济情报或犯罪情报，这些都是全世界通用的。那么，情报这个术语究竟是什么意思呢？毫无疑问，情报应用的领域不同，对情报加工的方式和所产出的情报产品的类型都会产生影响。

情报活动的类型与层级

无论情报的产生和应用的方式如何，通常来说，这都是一种有着既定原则的实践活动。但是，情报实践具有内在的灵活性，可以通过不断地调整来适应所应用的大环境。从本质上来说，尽管情报理论是一个既定的知识体系，但情报实践却在不断变化，以满足新的需求。

除了使用情报的各组织背景之间存在差异外，情报的使用意图也存在明显的区别。情报管理者和高层行政人员使用的情报产品，更多用于解答与其自身责任相关的问题，而非解决与一线情报主管的责任相关的问题。反过来，在日常行动中使用的情报，也基本不会被应用于总部这一级别。

事实上，正是情报实践这种自我调整以适应组织和组织内部不断变化的需求以及其他特殊需求的能力，如果能被我们恰当地使用、灵活地利用，就可以成为我们手中一种十分有用的工具。这是各类情报实践活动几乎都具有的一个共同特点，即可以实现两种截然不同的目的：一个是针对管理层面，另一个则针对行动和职能层面。那些单纯用于管理和行政的情报，因其有助于组织战略的发展而通常被称作**战略情报**，因此这类情报解决的都是与任务、目标、目的、项目和资源规划等相关的宏观性问题。

而另外一种情报，则要为情报主管和一线管理者的日常工作提供服务，集中关注组织中即时性的、日常性的以及正在进行的活动（也就是其一线功能），这样的情报活动被称作**战术情报**或**战役情报**。

为什么会存在这样明显的矛盾呢？情报理论和实践的发展（特别是执法情报理论和实践的发展），与其在军事领域的应用直接相关。在这种环境下，那些用于识别与应对单个目标和组织的最实用、最适用的情报被称作“战术情报”。那些针对多个相似或相关性目标、强调协调的重要性的情报活动则被称作“战役活动”，而旨在为此类活动提供支持的情报就是“战役情报”。通常来说，无论是战术行动，还是战役行动，都需要在投入和准备（包括情报方面的准备）方面实现高度、全面的融合，因为犯罪活动、敌方活动及敌对活动通常都是跨组织或跨地域开展的。

在将军事理论应用于执法实践的过程中，情报术语的含义也发生了转变。在执法界，常规的、日常的活动通常被称作“行动”（operation），因此以目标为导向的情报通常被称为“战役情报”（operational intelligence），而非“战术情报”（tactical intelligence），这与军事用语里的使用情况不同。相反，涉及多个目标或多个辖区，需要更多协调工作的执法实践中所需要的情报则被称作“战术情报”（而非“战役情报”），这又与军事情报相反。尽管如此，执法机构似乎很难接受“战术”这个术语，因为这与他们对日常活动的描述方法毫不相关。对战术这个术语的使用似乎只是基于一种认识，即情报可以分成三个层级，其中两种已经有了明确的名称，即战役情报和战略情报，因此剩下的一种也需要一个名称，也就被称为战术情报。

军事机构和执法机构在对各自工作进行描述时存在这种差异是很自然的，也可以理解。但是，我们应该如何应对术语方面存在的这个突出问题呢？一种方法是接受该差异的存在。对于执法机构来说，还是应该坚持两个层级的情报：目标导向情报或战役情报，以及集中于对现象进行深层次研究的战略情报。这就意味着需要承认，某些战役情报需要对犯罪世界有更全面、更有条理和更广泛的视域。而且，在一个许多人认为“战术”这个词过于生涩、意义不清甚至模棱两可的环境中使用该术语，这种描述方法[1]更为合理，也更易于接受。

我并不提倡全盘修改既定理论。在这种情况下，我们不能认为一种方法就比另外一种“更为正确”。我们需要接受的实际情况是，对于执法机构和执法活动来说，行动是一个无所不包的概念，规模上也没有大小之分。而事实上，既有小规模行动，也有大规模且多层面的行动。在这种情况下，执法机构没有必要进行人为划分，贴上相应的术语标签。从逻辑上说，警察局、海关以及类似机构能够接受的战役情报概念应该是：无论其应对的目标是一个还是数个，这都是一种以行动为目的的情报。

[1] 译注：“这种描述方法”指的是将情报分成战役和战略两个层级。

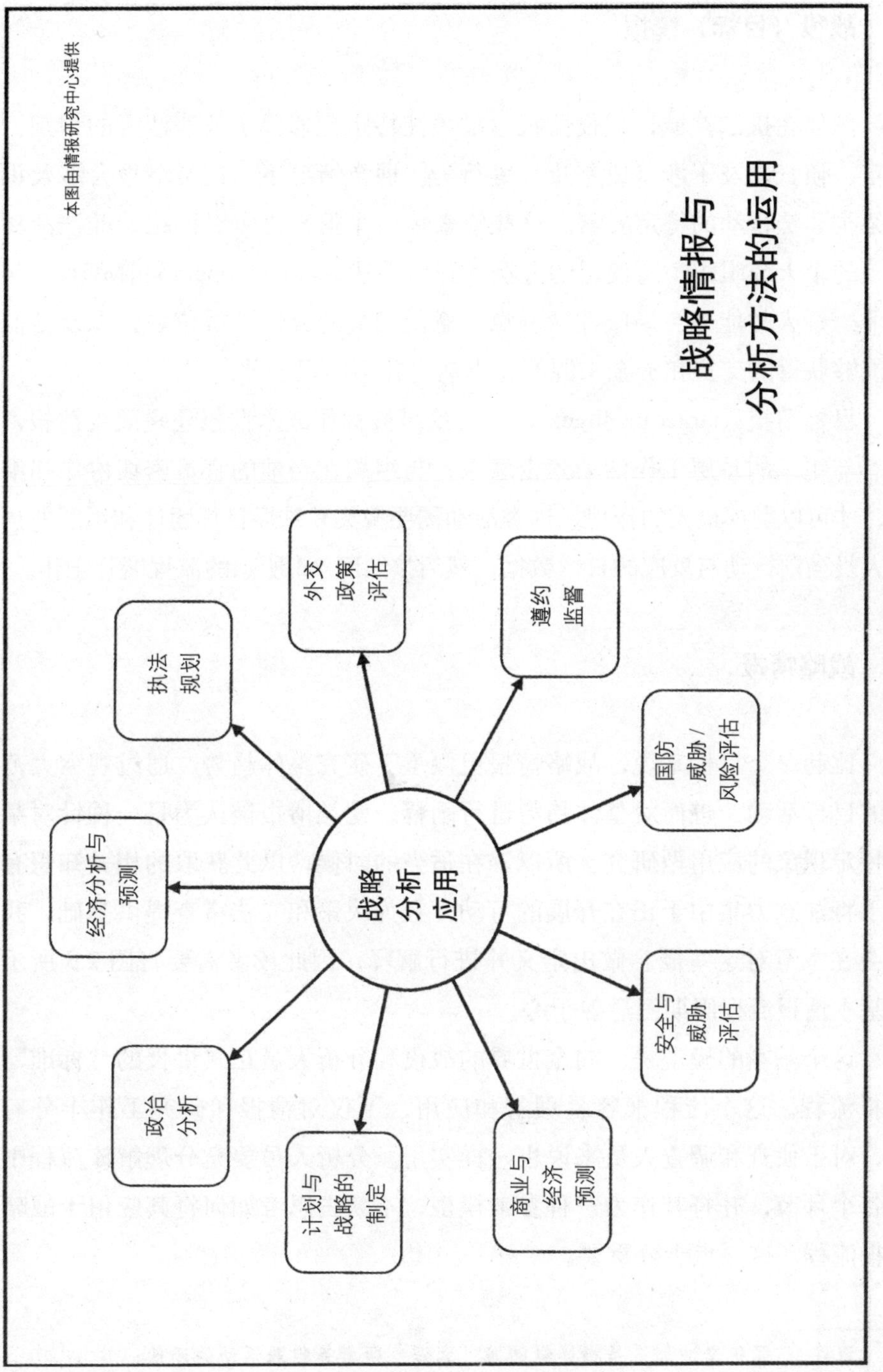
战略情报与
分析方法的运用
战略
分析
应用
外交
政策
评估
遵约
监督
执法
规划
国防
威胁/
风险评估
经济分析与
预测
安全与
威胁
评估
政治
分析
计划与
战略的
制定
商业与
经济
预测
本图由情报研究中心提供

图 2.1 战略情报的运用

战役（目标）情报

例如在执法领域，战役情报通常关注特定犯罪分子或违法者的识别、锁定、侦查以及干涉（或制止）等行为。通常情况下，这类情报会涉及识别某类非法行动的特定要素。这些要素包括罪犯辛迪加 [1] 网络，非法活动涉及的个人或组织，所使用的方法（犯罪手法，modus operandi[MO]），与犯罪嫌疑人的能力、局限性、弱点、意图相关的具体细节信息，以及他们所能够获得的支持和资金来源等，当然也并不局限于此。

目标情报（target intelligence），无论是被称作战术情报还是战役情报，只有与组织的基层工作活动紧密联系，与组织在当地的官员密切协作和配合，才可以发挥最大的作用。这类活动需要搜集并掌握目标团体和组织的执法人员当前行动与反应的日常数据，然后按照图 2.3 所示的流程展开工作。

战略情报

比起单个目标来说，战略情报更侧重于研究整体趋势，通过观察大范围的目标活动，进而对整体趋势进行阐释。此类情报被认为是一种针对某一特定现象的应用型研究，所以，在适当的时候，以此获取的相关知识有助于将注意力集中于正在开展的行动，且为决策和立法审查提供基础。我们会在本章对这些概念做出定义并进行解释，因此读者需要将图 2.3 所示的基本情报流程周期图烂熟于心。

这个基本的模型是，向全世界的战役和分析人员正式讲授的“标准”情报流程。这个流程很容易理解和应用，不仅对情报和研究工作十分有益，对于侦查和调查人员来说也一样实用。分析人员要充分理解该流程中的各个环节，并将其作为一种参考模型，不断去思考如何将其应用于战略情报流程，这一点十分重要。

[1] 译注：“罪犯辛迪加”是指操纵赌博、卖淫、贩毒等犯罪活动的团伙。

图 2.2 主要挑战

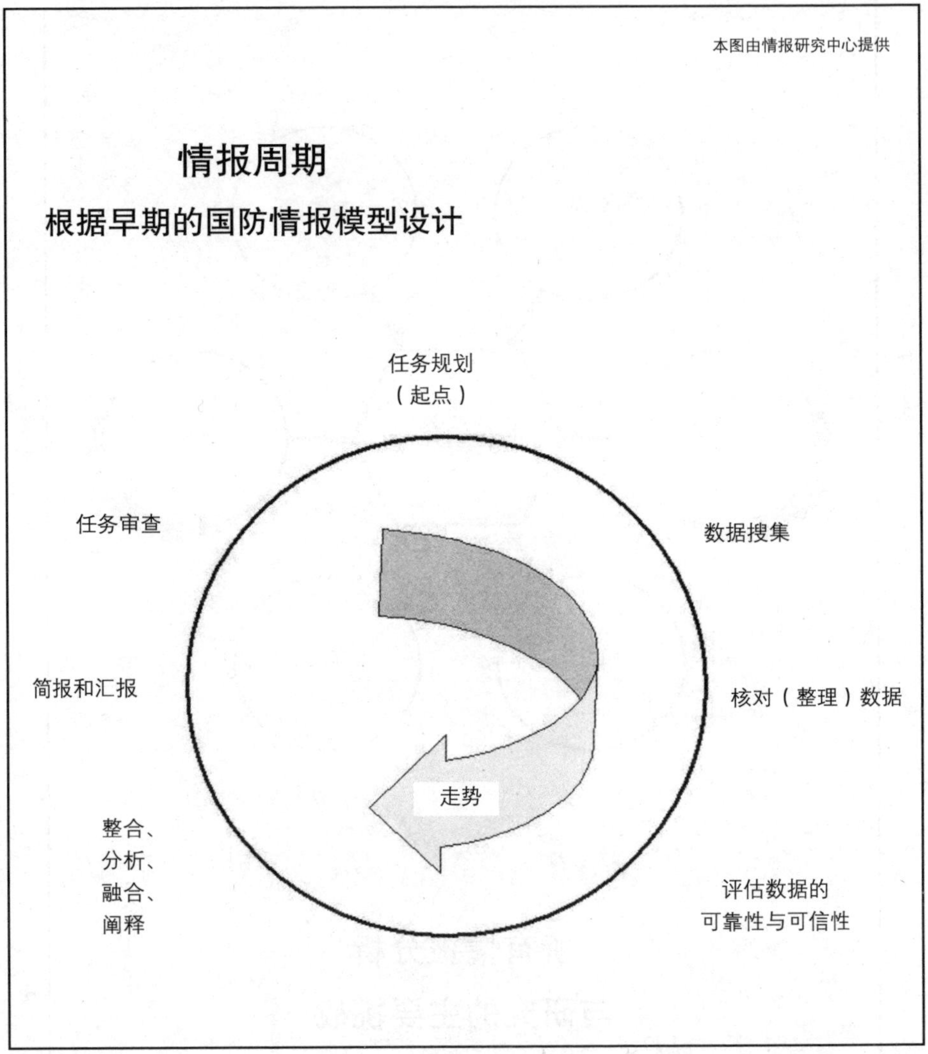
本图由情报研究中心提供
情报周期
根据早期的国防情报模型设计
任务规划
（起点）
数据搜集
核对（整理）数据
评估数据的
可靠性与可信性
整合、
分析、
融合、
阐释
简报和汇报
任务审查
走势

图 2.3　情报周期

二、战略情报流程

情报与执法

前文列出的情报流程，是全世界通用的一种情报实践模型。如果我们仔细地研究一下这个模型，必然会发现好的情报实践依赖于几个共同点：

✶ 一个结构化、系统性的流程；

✶ 有序并且规范的应用过程；

✶ 组织管理层履行职能时的明确授权。

政治、国家安全以及军事情报都被认为与明确的“敌人”和威胁相关，但其他情报研究领域的情况却未必与此相似，例如，执法和遵约领域所应用的情报就有所不同。无论是警务、移民、海关、税务或其他职能相似的机构，都是如此。这些类型的机构必须要应对完全不同的挑战。它们的任务是，监视和检测在被描述为“受保护”群体内部进行的犯罪活动。扮演这样一种角色的机构需要应对整个群体，而在这个群体中，绝大多数人可能诚实守法，有些人可能寡廉鲜耻、贪得无厌，而极少数人也许具有明显的犯罪倾向。执法情报的作用与其他类型的情报只有一些基本相似点，特别是在防务领域，因为执法组织的责任就在于识别对手和敌对方，然后对其意图、能力、局限性以及弱点进行评估。

然而，无论是哪种类型的执法机构（管理机构或遵约机构），从根本上来说，其主要的情报任务都是提供建议，协助机构官员履行机构职责，确保法律尊严得以捍卫。

适用于战略目的的情报流程

在有关基本概念的前一小节，我们勾勒的情报流程是一个大体适用于任何情报任务和目的的体系，那么战略情报的特殊之处又在哪里呢？要回答这个问题，最简单的方法就是将两者进行逐项比较，然后寻找相同点和不同点。由此，我们可能会增加并强化某些方面，来调整情报流程，使其适用于制订战略情报计划。

为了更好地理解两者之间的相同点和不同点，我们可以仔细观察图2.4，并将其与图2.3中的“基本”情报流程进行比较。

战略情报流程与其他情报流程的区别

1. 任务分配与工作重心

我们先来比较一下两者的任务分配情况。战术情报的任务主要是锁定具体的违法者，战略情报的任务则更多在于研究问题，给出自己对研究主题的结构、目的和本质的理解，帮助组织制订全面的应对计划，而非仅仅锁定单个目标。但是，两者除了任务的本质和范围有所不同之外，还存在很多其他方面的差异，如下所示：

- ★ 对于战术情报来说，无论是行动部门还是情报部门都对研究主题了如指掌。许多部门成员甚至对正在研究的某类犯罪问题有着丰富的经验，而且还在不断积累经验。
- ★ 战略情报主题很可能是完全陌生的，或者至少需要超越经验范畴开展深入调查。在这种情况下，你需要对研究什么、研究的深度以及受到的局限性和制约因素进行深入思考。
- ★ 应该通过初步的研究（也就是本书后面将要讨论的“**概念模型**”），深入分析研究主题的框架中包含的各个因素，然后需要与情报管理者以及最终用户进行协商，在任务指令（即职权范围）的表述方面达成一致，这一点十分重要。

战术情报通常为当前行动提供支持，因此分析人员需要为行动指挥官提供快速而具体的建议；战略情报则通常为那些并无此类行动责任的人员的需求和利益服务。战略情报通常向管理层这样的“用户”提供建议，而不是向战术指挥官提供建议。

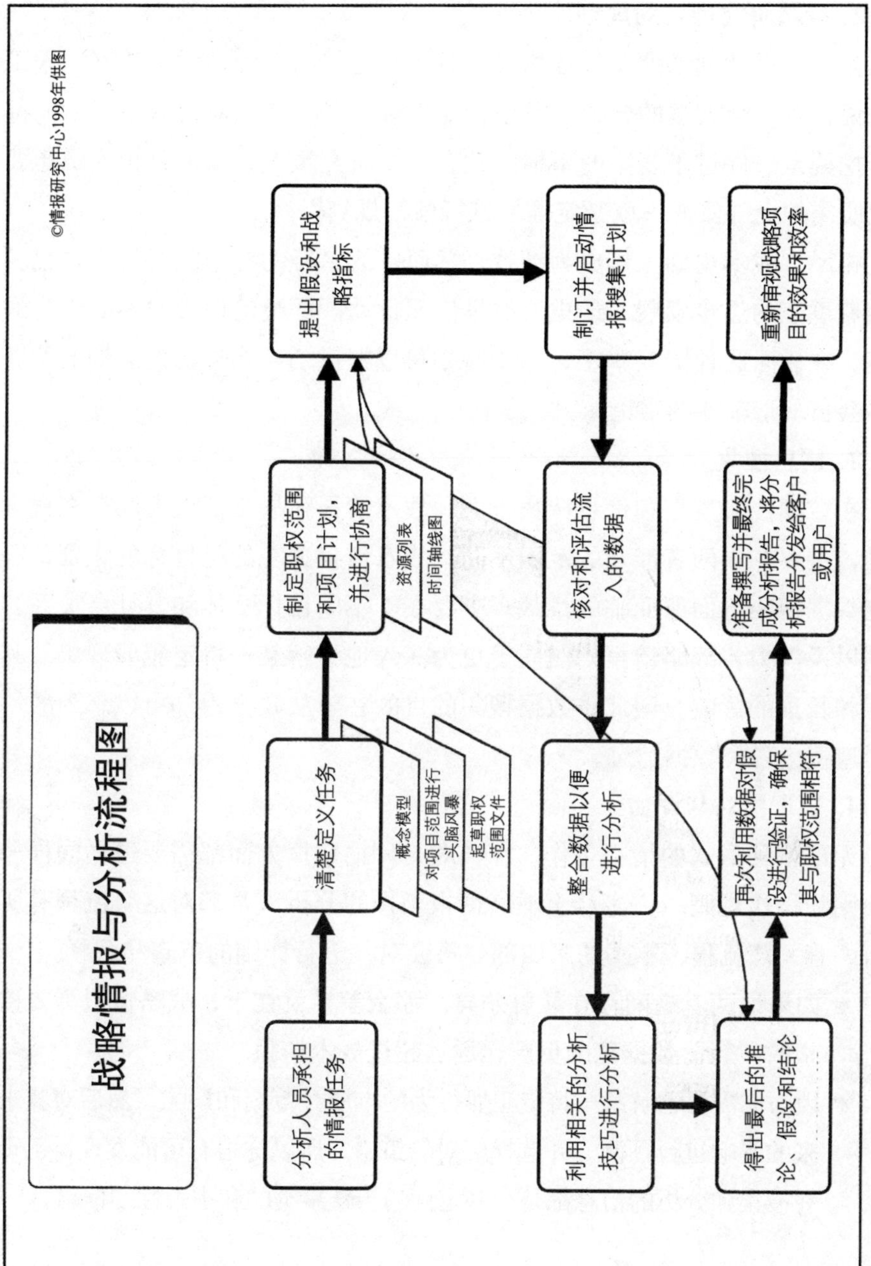
战略情报与分析流程图
©情报研究中心1998年供图
分析人员承担的情报任务
清楚定义任务
概念模型
对项目范围进行头脑风暴
起草职权范围文件
制定职权范围和项目计划，并进行协商
资源列表
时间轴线图
提出假设和战略指标
制订并启动情报搜集计划
核对和评估流入的数据
整合数据以便进行分析
利用相关的分析技巧进行分析
得出最后的推论、假设和结论……
再次利用数据对假设进行验证，确保其与职权范围相符
准备撰写并最终完成分析报告，将分析报告分发给客户或用户
重新审视战略项目的效果和效率

图 2.4 战略流程图

2. 战略研究项目的规划

任何情报计划都涉及任务执行的时机和所需的资源。对于战略情报工作来说，在一个大型的分析项目中，如果规划者意识到对所有研究方向都进行挖掘是一件过于复杂的事情，就会改变研究重点。如果分析人员想要获取所需的全部资源，就必定需要进行前期规划。

相反，战术规划工作更为细致。然而，战术行动有个固有特点，也就是随着事态的逐步发展，最重要的是快速行动，并灵活地应对不断变化的环境。在后面这种情况[1]下，战术规划可以提供前期指导，而后期的发展也不会盲从于前期的结论。

3. 信息搜集

在数据搜集规划和信息搜集方面，战术情报和战略情报之间存在根本差异，主要在于两者涉及的范围不同。战术情报关注的是目标的识别，所以在数据搜集方面所面临的挑战，主要在于不同目标个体和其社会关系、计划以及能力。战略情报则倾向于更为深入地了解某一特定犯罪现象及其近期和长远的影响。因此，数据搜集的目的在于从政界内外可以想到的每个渠道搜集各类数据信息。

4. 数据核对与评估

无论哪种形式的情报工作，在核对与评估数据方面都需要遵循同样一套原则和操作规则。许多从事战略情报工作的分析人员都对这个流程有所了解。有关该流程，本书的第四部分将会对其进行详细的审查和解释。

- ★ 如果说两者之间存在显著差异，那么差异就在于，战略情报需要搜集的“软”数据范围更广，远远超过战术情报。
- ★ 因为你需要了解某一特定犯罪行为的本质、范围和影响，然后对其未来的影响进行预测，并选择应对的策略，所以你很有可能发现自己正在搜集和分析的信息都是一些定性的、轶事类的和主观性的信息。

[1] 译注：“后面这种情况”，指的是战术情报用于快速行动、适应不断出现变化的战术行动的情况。

★ 许多情况下，分析人员可能会遇到大量的此类数据。这些数据无法用传统方法进行“估量”，但也不能丢弃。因为这些数据可能会影响到数据核对（存储和记录）机制的规划方法，以及为实现评估目的而采用的方法。

5. 分析

同样的挑战也存在于战略情报的分析环节。如果问题比较复杂，数据的质量良莠不齐，那么分析人员就需要花费大量的时间来区分哪种分析适合哪类信息。更为重要的是，即使你没有找到充足的证据，或缺乏可靠的数据支持，但在处理定性信息时，仍然要确保自己能够了解此类信息的意义。

6. 可行性概念与假设的生成

随着这个主题的不断推进，从战略假设层面得到的（或者是蓄意生成的）全部结论，远不能像战术情报一样得出肯定的、具有结论性的成果。

★ 在权衡当前可资利用数据的基础上，可以大胆地“赌一把”，从中得出有用的假设，并将这些假设用于数据的进一步搜集和审查。

★ 战略情报与战术情报的区别在于，寻找正确数据来支持或推翻假设的过程相当复杂。在战术情报环境下，你可以轻易地得出这样肯定的结论：“某人涉及向某团伙提供武器”。而战略项目的实际情况是，你提出的假设可能过于笼统，过于概括，因此在验证阶段需要更为广泛地进行数据搜集。

7. 报告战略研究结果

最后，就是提交报告。战术情报通常是支持某项行动的持续事件，因此报告的形式也常常是向指挥官进行口头汇报，而较少撰写书面报告，这一级别的“情报用户”的行动要求通常是获取即时且令人信服的建议。

而对于战略情报项目来说，其结果几乎都是以书面形式呈现，以提供翔实的细节信息和观点。但是，也可借机增加口头汇报，来简单介绍报告内容，或者对报告所涉及的具体事项进行解释或评论。

差异小结

战略情报的一个特定目的就是要提供准确和长期的情报，以确保实现有效的高层规划以及执法资源的管理，从而应对一切已知威胁。这不是一种直接适用于战术执法目的的活动。我们不需要全盘改变标准的情报工作流程。情报官员所掌握的各类方法和技术都适用于对战略问题进行分析，但应该着力在战略研究主题的广度和深度方面下功夫。

三、战略情报的作用及其对管理的影响

作用

战略情报关注机构、团体、组织和政府的长期目标，其任务是处理重要的目标和整体规划，而是否用于与日常行动接近的战役环境，则取决于战略情报用户所处的级别。这类情报可以用于某一行政区或地区，也可以用于接近组织和国家用户的总部，无论这些用户是企业高层管理人员、政府高级官员、团体的首领或是政治家。从本质上来说，用于执法背景的战略情报可为高级管理者和行政人员（包括各个级别）提供针对下列问题的洞察力和理解力：

★ 当前和未来的趋势；

★ 犯罪环境的变化；

★ 公共安全和秩序面临的威胁；

★ 遏制行动面临的机遇以及打击犯罪计划的发展情况；

★ 政策、战略、项目和法案变化的可能渠道。

除非我们将战略分析纳入决策的合法组成部分，否则情报管理者在重要问题的思考和解决方面可能无法发挥全部潜力。战略情报的目的在于，为有效实现组织目标提供支持。如果从更实际的角度来理解战略情报，我

们不能认为这些目标是某个组织、政府机构、联合企业固有的，也不是仅限于处理国际关系。理解战略情报的作用和本质的关键在于，我们需要了解下述两个重要观点：

★ 战略情报为各种与长期政策制定相关的决策提供服务。

★ 战略情报通过展望未来面临的挑战，提供了一种支持行动目标的方法，如果得到重视，也会对当前的行动规划产生直接影响。

战略研究，作为一种情报产品，如果能够被合理利用，将会是一种强大的管理工具。战略情报关注与组织相关的特定问题，在更广泛的背景下，此类情报工作要审视组织的整体工作环境，并明确组织面临的风险、威胁和机遇。

对管理和组织产生的影响

第一次被赋予战略情报能力的组织，其情报从业者、管理者和“情报用户”都面临新的挑战，那么他们如何认识并利用这一全新的活动呢？最主要的问题在于，该活动将对该组织及其成员已在从事的工作产生怎样的影响。下面的观点就是对战略情报的某些观念、误区和实际情况进行解答。

1. 资源

尽管战略情报工作能带来种种好处，但就其资金消耗和对专业人士的需求而言，它并不是一种资源密集型活动。大致来看，尽管战略情报工作要求投入大量智力资源和时间，但其仍然可以充分利用现有的分析人员或情报人员。当然，这些人员需要另外接受专业培训。

2. 对数据的要求

因为战略情报工作需要信息的输入，所以战略评估工作主要依赖于组织内部已经掌握和日常使用的现存情报数据和调查数据。

★ 无论这些信息是出于什么目的被搜集而来，都可以为开展战略评估活动提供一个初步的数据库。

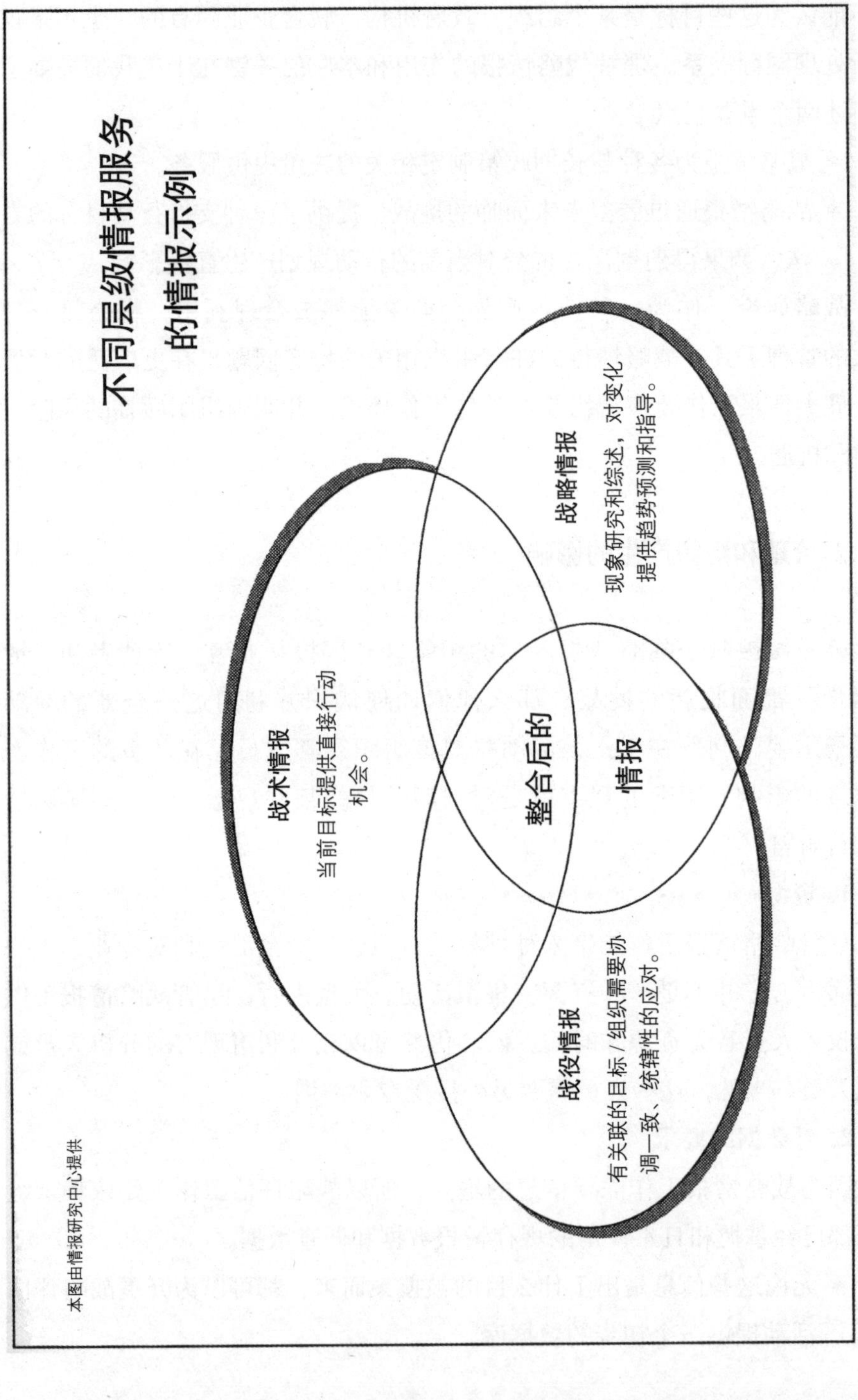
不同层级情报服务的情报示例
战略情报
现象研究和综述，对变化提供趋势预测和指导。
战术情报
当前目标提供直接行动机会。
整合后的情报
战役情报
有关联的目标／组织需要协调一致、统辖性的应对。
本图由情报研究中心提供

图 2.5 情报整合

★ 事实上，如果说出于战略目的而使用数据的情况有明显差异的话，这种差异就在于数据使用目的不同、范围更广，其与组织的期待相关，而非与行动目的相关。

★ 但是，战略分析的基础不仅仅在于组织内部某个机构或整个组织已经搜集到的信息。其所关注的问题，从本质上来说，要求从更为广泛的来源搜集更多的信息。

3. 创造性思维

毫无疑问，多数与研究主题相关的背景信息都是从公开来源（open source）渠道获取的，而关键在于战略分析人员在制订主题研究计划时要利用创造性思维。

★ 我们通常会发现，如果政府内部的战略研究总是存在质量方面的问题，则可能与搜集规划的标准化和常规方法有关，而这些方法似乎是与这些组织中较为流行的一种行动思维相伴产生的。

★ 实际上，战略思维要求我们具备将问题概念化、规划超越组织规范的研究的能力，或者说更为重要的是要具备这样的意愿。

4. 从业者和管理层之间的联系

战略分析活动提供机会，将行政人员、管理人员以及情报人员密切联系起来。同时，该活动的本质就是要求在这些操作者之间建立某种“亲密的关系”。

我们应该确保服务对象（也就是“情报用户”）能够与情报从业者和提供者之间建立有效的联系，从而有利于双方之间坦诚地就信息、观点以及建议进行交换和协商。情报用户和从业者之间的关系如果十分密切、在专业上能够相互尊重理解的话，将对实现各利益攸关方的目标产生直接的帮助。

5. 判断和预测的可靠性

对各类战略情报工作来说，确保情报研究的广度和深度，情报人员必须依赖于自己在评估和预测过程中的判断力。直接原因在于，他们总是被要求全面地分析一些不仅复杂而且具有深远影响的问题。

对战略情报项目的成果进行评估并非易事，至少短时间内是很难实现的。事实上，战略研究的目的在于影响决策过程，促使管理者和行政人员对经过反复推敲但仍然是推断性的有关变化和机遇的看法进行再思考。

四、结论

战略情报在需要对未来计划进行管理和集体决策的各个领域，都起到关键性的作用。政府的执法以及相关的法规监督部门都需要具备战略分析能力。打击犯罪行动的方向，完全取决于对问题进行战略分析所提供的重点，它们有助于制定执法计划、政策和战略。

尽管战略情报实践执行起来并不困难，但对于执法实践来说，战略情报仍然是一个新事物。在这种背景下，执法界需要充分了解从事战略情报工作所需要的决心和为之付出的努力，以及如何发挥其最佳用途。如果你所属的组织已经决心使用情报来支援战役活动（operational activity），那么战略情报与分析是进行周密计划的基础，而且此类情报分析在实践性和实质性方面的要求并不高。

我们需要了解，这个独特的情报产品在加工方式上存在哪些不同之处。另外，我们在从事战略研究、分析战略问题时会面临各类挑战，而只有充分发挥想象力和创造力，才能推动相关研究主题的发展。任何试图采用高度管制和流程驱动的方法来从事战略分析，或完全依赖于传统评估活动来“证明”战略项目进展顺利的方法，都必将无功而返。

战略情报与分析是一项极为规范和有序的研究，但仍需要不断发展，需要得到理解，需要营造一个支持其发展的大环境，从而为高层管理者提供切实有用的研究成果。

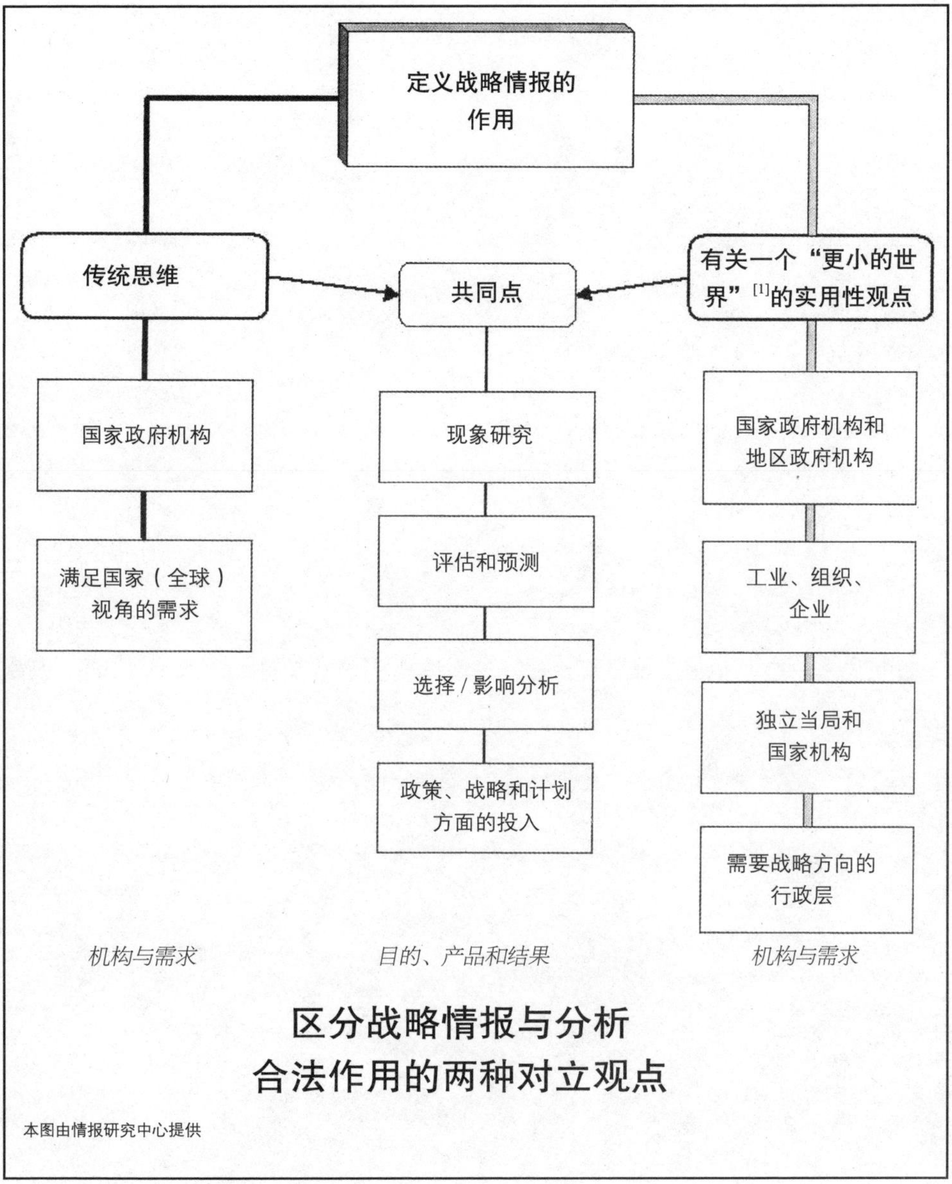

图 2.6　定义战略情报的作用

---

[1]　译注：“更小的世界”，指的是地区组织、企业组织等非国家和政府层面的组织，这些组织内部对战略情报与分析的认识存在不同。

第二部分

重要观察结果

[第三章]

战略情报的落实与影响概览

本章[1]谈及各国对于执法界战略情报工作的发展、引入及落实情况的各种观点和看法。这些观点得自笔者个人的观察结果，以及笔者与某些情报单位和其上级组织的密切工作接触。本章的目的并非单纯提供有关战略情报的背景及当前形势的信息。虽然这种提供信息的做法很重要，可以确保我们能够随时掌握周遭所发生的情况，但我们在此处的重点却在于探讨如何改进当前的状况，使得我们的用户和作为该领域专家的我们都能从中获益。

本章所提及战略情报的诸多应用情况都超出了传统的执法范畴，在这里我们引用这些情况，目的在于揭示战略情报具有普遍的灵活性和实用性。但是，本章的重点仍然在于关注执法活动的各个方面，并探究战略情报与我们具备更好地理解和阐释当前情况、探索未来及让自己和用户为未来做好准备的能力之间究竟是什么关系。

在这里我需要坦陈一些实情。公平地说，至少有些国家或已成功引入战略情报，或正在引入战略情报。这些国家和机构，我们将在本书其他地方的评论和注释中提及。而如果从行业发展的角度来看，我们必须注意

[1] 原注：本章是我个人对战略情报在国际执法界的发展、引入、落实和展望的评估。本文最初于 1996 年 10 月在荷兰举办的欧洲刑警组织情报分析师国际会议（EUROPOL International Conference of Intelligence Analysts）上做过交流。自那时起，我就不断对这篇文章进行更新。

到，主要的情报机构中几乎鲜有致力于从事构建战略情报能力的工作。事实上，在这方面，最初的热情有被削减、削弱和边缘化的危险。

一、早期发展史

本章开篇首先简要介绍了相关背景知识，解释战略情报被正式引入执法范畴的过程，以及笔者自己在这其中所起的作用，以飨读者。1989 年，笔者曾撰写论文，阐述了战略情报及其在执法规划活动中的基本应用。笔者认为，当时，在有关执法及其执法支持组织结构和机制的文献材料中，都未有只言片语提及此类战略情报工作。20 世纪 80 年代的知名权威情报学者（如马斯顿、莫里斯及彼得森等）几乎都不大提及执法战略情报的概念，更没有实质性的细节描述。当然，有些包含军事和国际安全知识的情报杂志常常提及该情报门类。但是，依我看来，没有一本杂志将焦点放在这一主题之上或对此进行深刻思考，更没有就这一概念及其在现代执法活动或其他政府活动中的潜在应用进行透彻阐述。

早期的文章侧重描述，在执法界越来越少关注不断变化的全球犯罪情景、转而积极从事未来情况的展望和预测（我们通常会使用“**主动性**”这个词）的情况下，战略情报在满足这种不断提高的要求方面所发挥的实用性，旨在提高人们的意识。同时，人们还开展研究项目，从而推动了执法界战略情报研究的公认“模型”这一核心内容的发展。

我当时所在的机构除了提供情报培训外，更重要的是，还利用当时建立的战略情报模型，对澳大利亚出现的某些犯罪现象进行“风险和机遇”分析。[1]1990 年至 1991 年间，这些概念和理论首次接受了真正的考验。当时，澳大利亚政府要求我们对毒品罪犯和社会环境之间的关系进行战略

[1] 原注：当时，我是澳大利亚联邦司法部战略犯罪研究组（Strategic Crime Studies Unit of the Australian federal Attorney-General’s Department）的主任。

评估，目的在于深入研究这些议题，并提出修改意见，改进健康、教育、社会、治安等方面的政策，以及改变可能影响这些议题的整个澳大利亚的法律体系。我们在从事这项战略评估的同时还兼有一个任务：对作为基本研究机制的模型进行试验。我们当时准备将该模型提供给同行进行审阅和批判性评估。后来，为了便于澳大利亚执法机构使用，我们将试验结果印制成用户指导手册，这一工作于 1991 年完成，1997 年我们又对手册内容做了大幅度修改。

最后，需要指出的是，我当时并未抱任何幻想（现在也是如此），认为该模型将一成不变、成为“板上钉钉”的成果。事实上，我们在将该模型应用于各类实际情况的过程中，仍在不断积累经验，继续对该研究模型进行改进。但是，我要强调一点，当时，包括现在，执法界的其他机构都没有建立起其他替代模型。

二、20世纪90年代及后期的进展

自 1990 年起，战略情报事业在各个领域都稳步向推进，其应用形式日趋多样，在国际上逐渐得到认可。然而，一直以来我们都需关注这样一个主题：战略情报要想成功地融入执法规划、成为其有效组成部分，像在国防和安全领域一样，就需要实现以下两个主要目标：

- ★ 首先，我们需要让高层管理者和行政人员相信，在制订高质量的计划之前需要进行高质量的分析工作，而战略情报恰恰是实现这一目标的合适工具。
- ★ 其次，我们还需确保开展适当的培训工作，内容尽可能覆盖广泛的范围，为来自各级和社会各界的分析人员提供接受培训的机会，培养他们的能力，让他们了解如何利用专业技术处理战略议题。

改变高层管理者的信念

为实现帮助管理层建立信心这一主要目的，许多业界专家进行了多次演讲、发表了多篇论文，解释并肯定了战略研究作为理解和应对不断变化的犯罪行为的基础这一重要本质。某些机构为此还召开研讨会，针对作为战略分析“用户”的中层或高层管理者，帮助他们加深理解，说服他们接受这个观点。可是，此类研讨会召开的次数屈指可数，间隔时间很长，且不同的执法行政“管理委员会”采取的方法也存在很大差异。例如，全球主要警察部队的管理层大多对该领域不够了解，而了解这一领域恰恰是转变想法、认可战略分析价值的关键所在。

该理论无法得以传播的一个主要障碍在于，各管理者和行政层极少参加培训，囿于管理层普遍存在认识方面的局限性，这些培训多被描述为“毫无必要的”。值得注意的是，尽管所有警界高层管理者对情报及其潜能都有所了解，但他们对战略分析可以带来的具体益处的认识却极为肤浅，对自己在这其中起到的协调作用、履行确保战略研究体系有效运转的义务（作为用户或管理者）也知之甚少。不过，从好的方面说，管理者研讨会在哪里召开[1]，哪里的管理者获取战略情报产品、推动执法行动和决策工作方面的兴趣就会呈现直线上升。

帮助分析人员

在培训和培养战略研究分析人员方面，我们一直都在进行一个持续的项目，将面对从业者的培训课程引入整个欧洲、加拿大和澳大利亚的情报机构。这些培训课程引起了各个情报机构、执法机构以及其他组织的广泛关注，参与培训者逾数百名。令人欣慰的是，这些课程的设计和

[1] 原注：例如，近些年来，在荷兰、英国和加拿大密集召开了诸多此类的研讨会。

教学策略已被几家世界知名情报机构认可，被当作它们的“**标准**”。[1] 此类训练提出了较高的要求，这使得人们更为确信，战略情报的“理念”已经大行其道。这些课程关注战略情报的原则及其应用，目的在于使得分析人员根据不同的案例要求，利用更趋向量化分析的“工具”，熟练地进行概念分析。利用战略情报解决执法和法律管制的现实问题方面早已有案可查，包括用于研究和提供战略选择，以处理诸多重大执法和遵约问题。例如：

- ★ 毒品；
- ★ 家庭暴力；
- ★ 剥削未成年人（包括虐童和恋童）；
- ★ 暴力犯罪；
- ★ 移民和难民的非法移居；
- ★ 恐怖主义和其他政治动因引发的暴力和犯罪；
- ★ 多种形式的有组织犯罪和民族团体的有组织犯罪；
- ★ 包括洗钱等在内的经济犯罪；
- ★ 各类大规模诈骗活动；
- ★ 环境犯罪，包括污染控制，以及对濒危野生动植物的保护。

我们有必要继续研究执法活动和执法战略情报利用情况之间的对比关系，将其与战略情报工作在其他领域的适用情况和应用方法进行比较，关注参与培训的非警察组织接受和应用战略情报工作的概念和原则的方式。这也是我们了解该项研究在这一层面——超越我们日常关注的战役问题而进行分析和问题阐释——的普遍实用性的一个信号，这一点十分重要。此类研究和应用涵盖如下方面：

---

[1] 原注：欧洲刑警组织（Europol）、英国皇家税务与海关总署（H. M. Revenue and Customs，之前被称作英国海关与消费税局 [H. M. Customs and Excise UK]）、英国的国家犯罪情报局（National Criminal Intelligence Service）、加拿大皇家骑警（Royal Canadian Mounted Police）以及荷兰国家警察局（Dutch National Police Service），都对培训理论的发展贡献良多。

★ 可用于环境管理，在受到犯罪活动影响，以及其他形式的维护与保护政策和法律缺失的情况下，对野生动物问题进行研究；
★ 可用于研究工业发展的大趋势、污染控制管理和遵约机制方面存在的潜在风险，以及对此类制度和机制的滥用、无视、执法不力或故意回避等现象；
★ 可用于政府税收调节管理，利用战略情报描绘避税和纳税最小化方案的趋势，以及对税收体制的潜在变化所产生的影响进行分析，即对包括其带来的经济影响和犯罪机会等各个方面进行观察。

总体来说，战略情报与分析无疑是解决执法界关心的问题、推动前瞻性规划和将威胁最小化的有用工具。但是，尽管有了过去数年的经验积累和发展成果，事实与承诺总是存在距离。警察机构只是对这种“新的”情报工具表示了支持和理解，但在有效落实这些承诺方面的投入却远远不够。这并不是某个国家特有的现象，而是一个普遍存在的问题。关键问题在于，尽管欧洲对于将战略研究纳入执法界的接受程度远远超过其他国家，但无疑在将夸夸其谈的口头承诺付诸实际、使得战略情报资源配置和管理遍地开花方面却仍然面临困境。

三、当前形势：行业面临的挑战

尽管我们实施战略情报计划已经积累了约 10 年的经验，但仍有许多问题亟待改进。我们应该认识到，也必须承认，在过去的几年内，我们已经将战略分析的理念引入了执法情报思维领域的最前沿，在这方面我们取得了诸多进展。有许多实实在在的进步值得我们骄傲，但是，同引入任何新事物一样，我们如果要在战略分析方面兑现承诺，仍然需要改变态度、改进做法。只有正视不足、努力改进策略，才是兑现承诺的唯一方法。

我们向迫切需要结果和资源的执法界管理者解释并证实战略情报的用

途，需要先解决的一个基本问题就是，阐明战略情报和战役情报[1]之间的联系。我们这一行业有一个基本原则：所有情报活动都是为满足特定需求而开展的，但所有情报工作都必须对整个情报机构肩负的职责和责任提供支持。也就是说，最有效的情报工作必须能够保障机构利益。战役情报虽然能够有效履行自身职能，但对于高层规划毫无裨益，反之亦然。

我们并不是说这两类情报[2]之间存在对立，也不是说其中一种比另一种更为实用或更有意义。这两种情报都是整个情报体系的组成部分，都有助于实现某类用户的特殊利益和组织内部的既定目标。

这一原则似乎既符合逻辑又容易接受。事实上，推销和推广情报工作（我们必须承认情报的部分职能在于自我推销）的做法的确有效，可以触及那些肩负责任、对此有关切的受众，例如管理者和行政人员。但是，我们仍然能够发现严重不足之处，因为我们从落实战略情报工作的方式中可以明显看出，这两种各自独立、部门化的情报工作之间的关系的确十分紧张。

紧张的关系和压力

问题在哪里？这一小节我们并非意在长篇大论地详细描述这方面存在的所有问题，但有些主要观点的确值得一提，并引发思考。下文包含了此处讨论的主要议题。

我们总是期待警方能够对经费支出和执行结果承担责任。这种期待往往被解释成，我们希望这些机构能够就量化后的结果和活动给出“令人满

[1] 原注：本章通篇提及的术语“战役情报”，指的是为一线作战单位提供大力支持的情报活动。许多情报组织会使用“战术情报”和“战役情报”这两个术语，并对两者进行区分。但这种做法并不普遍，而且这两个术语在不同的机构中表示的含义也不同。因此，我只使用“战役情报”这个术语，并将这个术语和战术情报与战略情报进行区分。

[2] 译注：“这两类情报”指的是上文所说的战略情报和战役情报。

意的”报告。这些结果和活动包括：

★ 案件；

★ 起诉；

★ 逮捕；

★ 查获；

★ 控告。

由此，本来是作为保护社会安全的一种威慑力量的警务和法规却被理想化，且更看重可以量化的“命中率”[1]。

★ 这使得我们根据情报产品在命中率方面贡献的价值来做出判断，有时这是我们判断的唯一标准。

★ 那些对于情报产品成功与否以及其实用性进行测量和判断的人，更愿意去探求情报产品与之后成功进行的调查活动（如逮捕）之间的直接联系。

无论我们将战略情报引入执法文化圈的哪个领域，它的地位都应该是特殊的，它的重点始终都在于深入研究对高级管理层来说具有重要意义的议题。这种特殊待遇带来的结果通常表现在以下几个方面：

★ 大多数情况下，战略情报工作遴选分析人员的标准“不同于”战役情报工作的通行标准。从战略情报工作的目的和要求来看，我们不难理解这一点，但是，这样会带来一个我们意想不到也不愿看到的结果：这种方法带有挑选精英的倾向，从而使得战略分析人员不去关注日常的情报职能。

★ 在我所参观的各个大洲的情报机构中，战略情报活动与战役情报活动在组织层面大多相互独立。由于用户的层次不同，关注主题的类型各异，研究深度的差别，两者的标准难免存在一些不同之处。这种区别通常会使得情报机构的各个部门之间互不提供智力支持，同时也存在情感方面的隔阂。

[1] 译注：此处“命中率”指的是对案件侦破和犯人抓捕的成功率。

★ 最终的结果就是，“一半”的情报活动会与“另一半”愈发泾渭分明[1]，彼此无法理解、不能分享对同一问题的不同看法，且互不尊重。

这种情报关注点的不同也会在各自的用户群之间形成隔阂，一线指挥官和中层行政人员很容易根据自己对情报支持的不同需求，对整个情报世界产生极度狭隘和带有倾向性的看法。

最后，我们常会发现，例如，那些一线单位、下属单位和情报基层组织，会忽视战略情报的相关性和潜在的价值。战略情报单位及其用户群可能会（也的确会）出于同样的原因，轻视战役情报提供的信息和阐释结果的价值。

这样的情况，如果不加以阻止，会在同一个组织内部形成两种相互排斥的情报机构。而这种情况很可能会带来两种情报结果，每种结果都无法得到另外一种结果的真正投入和支持，由此，用户组织也无法获取其需要且本应该获取的全部情报服务。

管理层的理解和认知

随着高层行政人员和管理者的改变，机构的战略情报的意识和认知水平，以及战略情报所代表的意义也会发生变化。这种变化可能仅仅表现为热情的消退，以及为战略情报工作提供的实质性资源支持出现缓慢（或者可能没有那么缓慢）减少。

从专业的情报角度来看，更为严重的问题通常在于，对战略情报概念的理解和认知水平发生变化。这主要表现在机构布置研究主题的任务类型会发生变化，会明显偏离需要综合性、细致性研究的真正战略议题，而转向开展一些与复杂的战役问题更为相似的项目研究（建议生产立即用于实践的战役情报副产品）。只要出现这种情况，机构一定是首当其冲者，因

[1] 译注：“一半”和“另一半”指的是战略情报和战役情报。

为倾向于加大在活动的战役重点方面的投入，从而无法实现其战略目的。

要求一个机构的行政人员理性决策、转移资源配置以满足不断变化的首要需求，这样的做法毫无意义。但是，如上所述，如果无视那些可能被错失的机会，将决策建立在这样一种做法的基础之上，则既不合理，从长期来看又有悖于机构的最大利益。

时间范畴

前面的所有观察结果和批评意见都不可与“**时效性**”的问题相混淆，因为现在我们为某一组织提供战略情报服务时，时效性的问题对我们采取的整体研究方法所产生的影响越来越大。

战略情报发展的相关议题中，最不被理解的可能当属必须在预测流程中加以解决的时间范畴问题。我们要知道，情报世界已发展起诸多与该问题相关的不同信念体系（belief system），这种情报理念的两极分化带来了极为不利的影响。各种观念之间最大的差异在于对战略情报本质和定义的认识。一种观点认为，战略研究只与“最高指挥官”（这里缺乏更好的术语来表达）以及高层行政人员相关，因此，此类研究要提供 5 至 10 年的前景展望。

事实上，这些“定义”既不准确，也不适用于战略情报产品的所有使用者。如果从此类观点产生的背景来看，这些观点完全可以得到理解，因此倒也无可厚非。此类观点都建立在相对狭隘的防务（也可以说是国家安全领域）思考的框架基础上。在这种情况下，对不断变化的风险形势进行长期的预警，从历史上来看一直与各国准备应对威胁性变化所需的时间相关。

我们都认为，执法界与其他相关领域的政府和企业思维的情报文化的发展，都源自军事实践。但是，这些历史性的联系，无论如何也不应该对该模型在执法界灵活运用以满足执法要求进行限制。当然，军事上对战略情报的定义是提供 5 至 10 年（甚至更长时间）的战略准备，但这种想法不应该成为更讲实用性、更需灵活应对不断变化的犯罪环境的执法机构的通行标准。

对政府机构和大型企业来说，其迫切且实质性的要求就是“推动”战略情报理论的应用，并在其决策期限内生产出战略远景评估成果。认为上面讨论的原始军事模型可适用于所有情况的想法毫无根据，只会妨碍我们进行思考。事实当然并非如此。例如，如果执法界迫切需要提前知道可能会发生的重大变化，且一旦得到此类预警，需要克服在预算和资源分配等议题方面所受的实际限制，那么在这种情况下，战略情报机构至少需要给出远景评估中的核心要素，以满足用户的实际需求。这并不是说，我们不需要就社会变迁和犯罪活动变化进行 5 至 10 年的长期远景评估。相反，战略研究的另外一个同等重要的焦点在于，为指挥官（特别是一线行政人员）提供符合时间范围要求的战略预警。如果这就是指，情报单位既要提供长期的远景评估，又要提供中期的远景评估，从而为长期和中期战略及计划的发展而服务，那么谁又能说这没有道理呢？

前面提到了情报观点的两极分化，以及随之而产生的激烈争论，这些都不利于该行业的发展，对用户更是毫无实质意义。情报界现在是时候要牢记，自己的责任是提供服务，而非抛出些矫揉造作且华而不实的观点来妨碍自己履行这一职责。

管理战略流程

外行人会认为，在建立和运营一个战略情报机构的工作中，最容易的部分似乎就是决定需要研究的战略主题。而事实远非如此。尽管许多机构的组织结构已经极度趋于企业化，能够为战役情报规划提供一个组织途径（group approach），但仍然有诸多机构无法做到这一点。如果是后面这种情况，此类组织会遇到这样的问题：任何用户都会带着需要研究的问题来处理战略情报资源。一般来说，决定此类情报机构的工作类型和数量的最重要因素，通常是一个有关“量”的问题，以及在所有需要关注的工作中该情报主题所处的位置。

★ 此举不能完全满足组织需求，只处理那些花时间与战略情报机构联系的用户所提出的要求。

★ 这里需要某种组织机制，确保组织能够集中思考行政高层用户的各类相互矛盾的想法和要求，以及确定向战略情报基层组织所分配的工作受到的限制和优先顺序。

★ 除非建立这样一种体制，否则结果难免会令某些用户失望，战略分析人员也可能因此灰心丧气。从另外一个方面来看，能够对战略任务分配的控制产生影响的体制都不能仅靠发布指令来运转，也就是说，此举会使得战略情报人员局限于完成那些经过“批准”的任务。事实上，战略研究的优势之一是，能够识别可用于进一步研究的有用线索，我们应该鼓励而非抑制这一主动的做法。分析人员的顶头上司 / 管理者的一项重要任务就是鼓励这种带有冒险精神的想法，如果不这样做，那些处于机构顶层的人可能会忽略要在研究主题及前景方面下功夫。

我们阐述了在将战略情报应用于执法界的历史中，我们对其发展和落实中存在缺陷的观察结果，到目前为止，我们一直在重点探讨管理者和行政主管发挥的关键作用。在继续论述战略情报分析人员一手造成（或至少促使其产生）的困难之前，还有最后一个与此相关的议题需要讨论。

从广义来说，情报活动与其他活动相同，如果想要保证并保持这项活动的有效性，就必须接受“管理”。在诸多执法领域，引入战略情报的想法引发了各个组织的强烈期待。有这种期待的组织认为，这一重要的、全新的情报产品可以阐明很多议题，由此各个机构能够未雨绸缪，应对各类或好或坏的情况，包括本节提及的挑战、风险和机遇。毕竟，执法界的战略情报工作可以分析和预测包括犯罪模式、社会对犯罪活动的态度以及容易引发犯罪活动的社会因素在内的各类转换和变化。此类战略情报工作还使得政府能够发现和利用有利的机会，与犯罪组织进行斗争、削弱其实力，或对其发展情况进行预测。

在战役情报领域，情报单位、情报官员和分析人员都与他们的用户保持着密切的关系，这些用户可能是行动单位（operational unit）的领导者、警探（detective）以及调查机构等类似者。这种亲密性促使指导此类情报工作的关键性反馈机制得以发展。

战略情报工作面临着一个更大的挑战。一线指挥官可以从对议题进行的战略分析中直接或间接获益，但他们却不是这一服务的真正用户。战略分析的用户应该是一家机构的管理高层和行政高层。但是，由于组织层级结构的本质，处于组织低层的战略情报人员与高层的行政人员之间总是有些“距离”。

为确保行政层对某一战略议题的兴趣能够被清楚地转化为项目任务，有效管理变得十分关键。用户和战略情报提供者之间的层级“距离”不应该阻碍彼此的交流，这种交流对双方都十分重要。但是，这种情况会催生一些常见问题。

★ 用户通常无法接触到战略项目负责人和项目人员，因此不得不依赖下一层级的管理者、变化无常的通信系统和章程来传达信息和指令。在这个过程中明显存在时间滞后的问题，信息逐级向下传递，然后再逐级向上呈递。在这个过程中，时间不断流失，双方虽然竭力进行清楚的交流，却没有能力迅速应对和做出反应，这些都使得原来的信息逐渐“**偏离**”了每一个人所掌握的事实情况，结果就是情报工作不能解决用户的所有关切。从另外一方面来说，除非这个交流机制能够推动对战略研究计划至关重要的意见交流，否则用户永远无法确切知道究竟完成了哪些工作。

★ 用户和战略情报提供者之间的互动是个动态的过程，对此各级管理者和上级主管仍然很难理解。双方都需要分享彼此的想法，并且对此进行探究，不仅要理解究竟需要什么，还需要理解所要达成的目的以及与具体议题研究相关的（各个方面的）机会和需花费的成本。通过中间机构来传递信息会使得过程过于简单化，还可能造成误解，这将会威胁到战略研究的质量和实用性（实际情况中，的确存在这种问题）。

四、分析人员的问题

在这里，我们首先提出一个关于战略情报的颇具挑衅意味的观点。我的看法与一些并非从事战略工作的观察者不同，我认为完成战略情报活动并不“困难”。相关的技巧和机制都相对简单，优秀的分析人员和研究人员都可以胜任。相反，如果说在各机构和政府部门中落实战略情报项目存在问题，那么这些问题与这个大环境在智力方面所面临的困难毫无关系。

我们面临的困难在于不能接受战略情报机构的必要性，更不用说去讨论其可能性和可行性的问题。执法界似乎总是无视历史教训，无视战略分析在国家机构和大型组织的未来规划方面发挥重大作用的那些事件。无论是出于何种原因，执法界似乎逐渐有了自己的期待，也就是希望任何事都能立即完成，也应该立即完成，得到肯定的或者至少短期内可以预见的结果。

有人可能认为，这是管理人员和行政人员才会有的态度，但事实上，这些情绪可以轻易传递给必须生活在这种“真实世界”里的情报从业者。我们需要思考的正是这种思维对他们的影响，以及他们对此做出的反应。

在情报课程的教学中，让学习战略分析的学生认为模型和技巧都很有效、可以用于实践，是相对容易的事情。那为什么会有如此多的例子显示战略分析和报告没有达到预期标准呢？我们常会发现，有些情报单位和组织的战略研究成果显著，可用于组织决策。而其他单位可能对战略情报的概念、流程以及潜在结果嗤之以鼻，认为其过于模糊、不精确、太深远、不直接，无法满足组织的需求。

这一现象的存在大致有两个主要原因。首先，从管理的角度来看，**“实用性”**这个概念是一个变化的标准，随着组织的压力增加，以及要满足新要求而致使工作重点发生变化，标准也会逐月调整。我们启动战略研究项目，前提在于我们认为可能存在某些利益关联和优先事项。项目启动的这个前提发生任何变化，都可能影响整个项目的方向，甚至会动摇开展整个项目的根本原因，由此，我们有必要将这些变化告知从事分析工作的人员。

其次，许多分析人员会因管理层和用户向他们施加压力、要求他们迅速寻找复杂问题的答案而受到影响。分析人员会简化项目设计，仅限于搜索适合的数据，改变所有精心设计的原定研究方法，来发现和解决（如果真是这样的话）这一困局。这样做的目的在于（通过管理）替代一个单一的"假设驱动"（hypothesis-driven）方向来获取想要的结果，而不是以更合理、更宽泛的方法，对议题的各个方面都进行研究。

当然，战略项目无疑仍然会面对诸如时间、资金、资源和数据等来自组织方面的压力。这些都是执法情报活动中不可避免的压力来源。如果这些问题对项目造成了压力，那么分析人员需要考虑的解决方法是，在解决问题的同时，还必须务实地兼顾到原来的研究视角和视野。改变某一特定战略项目的研究方法并不是个问题，毕竟研究理论在各个方面都具有灵活性。但是，如果研究要求提及要采用某种强制性的指令方法（通常是用户或管理者的个人行为，有时则相反，代表了整个机构的想法），那这样的做法可能会给出答案暗示，而且会妨碍真正的分析工作，倾向于证实那些已经存在的观点。这种**"行动与反应"**[1]的循环会对情报能力起反作用，使其无法生成合理的研究驱动型成果。

在这些情况下，分析人员处于一个很难左右逢源的位置：他一方面要尽力满足用户的实际期待和要求，同时还要确保两方面的平衡[2]，具备洞察力，避免因为用户的偏见而妄下结论。在面对这种压力时，分析人员通常只能自己提出正确行为的建议，同时还要尽力找到"能被接受的"方法，从而向用户告知改变原来指令的根本原因。

这里还需要强调的是，该模式[3]提供的框架对战略分析或研究项目极

[1] 译注："行动与反应"（action-and-response）指的是上文提到先行动，然后对行动结果进行研究的情报模式，倾向于证实已经存在的结果，与研究驱动型的情报模式相反。

[2] 译注："两方面的平衡"指的是，一方面要确保用户满意，另一方面在必要时还需要对用户原来的指令要求进行改变，因此在两者之间需要实现一种平衡的关系。

[3] 译注："模式"指的是上文提到的平衡两方面关系的研究模式。

为有用，也很适用。但是，我们需要仔细规划如何能够恰当且高效地落实这一模式，不过无论是面对执法界还是其他分析环境下的战略议题，该模式都能够灵活应对。同时，我们不能错误理解这种灵活性所包含的内在要素，不能认为我们在没有得出重要（通常是令人失望的）结论时，就可以轻易地、大幅度改变分析流程中的某些部分。正如前面所说，开始时分析人员需要谨慎规划战略项目，而在应对随后即将出现的变化时分析人员同样需要谨慎。无论是制订新计划，还是修改原计划，我们都要考虑到变化的环境，而这一责任的承担者非分析人员莫属。

还有一个问题我们也需要认识到，一些（可能是很多）分析人员倾向于将他们新承担的战略分析责任和技能转化成一种恒久的专业化工作，并因此误认为自己可以从日常工作的烦扰中解脱出来。

这可能源自机构的独特性或战略情报工作的精英特性，而这种观点在一些组织（之前提及的）中普遍存在，但无论是何种原因，我们发现许多分析人员给人这样的感觉，即他们的责任仅仅与长期的评估发展有关。在这些情报单位中，工作人员通常不愿定期报告研究进展，也不愿利用他们对某些议题不断增长的专业知识来回答问题或做出简报。相反，此类人总是认为接受了战略情报任务，就等同于获得专门从事学术研究的许可，除了那些最泛泛的要求外，他们不需要承受组织要求所带来的压力。有人可能会认为这是一种个别现象，但有的情报机构的确将所有力量都投注于战略分析，在这样的机构里此类行为模式并非个例而是常态。

五、观察结果小结

这一小节旨在帮助读者快速回忆战略情报实践和应用的一些要素，这些要素可能不是“出错”就是至少偏离了合理的最佳实践轨道。如果组织知道一个严肃且有效的战略评估支持机构应该是什么样的，就可以（也应该）改善这些问题。我将这些问题写下来，作为改变和改进的建议。

- ★ 重点确保管理者和其他组织用户能够清楚地认识到，战略分析作为未来规划和决策基本工具的作用。
- ★ 分配战略情报和战役情报任务，并在使用这两种手段时，确保两者能够相互补充，而非彼此抢夺资源和关注。
- ★ 组织和安排战略情报机构和基层机构的位置，确保其在组织中的位置不会与情报产品的潜在用户和消费者距离太远，不会与其他情报职能部门距离太远。
- ★ 从事战略情报活动时，需要保持一定的敏感度，避免错误地表现出精英主义的倾向，避免在行为上表现出傲慢的态度。
- ★ 要建立可行的任务分配机制，确保战略情报资源用于组织机构真正关切的议题，以及对其履行职责和责任至关重要的议题。
- ★ 继续为从业者提供专业化的战略情报训练，这些训练还需帮助其他情报官员、情报主管、管理者和行政人员提高情报意识。
- ★ 确保分析人员和用户能够合作开展项目，需要大幅度改变原有计划和期待时，双方可以合作修改项目计划，以满足组织需求。
- ★ 鼓励情报主管和管理者监视战略评估项目的开展，不断提供必要信息、指导意见，持续发挥领导作用。
- ★ 确保分析人员按照战略情报训练所教授的逻辑流程开展工作，运用这些流程处理所有问题答疑[1]类型的战略议题，灵活运用这些流程，以满足具体的项目需求。

六、结论

约 10 年的时间里，我们看到战略情报与分析实践在世界执法界得到

---

[1] 译注："问题答疑"（problem-solving）是一个认知心理学术语，这里指的是人们发现、分析和解决问题的思维过程。这个过程包括以下几个主要步骤：发现问题、决定应对问题、理解问题、研究可能存在的选择，并采取措施来实现自己的目标。

的支持越来越多，出现了巨大的突破。当然，这个进步十分缓慢且不成体系，因为这个相对较新的工具仍然需要假以时日才能被那些并未深入从事情报分析工作的组织完全接受。不过，重要的是这一理念已经生根发芽，落实的过程虽然比较缓慢但却在不断进行当中。

但是，我们已经可以从战略分析中吸取许多严肃的经验教训。我们需要寻找动力，竭力实施一项补救行动战略，这一战略要求我们不断增加且更好地对战略情报工作进行宣传；增加对从业者和管理者的培训，加深他们对战略情报工作的熟悉度；提高警惕，确保对正在生成的战略产品实施质量控制。若非如此，我们的战略情报行业将面临危机，这个重要且令人兴奋的技能会贬值、被边缘化。即使是现在，战略情报的发展还处于初期阶段之时，诸多批评之声都源自对战略情报是什么以及如何运作的无知。

作为情报专业人士，面对批评我们不能推卸责任。坦率地说，没有其他人可以改变当前的局势，我们需要坚定地彰显如何更好地做事并取得有用的战略成果。我们不能否认，执法活动要获取成功必须利用战略评估这个工具。因此，我们既需要个人的努力，也需要集体的努力，来实现这一点。

[第四章]

建立国家战略情报机构的理由

本书大部分篇幅都在极力推广战略情报这个概念，并鼓励在社会各个组织中适当地对战略情报进行不同层次的应用，但本章的阐述重点会完全转移，提出一种前景设想：各国应该认真考虑建立一个集中、专职的战略情报研究单位，以研究趋势和未来的发展情况。尽管本章主要讨论的是作为这种模型方法研究基础的执法活动，但是，该方法也适用于其他形式的政府活动或企业活动。该模型方法的重点在于“以专业化[1]实现卓越化”（excellence through specialization），同时还讨论了一种方法，既可以生产战略情报产品，又不会因为将这个重大的责任交付给已经承担了其他实践和行动责任的组织，从而造成职能上的“混淆”。

本章包含两个主题。第一个主题讨论了情报的一些基本概念和情报在执法环境中的总体作用，并对这些问题进行了更正，重点放在战略情报方面。这一主题的焦点在于描述单个机构内有关情报服务的规定，为此，将对以下领域进行阐述：

★ 情报生产的基本原理；

★ 情报类型的界定；

★ 情报产品的用户和应用情况；

[1] 译注：这里的“专业化”指的是战略情报工作的专业化，将其作为一个专门的领域来集中开展研究，而不是与其他情报领域混合在一起。

★ 情报生产所需资源；

★ 情报流程的管理。

我们假定许多读者在阅读本章之前就已经十分熟悉**“情报术”**[1]（Craft of Intelligence），因此本章的第一个主题旨在讨论战略情报领域的基本原理（以及工作方式）。本章的第二个主题没有继续讨论战略情报在各个机构的应用情况，而是将视线转向了国家和州级情报议题。我们认为执法机构可以开展自己的情报支援项目，包括合理且有效地生成能够为组织提供保障的战略情报产品，因此这一主题将研究建立一个协调发展的中央级战略情报机构的理由。该机构的全部工作重点在于国家、州政府或大型企业集团的执法议题（也可能是其他议题），旨在推动统领性政策、方向、计划和战略的发展。

一、概念、应用与管理

组织决策

我们对情报工作的任何讨论都有一个根本前提，即无论如何定义，它都是每一个理性决策过程的基本组成部分。本书提出，理解情报工作概念，首先要研究组织需求与满足组织需求的决策过程之间是何种关系。简单来说，任何组织的决策都可以分为两个主要方面：

★ 与组织总体方向和目的相关的决策；

★ 会影响这些组织“方针”落实的决策。

这个概念适用于包括执法团体、防务机构、商业和工业组织，以及公共部门等所有组织。确定机构目标，决定组织应该实现的最佳目标，

[1] 原注：这个短语最初源自原中情局局长艾伦·杜勒斯的同名著作《情报术》（2014年1月已由金城出版社出版），用于描述情报学科。

决定行动章程和工作的先后顺序，这些都是组织建立工作“准则”的重要步骤。

高效地完成这些步骤需要较高的知识水平，要对组织工作环境有清晰的认识。信息是这个流程中的关键，然而掌握信息未必就能确保决策完全理性且符合逻辑。我们真正需要的是对可能会影响组织目标达成的事件、活动和趋势——简而言之就是情报——拥有一系列前瞻性的观点。

信息对于情报流程来说不可或缺。从另外一个方面来说，情报并不是简单地将所搜集的信息混合在一起。相反，情报其实是获取与特定议题相关的信息，并将其纳入综合、评估和分析过程的结果，其具体目的是预测未来的事件和行动，并对结果进行评估和预测。

战略情报

正如前面所说，决策主要在两个维度展开，如果能够处理好这两个独立的（当然彼此间有一定联系）兴趣方向和重点方向，用于支持任一组织的情报工作就可以非常高效地开展。在这个维度的一端，组织的战役情报责任的执行显然是指分配给一线作战单位的任务。在这个维度的另外一端，组织的行政人员在制定规范组织整体发展的指导方针和有关发展方向的主张方面负有主要责任。在制定和审查政策和战略的流程中，不断更新知识、预测未来趋势不仅十分重要，而且是这个政策与战略制定和审查的流程能够取得成功的关键所在。这个重要的保障性服务就是一类特殊的情报工作，即“**战略情报**”。尽管战略情报可以对政策制定这一职能的实现提供直接保障，但这一情报服务却是对本应由组织决策者所承担职责的僭越。

战略情报有两个实用的定义，适用于执法环境，如下所示：

- ★ 战略情报为执法组织提供犯罪能力、弱点、趋势和意图的整体情况介绍，旨在帮助组织制定对抗犯罪活动的政策和计划。
- ★ 在执法和遵约方面，战略情报与分析着重全面描述和评估一种现象，及其发展历史和未来可能出现的变化，旨在推动政策、项目、立法和战略方向的制定和审查。

我们需要强调一点，战略情报存在诸多不同形式的定义，因为许多机构感觉到有必要不断修改原来的定义，以适应自己组织的特殊情况。但是，有关战略情报定义的所有变化形式，在有关总体概念的宽度和满足活动的宏观规划这一意图方面，都具有共同的理念。最后，因为大多数的执法情报实践都源于军事情报的工作模式，因此，为了强调执法情报与军事情报在定义上的相同点和不同点，我们在下面给出了战略情报的类似军事定义：

> 战略情报是国家和国际层面制定国防政策、军事计划所必需的情报。

对于一个历史悠久且拥有适宜情报来源的情报组织来说，对当前事件背后的"真实故事"[1]进行评论，并对原来确定的活动模式所出现的新发展给予关注，并非难事。由此生成的情报产品有多种描述方法，或被描述成基本情报和背景情报，抑或是动态情报（current intelligence）。因为这两者显然都没有支持一线作战的战术情报所需的那种迫切性，所以此类情报就成了战略情报活动的一部分。但是，我们要记住，就算情报产品的范围受到诸多局限，其仍然能够对可能出现的中期至长期的发展结果所产生的影响进行评论。

> 战术情报和战役情报关注犯罪（或其他具有威胁性的）组织、个人和惯用手法，以此直接实现机构目标和职责。
>
> 此类情报针对具体的风险和威胁活动，目标在于迅速消除风险和威胁。

[1] 译注："真实故事"也就是事件发展背后的真实情况和原因。

简而言之，情报必须能够提供建议，回答组织可能提出的诸如“那又怎样”此类的问题。为了实现这一点，情报机构必须做好充分准备，带着超越当前阶段的眼光，着眼于阐释整体形势的未来影响。这样一来，行政人员就可以研究对组织处理有关目的、方向、资源和材料管理等议题的方法进行界定的计划和政策。战略情报产品的这个附加值可以用一个贴切的术语来概括，军事上称之为**“指标和预警情报”**[1]。

战役 / 战术情报简述

除了此类为机构的战略和政策发展与研究提供信息输入的深入性情报保障外，我们明显还需要提供可以帮助组织落实行动任务（operational task）的情报。执法机构和军事机构通常会使用两种术语[2]来描述这种密切支援型情报，即战役情报和战术情报。根据诸如确定的威胁级别、需要情报产品的组织规模的大小以及确认目标或威胁的紧迫性，我们可以对两者进行区分。但执法机构的通行做法是，将这类情报视为服务一线作战职能、支持作战活动的情报，因此将其统称为战役情报。上文所示的标准定义可能会以多种形式出现，但所有的定义都有一个共同的特质，就是为一线作战活动提供服务和支持。因此，我使用这一术语，既指代战役情报，也指代战术情报。

二、战略情报的发展和应用

每个组织根据自己的既定角色和职能都要实现一些合法目的。执法组

[1] 译注：“指标和预警情报”（indicator and warning intelligence）指的是，有关敌方或第三方发起的、有可能影响我方安全利益的军事行动与威胁方面的情报。

[2] 原注：在情报产品分层中涉及的概念和含义的差分法（differential approach），将在本书的其他地方进行讨论。

织和其他公共部门都依赖于政府对其工作重点的立法规定，例如行政命令和类似的其他规定。因此，每一个组织都必然需要战略情报的支持，以实现高效发展和审查特定的机构计划、政策和战略的目的。

战略情报的产生

战略情报活动的用户是组织规划者和高层行政人员，其产品以持续的或特殊的战略情报评估的形式呈现。这些评估包括一系列对组织至关重要的主题。例如，它们分析和阐释的对象都是一些中期和长期议题，涉及范围较广，包括有组织犯罪团伙带来的威胁类型和本质的变化，利用对犯罪行为模式变化的预测来进行规避的趋势和发展情况。

为满足国家 / 州的需求而发展情报工作

正如我们在本书其他章节指出的，各执法机构都开始以各种有效且结构化的方式生产战略情报产品，这也是最近才出现的现象。过去，各机构专注于建立信息搜集和记录的网络，关注生产即时性战役情报产品，这一点可以理解。当然，在战役情报这一方面，对于各类事件和风险的关注一直以来不仅仅局限于某一国家的执法界。而现在，各机构和政府已经普遍意识到发展战略情报机构的必要性。

在一个典型的国家环境中，联邦执法机构负有州、属地与省份边界的管理、执法和预防犯罪的责任。无疑，我们需要保持从事战役情报生产的能力，而同时联邦的每个机构也都有必要发展和审查组织政策和计划，从而适应不断变化的犯罪情景。换言之，每个国家都需要战略情报机构，指出犯罪活动变化的方法，确保在拥有充分的认识并得到充分预警的情况下做出决策。总体来说，这些国家机构都在不同程度地努力发展这一能力。

一些国家的州级或地区级的执法机构也对生产战略情报产品产生了兴趣。在这些国家，有关战略情报发展和预警的知识有助于政策制定，有助于履行州级或地区级行动职责（operational responsibility）。但是，国际上普遍持有的观点认为，发展和分发战略情报产品的任务“最好”应该交由联邦机构。该观点无疑是在提出这样的警告：在州和属地需要时，联邦战略情报机构应该有能力，也必须提供此类战略预警。

在这方面究竟何种政策是上上之选，业界并无共识。在一些国家，上述模型完全适用，且因为各个州和属地接受了战略情报远景产品和预警产品，而使得该模型或多或少起了作用。但在其他情况下，各类为实现政府目的的迫切任务使得州政府和地区政府无暇关注自身的司法焦点和需求。

如果有人在思考战略情报究竟代表什么（该情报门类也许专注于生产情报产品，为政策制定过程提供相关支持和信息），那么单独的战略情报产品生产服务怎么能算作这个问题的合理答案呢？我们要找到答案，首先要认识到各级组织都需要战略分析和研究，而非只有某一级组织才需要，还要知道建立一个多层级的战略情报系统并非全无可能。某些读者和官员很难接受此类逆耳之见，因为该解决方法似乎会使得原本就稀缺的资源加速流失，而政府和组织内的各级用户可能也不会接受这种结果。

战略情报任务分配的重点

在任何组织内部进行情报任务分配是（为了提高组织效率，必须是）为了实现特定的组织目标，这是条真理。情报理论普遍认为，所有情报活动都在于解决特定“问题”，这些问题被认为与组织长久以来的关切直接相关。这是说，从一个组织的战术和战略情报发展来看，情报任务仅需合理关注与组织职能相关的既定范围内的活动。由此，情报工作因机构的不同而各异，但是，如果情报“问题”的影响力超越了一个机构的范围，每个机构只能获取自己所需。

下面的陈述总结得出这个必然和适宜的结果：除非受到更广泛利益的刺激，否则一个情报机构经过搜集和处理大量数据后生成的战略情报评估产品，只在于解决与该机构所担负的特定职能相关的特定议题。

信息来源和信息搜集

高效生产有用的情报产品，有许多重要要求。我们需要在这里简单思考一下与情报工作相关的信息来源和使用等议题。没有信息输入，情报流程无法进行。信息可能并无太多内在价值，或根本毫无价值，但这些搜集来的数据只要满足了相关性、准确性和及时性等标准，就可以通过情报流程生成一种带有附加值的综合产品，该产品不是各部分的简单堆砌，而是一个有机整体。

数据搜集也是情报流程的组成部分。如果这一情报操作环节仅仅搜集那些机构关心的情报主题信息，那么既无效率也无效果可言。相反，数据搜集应该采用一种有序的方法，确认关注的情报主题领域以及那些可能揭示这些相关议题的信息，选择能够提供这些信息的最佳（现存的和潜在的）来源，最终接触到来源并搜集数据。

情报流程的这个环节有一个核心要素，即要界定搜索的信息，因此就需要利用情报搜集计划这个工具。我们需要遵循一条总体规则，也就是根据组织的迫切要求，将关注点置于最终情报产品上，如果接受并考虑到这一点，搜集计划必须在尽可能宽泛的范围内研究情报主题。如果我们要确保对评估做出理性且符合逻辑的修改，就必须做到这一点。除非在情报流程中，对数据进行分析和阐释时，分析人员能够普遍意识到有关情报“问题”的所有议题，否则我们无法有效生成最终的情报产品。

对参与发展战略情报工作的国家执法机构来说，其对于主要犯罪活动发展的关注大多与国际情况的发展相关，或者都是从关注位于国外的犯罪组织或与海外犯罪组织有瓜葛的犯罪组织开始的。当然，国际形势的变化对包括洗钱、资金转移、毒品的生产和运输在内的诸多议题产生了重大影响。多数联邦执法机构已经建立了广泛的国际信息来源网络，用于情报领域。由此获取的信息不仅可用于发展战术情报，直接支持执法行动，还为提供（主要犯罪类型的）威胁评估的战略情报研究做出了贡献。

三、管理和资源需求

情报成本

生产有价值的情报不可能不付出成本。我们有必要考虑情报活动的关键要求及与其相关的各类成本。情报成本最突出的表现在于，情报机构要求高水平、持续性输入其认为有用、相关的信息。事实上，情报工作花费的所有“成本”范围广泛，包括（但不局限于）以下内容：

1. 可估量成本

★ 人力资源；

★ 培训和发展；

★ 设备；

★ 管理资金；

★ 时间；

★ 信息搜集机制；

★ 资源的分发和汇报。

2. 其他“成本”（受情报优先顺序变化的影响）

★ 未实现的期待；

★ 挫折感。

在开始讨论情报资源需求之前，我们需要了解一条被广泛接受的情报工作原则：有效生产任何情报产品都需要遵循三个主要前提条件。这些条件分别是：

✡ 清楚了解组织的目标和目的，同时详细掌握有关组织运作活动和程序的知识；

★ 接触到与预想的评估工作性质相符的信息；

★ 获取必要资源，包括训练有素的人员、资金以及设备。

无论最终的情报产品是用于服务战略目的还是战役目的，这些要求总体来说适用于情报生产。话虽如此，根据情报产品的最终结果和消费目的，我们研究和界定这三个前提要求的方式仍然存在显著差别。

人员配备和培养

与其他工作一样，情报活动的**“周期”**[1]也需要应用一些特殊的技巧和方法。这些技巧和方法可以通过学习获取，尽管在情报学科中有关情报应用这一方面，我们通常认为实践活动需要的不仅仅是技术能力，还需要诸如想象力和天资（尽管连那些赞成者都对理念进行了歪曲的定义）这样的额外行动资质。可能出于这个原因，选择适合的人来从事情报评估通常比想象的要难，结果也不是总能尽如人意。

我们还需强调一点，情报分析的培训和发展项目久经考验，最初是教授基本情报方法，之后要学习高级情报分析和战略情报评估。不过情报理论是个动态发展的过程，我们需要在这个培训和发展周期内为情报人员提供机会，更新和掌握新的技巧和方法。

任何对情报流程的详细研究都明确指出，掌握情报流程的复杂性，提高情报生产的效率，就必须对人员进行仔细遴选和培训，我们必须接受这一论断（认识到的确存在前文提及的困难）。业界已经尝试过多种填补情报岗位的选择和招募的策略。这些策略包括重新分配了解组织背景、经验丰富的一线人员的工作岗位，并由此发现这些人“仅仅”需要额外的、专业化的训练。机构招募具有高等教育学历的人员填补分析人员岗位，基于这样一个假设：高等教育能为适当的研究技能提供证明。

上述例子和其他类似的例子未必适用于每种情况。我们通常容易忽视的一个重要因素是，情报工作本身并不是一种单向活动。情报工作是一门专业性强、需要严格训练的技术活。情报人员既需具备技术能力，还要拥有一定的智力水平。情报活动由诸多同样专业化的活动组成，这些活动共

[1] 原注：术语“周期”和“流程”同样适用于情报界，用于描述包括搜集、核对、评估、整合、分析、阐释、报告、分发和审查等环节在内的行动链。

同组成了整个情报工作流程。

遴选和培训情报工作人员的各类策略中，凡是被证明卓有成效的策略，都是因为考虑到对“这一工作”进行定义，培养掌握适当工具、技巧、知识和技术能力的人员来履行相关职能的必要性。从另外一个方面来说，有些情报机构进行人员分配时，不根据个人意愿和能力而重新分配人员从事情报工作，这一做法就很冒险。这可能最终被视为在失去机会的背景下，个人和单位无力实现全部潜力，从而可能招致情报失误。

情报工作的本质是，根据需求（也被定义为情报“问题”）处理大量数据，以描述正在发生的事情，以及可能的结果。这要求个人在一种不确定的环境下进行预测，对于那些受雇从事情报工作的人来说是种压力；而行动的迫切性又增加了这种压力，不过情报从业者却能通过消除这种压力来获取成就感，得以振奋精神、受到鼓舞和充满热情。

材料和管理成本

总体来说，情报机构从事的是高成本的活动，特别是当重点被放在数据搜集、存储和交流方面时，情况尤甚。对于那些担负战役行动任务、要求生产战役和战术情报的机构来说，情况更是如此。

战略情报的发展对资源有着不同的要求。时机合适时，情报搜集计划的制订者将抓紧一切机会利用那些“其他机构”已经搜集来的数据，然后在本机构中使用这些数据，在有限的时间里开展和完成特定项目。通过这个方法，大多数更为“传统”的数据存储和相关的成本负担都大幅度减少。但是，搜集、保管、存储和检索与特定项目相关的数据就变得至关重要。

同样，对于在没有这种即时性要求压力的环境下进行的战略情报研究来说，生产战术 / 战役情报产品所需高昂的差旅和其他管理成本，以及贯穿整个生产流程的行动迫切性的要求也会淡化。战略情报产品的生产有其自身的压力，但与战役情报不同的是，这些压力几乎不会花费大量的管理成本。

其他成本

生产战略情报产品既非易事，也不能一蹴而就，而要求对某个问题的**“长远考虑”**（long view）进行评估，这种长远考虑应该涵盖与特定主题相一致的尽可能广泛的范围。此类评估活动的核心要素在于，每次都能遴选合适人员、搜集相关数据、制订有序的项目计划，而这些活动本身都需花费一定成本。

无论以何种标准衡量，时间管理都是战略情报流程中最为困难、要求最高的一个环节。因为研究、评估、分析和阐释活动都需花费大量时间和精力，而与战术情报生产流程不同的是，战略情报活动链中还有一个额外维度，它并非仅仅依靠情报流程来实现，而是更多地建立在智力活动的基础上。

我们在这里需要阐明一点，战略情报生产看似在一个不那么“紧迫的”环境里进行，但不仅是用户和消费者对情报产品抱有很高的期待，情报人员对产品的期待也很高。事实上，数据的基本处理环节结束后，下个环节的重点就是对情报问题进行理性研究，开始完成阐释的任务，正是此项活动造成了很大的压力、高期望值以及挫败感。因此，对战略情报机构的管理必须严格有序，使其能够认识到并应对这些情况。

四、未来方法之一：建立国家战略犯罪情报机构

背景

在本章的前面小节，我们讨论了战略情报在确定机构计划和政策方面所发挥的既定的、合法的作用。此处我们将讨论，生产一种不同于当前各机构从事的战略情报活动的国家级战略犯罪情报分析产品的可能性。通过提供对整体犯罪环境的战略情报评估，这一主动行动可以支持国家实现制

定整体执法政策、战略、优先事项、资源部署、组织要求和训练需求等目标。

在国家执法层面，联邦警察部队和其他主要执法机构（诸如海关）都已经在各自的情报单位内部确定了战略情报计划。这些战略“基层组织”的工作重点在于，处理与各自机构担负的责任相关的议题。但是，我们逐渐发现，在研究不同执法机构拥有共同执法关注点的议题时，这些机构逐渐朝着联合提供资源和指导的方向发展。但是，接受“任务小组综合征”（task force syndrome）、联合所有力量形成合力、共同解决具体问题的方法，却不能完全解决问题。当然，如果能够将环境、人力和指令有效结合，肯定能获得成功。但是，这只不过是各个机构为了同样的目标，在短期或中期的时间范围内进行的合作。如果政府想要获取超越联邦和州 / 地区级执法组织利益的战略情报和分析建议，还需要在此基础上迈出一大步。

政府政策的制定

鉴于诸多联邦执法机构都需肩负不同的部门职责，因此政府在制定执法政策时需要数个不同的**职责岗位**（portfolio）对此进行投入，每个职责岗位都对自身需要发挥的作用和承担的责任持自己的看法。由此，我们还可以从这种安排方式中进一步了解到，无论影响某个执法机构的政策源自何方，它们都由操控这些机构的特定职责岗位上的人员来制定。尽管存在“提交内阁审议”（cabinet submission）这一机制，要求各机构彼此接触交流，允许思想碰撞，但“各司其职”的方法却主宰了政府执法政策的制定过程，如警察制定治安法规，海关制定国内进口 / 出口法规等等。

> 为国家政府提供有关犯罪的战略远景预估的方法之一是，在执法界内部建立一个独立于其他相关机构的战略研究单位。

这个情景对最终负责制定执法政策和战略的人造成了严重的困境。尽管这是一些社会的既定政策制定模式，且被普遍接受，但我们越来越认识到，这些做法与我们需要了解的犯罪行为的本质之间并不一致。我们已经拥有的是一个独立的、个性化的、分立的执法机构战略体系，这个体系与当前对犯罪组织和活动复杂性的认识并不一致。

从现实的角度来看待犯罪活动及其社会影响，我们会发现上述方法在实用性方面存在局限。业界已经充分认识到犯罪活动的复杂性及其对社会的深远影响，也将之记录下来。在这种情况下，如果我们根据单一机构对犯罪“问题”的理解，仍然沿用当前对于国家执法政策制定和战略设定的方法，就不能完全发挥国家（也就是联邦和州）应对整体威胁的潜力。在该政策发展领域的每个执法机构都会利用自身的全部战略情报能力来评估情报问题。这一点当然是能够理解的，但这种评估不过是机构对于所肩负责任面临的威胁和受到的影响持有的一种片面看法。

政府制定政策的主要目的在于，制定适合整个社会的综合性战略。因此，我们在分析犯罪活动及其整体影响时，要超越传统的限制，即各个机构在战略情报评估过程中强加的自身观点，尽管这是无意的。如上所述，目前的战略分析活动带来的结果就是，国家执法政策将会成为（或正在成为）专注于机构自身目标的战略集合。这些战略也无法得到恰当的表达，因为联合执法机构或政府对犯罪环境还缺乏统一和完整的定义和描述。

如果我们需要的是一个进程，以确定建立综合性执法政策和战略的真正国家方法，那么依靠一系列单个机构提供的情报评估，来理解整体犯罪环境，这种做法的确存在缺陷。所以，我们有理由提供全面的战略情报评估服务，评估范围涵盖整个犯罪环境。如果政府想要了解犯罪活动的本质和范围，从而制定一系列适用的执法政策和战略，提供此类服务则至关重要。

五、建立独立的国家战略情报机构的要求

基本框架

将国家级执法战略情报产品交给政府行政层使用，这个过程的准备活动所涉及的核心要素，与向机构层面递送战略情报产品的准备活动所涉及的核心要素极为相似。当然，两者之间的某些明显差别，将在下面列出。正如本章前文所述，以下段落中也加入了一些解释性评论。

作用

从根本上来说，我们需要建立一个国家执法情报机构，为政府决策者服务，能够就犯罪环境及其对社会的影响进行全面的战略情报评估。在理想情况下，该机构生产出的产品能够对犯罪“问题”进行界定和描述，同时还能预测未来趋势和发展。此类情报机构拥有两个关键特性：

- ★ 此类情报机构如果想要获得较高的效率，提供的数据范围（根据其类型或来源/源头进行定义）不能局限于与罪犯和犯罪活动相关的执法类信息。我们需要发展的能力是，清楚把握犯罪活动对社会各方面的整体影响。在这个基础上，我们才能关注与国家政策制定“相吻合”的合理执法战略的发展情况。
- ★ 鉴于（设立）这一机构的合理性依据在于独立生成战略情报评估，所以涉及与战役活动作用相关的评估，则对自己是不利的。事实上，我们所说的此类战略情报机构的人员，应该完全脱离参与战役情报活动的其他组织或机构。否则，他们在机构中可能会面临偏离本应保持的独立和“中立”状态的风险，还会向机构施加某种母体

式职责和看法[1]。

组织背景与授权

正如上面讨论的，我们在定位和建立此类战略分析机构时，需要考虑将其与执法机构的正常运营分离，该机构不承担战役行动责任，反而存在于一种相对中立和独立的环境中。该理念承认，现有执法机构要想发展和修改其行动战略和计划，必须在生产和消费战略情报方面发挥合法作用。

我们可以假设现有执法机构能够建立并提供本章所设想的战略研究服务，但事实上，现有执法机构下达的命令几乎无法超越本机构的工作范围，因此无法进入一个涉及各利益攸关方、更为宽泛的国家服务领域。许多机构也没有将工作重心或职责放在战略情报的发展上来，以便全面审查对社会造成影响的各个犯罪领域。最为重要的是，这些机构的性质、任务导向、人力资源，总体上都不利于他们承担这里所描述的国家战略服务的角色。

我们在对此类机构进行组织定位时，应该考虑到该服务机构需要拥有一定程度的自由，来发展和实施评估活动，不应该承担现有执法机构在信息/情报搜集活动或紧急行动中所承受的压力。此类战略情报机构如果想要提高工作效率，必须是一个独立的情报评估机构，而非一个为某些特定行动职能提供支持的附属服务机构。

---

[1] 译注："施加某种母体式职责和看法"指的是，如果战略情报不能保持自己的独立性，很可能会受到来自战役情报职责和相关看法的影响，这种影响可能是强制性的，感觉就像是一种来自母体的权威。

评估活动的任务分配

真正的国家战略情报机构应该将工作重点放在研究和提供威胁公共秩序的各类犯罪领域的评估上。执法界已经完成了诸多工作，确定和列出一系列需要迫切关注、深入研究和评估的情报主题。在这个发展过程中，我们可以看到因为专注于确定由哪个机构来承担这个角色，而忽略了上述原则的一种发展倾向。我们总是很难确定适合的机构来承担此项重要工作，这不仅说明当前的体制存在缺陷，同时也说明我们有必要建立本章所讨论的这种犯罪评估机构。

任务分配的另外一个同样重要的特点就是，我们不仅要研究早已存在的犯罪领域，还要不断观察犯罪活动发展的整体情况。可能从当前的法规来看，后者未必是“罪犯”，但其代表的是异常的、反社会的行为模式，或社会难容的其他行为模式。

战略情报机构必须拥有广泛的授权，以获取数据，并进行研究，为决策项目提供评估。因此，此类机构有必要获取执法环境中安全保障和当前行动要求的相关数据。该机构对犯罪领域进行了全面有效的探查后，就需要超越现有情报机构的经验限制，对州和属地的各个机构进行更为广泛的接触和研究。

合法性和授权可以通过几种方式提供。例如，政府确定战略情报机构的角色，并且规范其与所有相关机构（执法机构和其他机构）的信息接触方法，这些做法都是相关理念的体现。但是，此类机构能够成功搜集信息，大多不是仅仅通过此种正式渠道来实现，还需要通过该战略情报机构和其他相关机构之间有效和敏感的联络[1]来获取。另外，确定一个积极且具有前瞻性的项目，与所有贡献方分享最终拥有附加值的情报产品，可以极大地提升各方关系中蕴含的内在价值。

---

[1] 译注：“敏感的联络”（sensitive liasion）指的是，在与其他相关单位的联络中，有些接触活动涉及敏感信息或人员。

机构建立的方法选项

无论这个战略评估机构的外在形式和对其定位如何，我们都要考虑选择下面的解决方案。

- ✶ 工作人员人数和辅助设备可以保持在最低限度，因为主要的需求是情报评估和研究活动，而非执行积极的情报搜集职能。
- ✶ 采取固定岗位和临时委派相结合的方式，通过其他执法机构从其情报组织内部短期委派在岗人员的方式，集合此类人员，汇集各类技巧和经验，从事高度专业化的国家情报评估活动。
- ✶ 除了重要操作性设备（如电脑等）外，不苛求政府对该战略评估机构提供预算支持。主要的经常性花费包括人员薪水、国内和国际旅行资费，以及通信费用。
- ✶ 该战略评估机构的职能管理可以从以下三个方面进行操作：
  1. 向指定的“顶层”机构、部门或委员会提供任务方向和总体报告。
  2. 由该战略评估机构的高级官员，负责掌握评估项目的发展方向，对人力和财力资源进行日常管理，并负责向所属机构进行报告。
  3. 由项目组的负责人进行项目管理。

六、结论

业界普遍认可，并在某种程度上接受了战略情报在执法界中的作用。事实上，某些机构已经具备了从事战略情报分析的能力。众所周知，单个执法机构有必要利用战略情报能力，来实现组织目标。

国家政府可以确定，有必要发展执法战略，应对整体犯罪环境造成的威胁。如果情况的确如此，那我们就有必要发展情报能力，提供界定和勾画犯罪环境的全面性战略情报产品。

根据我们目前的经验，纵观这几个选项，我们可以确定一件事：授权任意一个现有机构，承担这一角色都对我们毫无益处。所有机构都有自己的职能要求和所需承担的责任，在有些情况下，还拥有支持各自发展的战略情报能力。我们将这一新角色（超越正常执法情报能力范畴的角色）赋予任意一家机构都会带来负面作用，会影响该机构实现其传统的、既定的情报需求。另外，现有的传统角色也会阻碍该机构发挥潜力，使其无法生产真正意义上的国家战略犯罪评估产品。

事实上，业界已经试验过诸多其他模型，这些模型至今仍然存在，例如在澳大利亚、加拿大和英国，我们都可以看到这些模型。这些模型都要求国家警察机构除了肩负提供情报以支持现有执法权力和责任外，还要承担生产整体国家战略分析产品以利于其他机构利益的责任。事实证明，一个机构在承受来自两种截然不同的责任所带来的压力时，根本无法有效履行其中任何一种。

我们决定采取哪种解决方案时，必须接受相关原则和实用主义的指导。将被认可的国家需求付诸实践其实意味着，我们做出决定和选择时不应该受到不同利益要求的干扰。但是，我们也不能仓促决定，而是要采取有计划的、全面的方法，发展承担这一众望所归角色的能力。

第三部分

关于情报用户和管理者的议题

[第五章]

为什么管理者和行政主管需要战略分析：执法模型

战略情报是完善现代执法政策、计划与项目的重要工具。战略情报是一种适用于各个管理层次的情报类别，能够帮助管理者理解复杂且彼此冲突的公共秩序要求，促进资源的部署和使用，同时还能为企业和政府提供分析支持，帮助制定全面的执法政策规划。

过去几年，情报服务被包括执法、政府政策制定、刑事学和其他学术研究中心以及工业在内的诸多民事领域所沿用。许多人认为，情报服务之所以会被如此多的领域应用，原因在于社会想要“更好地”规划公共部门而导致压力倍增，同时也是因为人们对公共与私人领域所肩负的责任抱有高期望值。无论真实情况如何，当前对情报领域的这种关注，对于情报行业来说是一个全新的、受欢迎的发展方向。但是，我们应该知道情报实践本身并不是“全新的”，因为情报活动其实已经存在了数个世纪之久，形式多样，服务于包括军事、政治和社会在内的多重目的。

从历史上来看，无论是在战时，还是和平时期，各国、各组织和个人为了解其他国家、组织和人员的情况，解释他们的行动（实际上是希望通过了解来获取优势），都会利用情报来认识这些问题，或强化对这些问题的认识，以此抓住有利时机、未雨绸缪。

一、执法与战略情报

本章重点探讨执法领域的情报工作。我们在这里讨论的执法领域涉及广泛的范围，包括警务、司法行政和维护公共秩序等。

我们在这里首先要谈的是，执法界一直存在一种“流行”观点，认为情报工作的主要作用是帮助实现战术和战役目的。这个观点与历史实际并不相符，因为历史上的情报活动远远超越了为战役活动服务的范畴。事实上，自有《圣经》以来，有记载的人类活动一直就在不断重复着权力的更替，如果没有超越战术视野的情报能力，如果没有专注于未来的远景、战略和计划的情报能力，这种权力更替根本无法实现。

人们的观点还在不断改变，而执法界也越来越能接受战略情报，将其视为传统情报工作的一种必要的拓展形式。可是，为什么战略情报工作却迟迟未能应用于执法界呢？最有可能的情况是，“**情报**”一直被视为一种战役工具，长久以来“**规划**”则被看作是管理者的特权，是区分其与普通工作人员的特权，因此这种特权不应该由情报组织掌握。不管对错，情报工作对战役行动的支持作用极大，因此也可以得到授权，向其他活动和服务领域扩展。事实上，从执法利益来看，我们很难想象，那些肩负执法政策、计划、战略和项目建立、审查的机构行政主管和管理者有任何理由拒绝使用该种如此有价值的未来工具。

作为阐明战略情报工作在某些领域使用情况的一种方法，我们可以仅仅将此类情报工作看成是“专门用来研究和揭示各类威胁、风险或机会的一种情报应用形式”。

人们对战略情报的认识误区之一是，认为战略情报产品只属于“管理高层”，这种观点源自人们对战时战略情报作为高层组织的情报以及“指挥部”情报的认识。执法界如果也坚持这种观点，显然就忽视了区域指挥官（district commander）或地区指挥官（regional commander）的实际需求。与其上级一样，此类官员也理应需要通过综合性计划，确定如何应用不同的资源，实现遏制所属区域不断变化的犯罪活动的目的。

在这个例子中，战略情报的价值在于，运筹帷幄，从更为长远、更为宏观的角度快速审视正在发生的事情和已经发生的事情，以洞察战术情报所不及之处，并以此预测将要发生的事情。当然，从事此类情报活动要求采用周密的计划，而且要提前部署资源、更换设备、发展或调整不同的技巧与方法、改变管理机制和遵约机制。

理想情况下，无论用户属于哪一管理层，战略情报工作都能为其提供管理规划方面的直接支持，这的确是一种具有前瞻性的情报活动。由此看来，战略情报工作与战术情报工作并不构成“竞争”，相反前者是后者的有益补充，只不过组织不同，补充的程度也不同。因此，在任何典型的执法机构中，从事符合机构利益的战略研究显然是搜集情报的一种合理途径。我们很难想象，如果一个执法机构忽视提高自身对于执法问题的认识和理解水平的需求，不去研究这些问题对机构本身的影响以制定出适合组织发展的计划，这样的机构是不负责任的。然而，这种与机构本身息息相关的规划活动也不是空中楼阁，不能仅仅存在于理论的真空中。各机构通常都在各自组织范围内调查和分析问题，仅仅关注“**警务问题**”（policing issues）和“**警务数据**”（police data），采取的方法不考虑犯罪研究领域的其他观点、方面和特点，此举十分危险。

资源有限时，执法机构不得不把注意力集中在手头事务上，这样做是可以理解的，但不能走极端，不能假借私利或称其毫无关联性而忽视传统警务领域之外的重要事务。这样做必定会使我们得不到优质的成果，计划和项目的质量也必定大打折扣。实际上，执法、司法和公共秩序问题不会也不可能在真空中运作。就每个机构而言，其宗旨与目标也不可能在真空中实现。我们可以说，任何警察部队或类似组织都不能不考虑本组织或机构以外的问题，因为机构与其所属社会圈之间、机构与机构之间，总会存在某些联系，也可能是某种潜在的紧张关系。执法活动也不可免俗，其与广泛的社会政策和公共利益都有密切的关系。我们在进行战略情报规划时必须考虑到这些因素，而我们从事战略情报实践时，也必须考虑到这些因素。因此，执法机构如果想要有效开展战略情报活动，必须要（甚至是要鼓励）从更为广泛的角度思考问题，如果想要提供更为适用且实用的服务，就必须研究与犯罪问题相关的各个方面。

二、应用于政策制定的战略分析

战略情报为规划活动提供支持的需求，不仅限于为某个执法组织提供服务。虽然说，某一执法机构不依靠其他机构，对自己正在关注或应该关注的问题形成自己的战略观点的做法是可能实现的，但实际上，就算只对执法利益相关领域的问题进行思考，也变得越来越困难。那些针对警务和司法问题、旨在为政府高层提供服务和社会规划的研究，如果想要做到合理和开放，就需要我们对那些警务范围之外的问题进行广泛思考。

我们要想理解有关犯罪行为的重要问题，不仅要利用典型的警务信息资源，对那些与犯罪活动息息相关的各个方面进行思考，还要了解助长犯罪活动的因素、动机以及其他类似问题，了解其对正在研究的问题所产生的影响，并对其进行解释。如果我们不能采取一种更为宏观、更为全面的分析方法，就不能制定出司法政策，从而有效地提供涵盖利益攸关方所有合理关切和责任的模型。事实上，除非我们准备发展这种宏观方法来全面观察犯罪活动，否则各机构和政府部门在政策与计划的制定和执行时便会不成体系，碎片化而且低效。

执法政策和计划的制定不成体系，无视与其他利益攸关方的互动关系，这种例子不胜枚举。相反，从“整体”角度出发，采取严谨、有序和严格的方法，形成对犯罪环境的综合性战略观点，在这方面的做法也有一些实用性的例子。显然，政府各级应该采取的是第二种方法，认识到战略分析是一种有力的工具。

诸如毒品、非法移民、诈骗、家庭暴力、团伙暴力和腐败等活动都同属于一类，都需要我们用更为广阔的视角对其中所涉及的问题进行审视。在这些情况下，战略情报工作调查研究的范围必须超越执法组织自身利益的范畴：研究更广泛的问题和方面，对全面了解犯罪活动的发生成因、如何运作、涉及哪些人以及其影响是什么等等，是相关且必要的。各组织和政府部门如果不能对问题有这种宏观性的把握，又如何能制定合理、可行的应对计划呢？

三、落实战略情报计划

鉴于某些组织已开始实施战略情报活动，各组织若想进一步推动战略情报工作的发展（必要情况下，需要引入战略情报工作），必须努力构建战略思维，利用系统性方法从事战略情报研究和分析。执法界开展战略情报活动需要遵循以下两条原则：

1. 向各级行政管理部门推广战略情报工作的概念和其“必要性”。
2. 将履行战略情报职能必需的资源和机制落实到位。

决策本身并不困难，但是，如果你想要确保整个流程运转顺利、结果“正确无误”，却并非易事。执法界从来都不乏行动有力的决策者。专业的警务行动通常需要快速地审时度势，这也是相关人员引以为豪之处，并不难理解。但是，无论在什么领域，制订前瞻性计划不仅需要快速、适时的反应，还需要对所有相关的目标和流程密切关注、深入思考。

如果执法界的目的是为了应对和克服当前与未来的挑战，那么我们必须让行政管理层知道并理解，他们需要掌握一种更为有用的方法来进行战略思考和分析。当然，大多数的执法机构都会让其高层官员参与战略管理培训，并参与制定发展计划及项目。

但是，大部分执法机构对于密切连接“思考”和“计划”的关键元素——**战略分析**，并没有给予足够多的关注，这一点令人遗憾。为解决这一问题，管理者和行政主管需要特别把握培训、进修和熟悉问题的机会，使其相信对战略问题进行结构化分析是合乎逻辑的。同时，他们还需要得到指导和鼓励，以了解自己在战略情报机构及其产品的任务分配、指导、管理和利用方面需要满足的要求和承担的义务。

同样重要的是，为各级战略情报从业者提供专业的培训和发展计划。简而言之，此类培训计划旨在让受训者应用现有或已知的情报技巧和方法，以满足战略情报工作的特殊要求。因为战略情报活动比战术或战役情报活动更具结构化，要求更为严格。原因很简单：我们从事战略情报活动时，对问题的研究和情报实践的应用必须在一个更为广泛、更不可知的背景下进行，这需要参与者拥有更为广博的知识、更高的专业水平和更好的判断力。

应对此类挑战，让管理者和用户能够对这些资源提出现实的预期、切实履行与资源相关的义务，我们需要将重点放在所谓的战略情报项目的前期设计上。当然，这个责任应该由从业者、用户和管理者共同承担，但是，如果前期没有在规划方面下功夫，战略情报项目则无法顺利进行（参见图 5.1）。

无论是战略情报理论，还是战略情报实践培训，都强调从业者必须要谨慎小心、善于思考，这些对于战略情报活动的规划和流程来说都必不可少。值得一提的是，战略情报培训的整体目标在于，使情报官员接受战略研究的广度难免会降低预测的精确性，从事这项活动更依赖于个人对于手头问题所掌握的知识、专业技能和判断力。战略研究的这种方法或多或少与较为成熟的战术情报实践和传统情报培训的方法有所不同。在战术情报实践和传统情报培训中，情报活动、调查活动、证据和执行活动都混合在一起进行。尽管情报分析和结论可能不过是一些并不精确的猜测和专家意见，而在未来的某一天，可能还会发现这些不过是没有结论的数据和个人印象，我们还是应该接受原本的结果，这也是战略情报的重要特征之一。

四、行政主管接受战略情报工作需要面临的挑战

我们在前文讨论了在执法工作中引入和发展战略情报的一些基本问

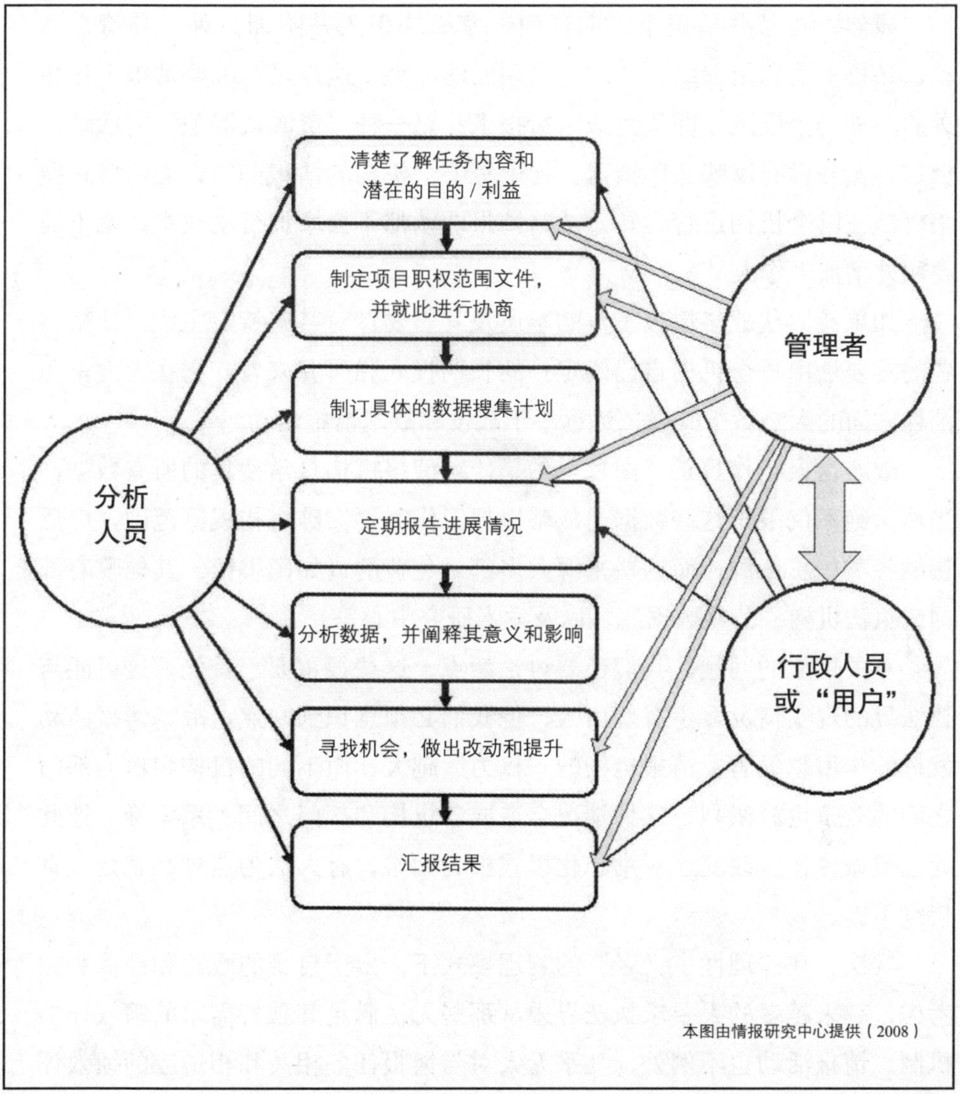

图 5.1 分析人员、管理者和用户之间的互动

题。下面我们将简单列出，目前许多执法机构面临的主要问题和困境。

显然，在某些情况下，向任何一家机构引入并附加另外一种情报活动，必将引发利用稀缺资源的优先顺序的冲突。这也是与战略情报工作相关的另外一个误区，即认为战略情报工作是一种“**资源饥渴型**”的活动，但这其实并没有反映实际情况。无论是哪个机构的情报部门，无论信息搜集机制在哪个机构进行运转，战略情报活动都不会增加行动成本，也不需要额外增加工作人员。

如果我们从战略情报工作的本质及其需要针对某些特定主题（战略主题的重要性由每个机构自己确定）的长期投入和研究来看，它在人力资源消耗方面的影响微乎其微，远远小于战役和战术情报活动。

战略情报工作真正“渴求”的是传统情报机构日常搜集的所有数据，当然，绝不仅限于这些数据。战略情报工作需要突破机构视野范围，广泛接触各类信息来源，而这些来源大多都是免费的（如图书馆、其他政府部门或执法机构、公共数据库，以及学术研究中心等）。

有关挑战的问题，我们还要讨论两点，这些很重要。首先，这可能与执法界的现实情况多少有些出入，但我们必须意识到一点，战略情报活动发挥的作用越显著，情报机构的“权力”越大，而不同的机构和权力部门之间的竞争也越激烈，这种情况会造成各机构和部门之间关系紧张，彼此无法真诚合作。改变这一常态化模式极为困难，有人认为这种状态会一直持续下去。

其次，在“理性主义者”的管理模式下，出于自身的政治和经济利益考虑，越来越多的人要求执法界遵从那些无法满足其独特需求的绩效评估机制。情报活动也不例外，几乎无人对与情报任务相关和相适应的绩效评估机制进行理论层面的研究。很明显，如果我们想要正确评估战略情报工作和其他情报工作的效果，这就是我们优先要做的事。除非我们建立某种合理的体制，否则人们将会继续对情报工作抱有这种期望：认为其可以得出结论，便于直接进行抓捕行动。如果我们无法阐明存在战略分析这样一个纽带环节的事实，就很可能会造成这种结果。

五、结论

从情报从业者的观点来看，战略情报在执法环境的发展、适用和引入，是最近几年来最为可喜的进展。实际上，与日俱增的犯罪活动和日益萎缩的执法资源之间的冲突带来了一个不幸的后果：执法界的挫败感日趋增加，对于“当前”存在和具有威胁的问题连匆匆一瞥都顾及不上。执法界也没有足够的时间和精力闲置下来，从宏观层面仔细思考这些问题。

自然而然，个人和机构都只关注于自己感兴趣或职责所在的领域，竭力在这些领域获得成效。可是，所有个人和机构都忽视了一点：任何机构都不能在一个完全不需要考虑其他方面影响的领域内独善其身，这实际上是可以理解的。

多年来，管理层将重点放在协调、交流和合作方面，竭力解决两个不同责任领域内的沟通困难。这些做法固然重要，但如果执法界想得到自己应该得到，并以为自己已经得到的保护，就需要对相关议题进行积极、充分的评估和探索。

当然，我们将面临诸多挑战和困难，但有一点可以肯定，既然执法界认为自己需要更好、更全面的分析和规划，那么将战略情报纳入进来就是迟早的事。现代警察部队的行政层，只有掌握了战略情报、研究和预测的能力，才能应对各种变化。

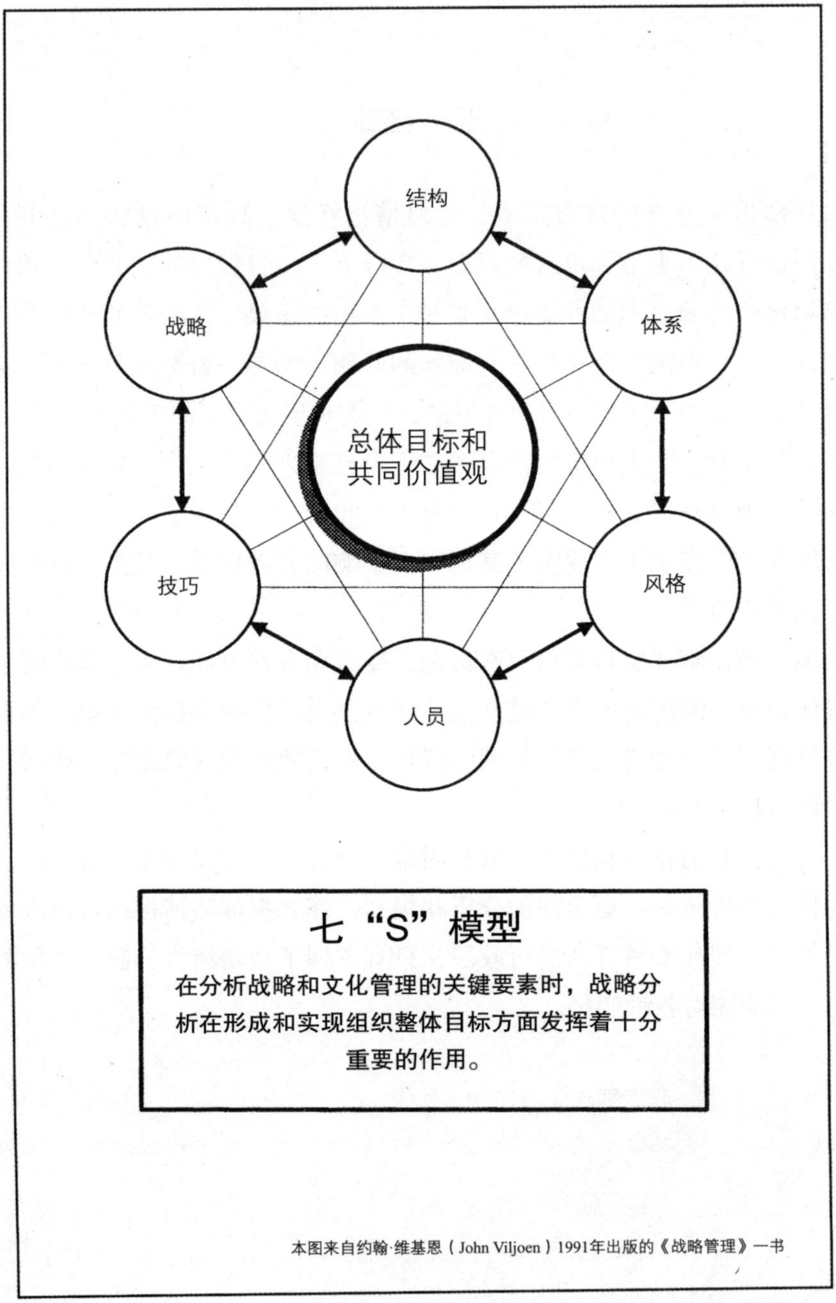
结构
战略
体系
总体目标和
共同价值观
技巧
风格
人员
七“S”模型
在分析战略和文化管理的关键要素时，战略分析在形成和实现组织整体目标方面发挥着十分重要的作用。
本图来自约翰·维基恩（John Viljoen）1991年出版的《战略管理》一书

图 5.2　七“S”模型

[第六章]

管理模式与行为：对情报工作的影响

一、为行政层服务的情报活动

本章通过讨论分析活动及其在管理中的作用，来阐述相关主题。另外，本章还讨论了该主题的另外一面，即管理风格及其与情报活动之间的相互作用。情报从业者认为，真正的情报活动显然服务于多种用户。情报工作实际上是一种服务，但又不是一种自我服务的实体。在最理想的状况下，它不是自给自足的存在，也永远不会只为自身利益服务，因为根本不可能存在这种利益。而事实上，我们中的很多人根据个人经验发现，这种至理名言的说法经常被打破。因此，情报工作的真相究竟是什么？情报工作究竟意味着什么？

从理论上看，情报工作是一种实践活动，用于揭示模糊现象、预测即将发生的事情、解释“冰山一角”下方未露出部分的真实情况。该行业应用范围极广，历史上有过诸多或著名或不著名的案例，都是通过从基于情报对人们的动机、意图和实力进行了解，得出直接的（有时是间接的）结果。回顾历史，我们发现，各民族、种族、文化和帝国的幸运与否，都取决于是拥有“好情报”，还是拥有“坏情报”。

我们应当承认，任何有关情报“目的纯粹性”的借口几乎都无法被历史或当前的现实所证实。情报是一种武器，一种和其他东西一样的工具。它可以用于行善，也可以不用于行善，甚至用于作恶。它可以完全用技巧来操作，也可以完全不用技巧来操作。它可能被用于支持有意义的事业，也可能无法得到充分利用，甚至被完全浪费。

不论我们将情报当作一种武器，还是一种工具，从某种程度上来说，情报的本质都是“中性的”。情报的存在就是要被人们利用，而情报在使用效率、目的和结果方面的价值，事实上也是由使用者赋予的。这些都不是情报产品固有的价值。那些希望获取情报服务的人们——操控整个情报工作流程并确定最终结果的人们——才能为情报赋予价值。最后，也正是这些人会对情报产品施加影响，根据自己的优先顺序和议程对情报产品进行阐释。因此，当我们说到“情报通常似乎只为自身目的服务”时，这里的“情报”指的不是情报实践、情报技能或情报的哲学内涵，而仅仅是指参与情报生成、影响情报产品和操控情报的人。

二、从历史角度看待管理风格

从通俗角度来看，**“管理”**是个集合名词，用于指代和描述那些设想、计划和领导某一机构或活动的整个过程。管理理念与情报的作用和职能之间的关系是：各组织内部总会存在一个特定的机构或团体，情报专家需要向此类机构或团体提供服务。这个团体通常指的是**“用户”**，也被认为是情报服务的“消费者”或“顾客”。无论我们使用哪个术语，用户代表的都是组织中处于权力岗位的一些人，他们当然也是情报产品的最终使用者。

根据个人所属关系，“用户”这个概念包括最高决策者、政府或政府内的政治集团。用户（他，她，或他们）可能是业内或行政部门中的领导团体。用户的重要特征在于，他们有责任决定组织发展方向和形成决策的人，也不可避免且顺理成章地成为情报服务的消费者。

我们如果研究历史上各类管理模式的特征、风格和价值，不难发现不同的管理方法是如何影响组织内部分析部门的作用和职能的。当然，这种笼统的概括是以事实为基础的。然而，由于管理者良好的辨别力和耐心，这些有时看似严厉且带有挑衅性的观察结果也存在例外情况，这一点已被证实。我们的目的只是强调某些标准，在当前的实践和经验的背景下研究历史难题。

有些读者，也可能有不少读者，在20世纪中期，积累了管理实践的第一手的知识，这里的管理可被描述为“**家长式**”管理。这种管理方法的主要特点呈现出一种专制主义的风格，即将管理者的权力凌驾于个人之上；在任何情况下，个人都应服从整个组织。尽管这种风格被标榜为有利于个人利益，但事实上，这种家长式的管理模式难免会使得一部分参与者“获取”权力和影响力，而其他大多数人则除了显示忠心和服从指导外，丧失了投入和参与管理的能力。然而，这并不是说家长式管理模式必然带来弊端。显然，这种管理模式更适合那些喜欢服从而非领导的人，而且对家长式管理好处的笃信也有利于将任何潜在的不满降至最低程度。事实上，这种管理风格是自然划分工人阶层的“旧秩序”得以延续的明证，也与20世纪中期的总体社会模式比较契合。

那么，家长式管理风格对我们正在讨论的问题有何影响呢？决策是否依赖于我们所知道的情报工作能够提供什么样的分析服务？这种管理文化一旦得以运行，会为机构的工作群体所接受，在全机构内形成一种“接受命令”的服从氛围，从而使得自身延续发展。权力团体以此对其他人的工作（有时是社会生活）实施全方位的控制。

在这种环境下，整个工作人员阶层通常趋向于从众行为，相信他们的未来和从事的事业，遵从和忠于这种不断壮大的管理组织结构。同时，提供支持服务的工作人员，因为形势所迫而非其他原因，不能发挥全部潜力并在工作过程中投入足够多的智力、创新能力和想象力。

以这种方式实施的管理权力，既没有足够的投入，也没有适当的反馈，人们因此会将决策看成是处于管理岗位的人才拥有的权力。这样的管理实践通常缺乏均衡的投入，取得成功所必需的意志力和决断力被视为管理活动中最重要的特征。这种管理方法培养的自信通常会脱离实际情况。

管理者独自操控，或许出于良好的意愿，却渐渐开始笃信自己掌握的经验和所受训练的价值，也因此只相信自己的判断力。长期处于组织机构的最高层，缺乏其他有价值来源的投入，会形成一种**“闭环式”**的管理模式。这种模式完全依靠自身，不再期望得到其他意见，也不愿意寻求其他意见。

在这种环境下，分析和研究几乎无法赢得人们的关注。可能这里有条法则是这样表述的：如果管理者迫于压力，在没有得到充分支持和充足建议的情况下不得不这么做，那么他们会逐渐认为，他们不需要任何此类支持或建议。但是，我们必须对这些情况进行改变。

三、当代管理方法

过去几十年来，管理风格发生了巨大的变化：管理模式和行业关系的变化反映了社会在个人价值和权利的认识方面发生的改变。20世纪七八十年代的**“新浪潮管理”**（new-wave management）理论公开强调，对于工作人员参与计划与决策大幅度放开。这一变化作为一种策略还在不断地演进，意在实现建立集思广益的结构体系、吸纳该体系中工作人员的好意见和人才的总体目标。参与管理的概念，包括让工人参与管理（或至少期望工人参与管理）所有对其未来有影响的事务，这是历史上让工会和工人代表参与管理的一种形式上的延伸。过去，让工人参与管理的大多是有关安全和雇佣条件的问题，极少让他们参与管理有关企业未来发展的问题。

管理风格在表述上的这种转变，让工人更多地期待，商业决策能够成为一种工人真正参与的活动，由此，对所有相关人员来说，决策和管理计划的质量也会更高。也就是说，这将结束“为你自己好”（this is for your own good）综合征所带来的“家长式”和专制式决策方式。

四、当前形势

从某些方面来看，现代管理实践与旧的管理风格并无差别，这的确令人吃惊。有人可能会问，既然管理理论已经发生了巨大改变，为什么现实情况仍然如此。

问题可能不在于管理理论本身的遁词，而在于现代生活和经济条件对组织行为所施加的压力和负担。对此我们不应该感到奇怪，因为我们只要看一看工业革命相关理论和实践之间的区别，就会理解罗比·彭斯（Robbie Burns）[1] 的“如意算盘”[2] 理论不无道理。[3]

事实上，现代管理实践（相对于理论而言）在很多方面都与以前的管理模式一样属于家长式管理，尽管对劳动力阶层的关注点与之前不同，但两者都具有“权力综合征”（power syndrome）的倾向。的确，最近数十年来，人们开始采用一种参与式的管理方法，制定行业机制，确保各级人员都能参与讨论管理者所面对的问题。这里用了“参与”（involvement）一词，因为谁也不能保证各级人员的意见都可以得到关注，或他们提出的要求都能够得到满足，而只能确保每个人的意见都得到反映，当然未必得到认真的考虑。

情况之所以发生，原因显而易见。即使是在公共部门，执行他人设定的标准所带来的竞争压力，使得最初有关管理的美好愿景无法落实。鉴于各个级别的高级行政人员和管理者都认识到，业绩才是最重要的，所以，观察管理实践的各个方面，需要依据“好业绩”的标准。而在诸多的组织中，判断管理好坏的标准已经不在于质量的控制，而在于数量的评估。

在这样的环境下，决策被视为一个过程，可以用以下方式来评估：决

[1] 编注：又名罗伯特·彭斯（Robert Burns，1759—1796），苏格兰农民诗人。

[2] 译注：彭斯的“如意算盘”理论指的是，任何精心筹划都可能落空而遭致失败。这里的意思是，任何完善的理论都可能无法付诸实践。

[3] 原注：“如意算盘成了泡影，无论鼠类或人类，都避不开天灾”，此句出自罗伯特·彭斯写于1785年的一首诗《致老鼠》。

策做得够快吗？是否采取了所有正确的举动？是否将结果和影响通知到正确的人？其他人的决策是否受到负面影响或被耽搁？此类问题很快就会变成以列表、检查和衡量的方式呈现的问题，同时可以采取已完成任务的勾选、即将完成任务的截止日期设定、积压任务的图表描绘等极具吸引力的措施。

人们会忽视这种情况带来的一个隐藏后果，没有发现所谓的现代管理者履行职责的方法明显优于历史模式。决策会受制于时间与决断力（需要具有“**动态性**”）所带来的压力，质量则成了最后考虑的问题。这并不是说我们会鼓励错误的决策，相反，动态决策给人成功、充满激情和生机勃勃的印象，这些都是雄心勃勃的管理者（以及“幸存者”）最为看重的。

五、融合分析支持与管理思维

我们不仅要考虑质量和数量、过程和结果之间的对立关系所带来的压力，还要考虑组织之间或组织内部的各种合理化举动、管制、约束以及日趋激烈的竞争所带来的压力。这种压力营造出一种氛围，遵守行政高层所制定的紧迫性和动态性标准成了最为要紧的事，而其他更偏向定性评估的措施都显得没那么重要。我发现，尽管管理理论发生了改变，但却甚少有证据显示，管理者致力于“更智慧地思考”，而不是继续加倍努力工作。与此同时，管理培训已经成为人们关注的重点。此类培训专注于培养诸如战略思维和规划、远景谋划及组织计划等理念。对许多管理者来说，他们的组织接受了更理智、更灵敏和更具前瞻性的管理理念固然十分重要，但在实践中，这些理念却极少用于帮助组织进行认真且有序的思考。

我们有足够的证据表明，令人遗憾的是，仍然有许多管理者没有从可以帮助他们的人那里寻求智力支持，从而成为组织“行动”紧迫性的牺牲品。这里的关键论点是，前面描述的所有压力实际上会造成一种紧张且忙碌的管理环境，在这种环境里我们恰恰需要在决策中实施分析和研究，这

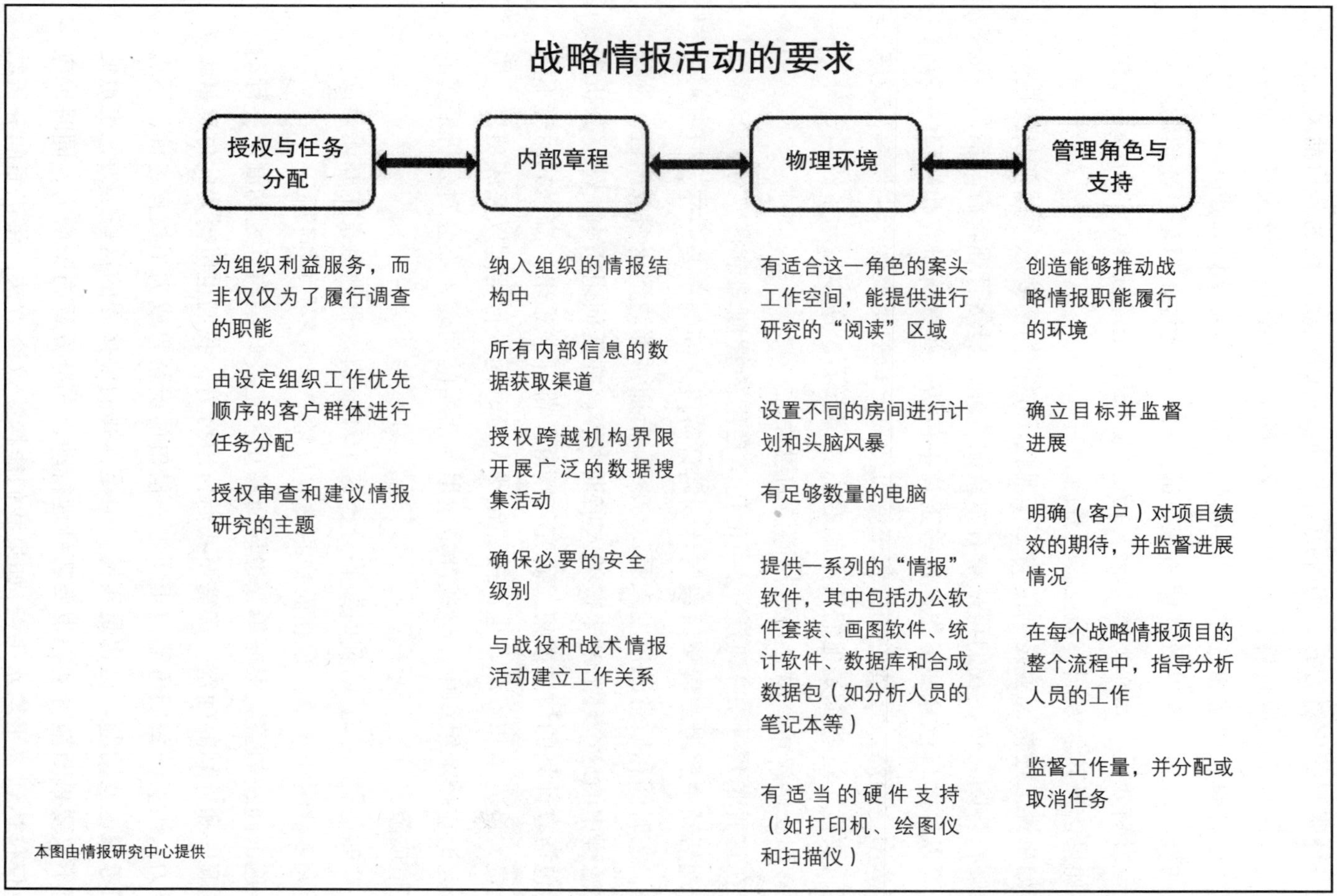

图 6.1 战略情报活动的要求

才是一种明智的应对方式。另外还有一种常见的观点，认为分析活动十分麻烦，无法真正适应忙碌、动态的行政层的需求，这的确令人难以理喻。显然，尽管商业活动的这种反应与被动回应式（responsive and reactive）的做法的确在政府内部以及其他领域中都占有一席之地，但是，**谨慎的思考**和进行**影响分析**（impact analysis）仍是我们制订前瞻性计划时所必不可少的。如果选择其他方法，难免有些荒唐。

如果说上述情况就是当前的工作现状，那我们需要怎么做来改变这一现状呢？言归正传，我们再来看看本章的主题，显然管理者有一系列“工具”可以协助自己开展工作，这些工具中包括一些分析研究和解释的技巧与方法论。当然，管理者和行政主管可能对分析的重要性产生误解，或忽视其重要性，这些都是他们所面临的主要绊脚石。所以，除了碰运气外，想要做出正确决策，就必须进行谨慎的思考。

在这种情况下，我们还应当记住，当前的管理理论将“分析”看作是管理活动中思考或展望阶段与计划制订阶段之间的重要一环。但现实情况是，从时间和质量的角度来看，分析环节通常都遭到压缩或掩盖，管理实践流程中的这个环节从未被纳入培训内容。在任何组织中，建立分析流程（包括有计划的信息搜集、研究与阐释）都并非难事。流程的运转不需要耗费大量成本和资源，也不需要花费大量时间进行管理以完成项目。毕竟，无论在哪个组织中，这些都是应用与落实的问题，不会对分析系统的建立造成障碍。

“如何”“何地”“何时”将分析这个环节引入管理链条中并无争议。对于大多数组织来说，现在面临的挑战只是“为何不”的问题。

这个问题的答案很简单，也显而易见。主要政策与计划的制定、行动优先顺序和计划的确定，都需要我们付出努力，我们也值得为此付出最大的努力。当然，我们可能迫于压力，借口情况紧急或为了权宜之计，不去仔细考虑这些问题，这也是实情。但是，我们要接受的这些压力，也迫使我们不仅要果断地行动，也要巧妙地行动，充分发挥自身潜力，同时也应避免仅仅达到“平均水平”。如果我们能接受这个方法，将优质的分析结果用于决策环节，会对管理活动产生何种影响呢？我们又该如何处理呢？采取这种做法，我们需要履行下列几项义务。

首先，所有参与者必须安排好适当时机，停下来仔细思考一些重要问题。这需要参与者对每个问题和每次机会的相关特点进行最为广泛的研究。该做法必须符合时间方面的严格要求，但我们不能因为传统、形式、偏见或其他强加的行为限制因素，而省略这个步骤或危及这个步骤的实施。

其次，行政人员要努力与分析人员及研究人员共同合作，阐明所涉及的问题和需要优先考虑的事项。另外，他们需要对最终决策的整体背景框架进行描述。他们还要对分析和研究过程提供积极且实质性的支持以及授权，确保这个过程有效开展。他们必须对相关人员授权，给予权威、提出期望，确保相关人员的评估、答案和建议具有客观性，能够成功实现，不会受到组织偏见的影响。

当然，一旦管理者从分析、研究和投入中获取了结果和建议，还会产生与他们所承担的职责相关的进一步影响。首要的影响是，管理者要公正地对待问题的“中立”评估结果，既不能因循守旧，也不能受自身利益的影响，这是管理所面临的挑战。这种挑战并不容易应对，因为我们认为管理者已经对这些问题有了先入之见。一方面，分析人员和研究人员在尽可能保持客观的态度方面面临挑战；另一方面，决策者在权衡建议、就结果和优先事项形成结论的过程中也面临着同样的挑战。

从更积极的角度来看，我们只有让工作人员真正参与组织未来发展方向的决策，才能提振士气，提高他们对自己价值的认识，这也是我们乐于看到的一种结果。如果随着工作人员经验的增加，特别是在提供帮助和建议方面得到信任的情况下，他们所提出建议的质量也会不断提高，那就可以带来更多的益处。

从另一方面来看，要将鼓励工作人员提出分析建议的努力落于实处仍然面临一些障碍。当前的管理风格和操作模式存在一种孤立主义和因循守旧的倾向，通常只接受已经存在且被证明正确的观点，这种倾向会导致一种自满情绪，让管理层认为当前的管理工作进展顺利。我们很容易认为，权力、责任和活动的密集性是正确无误的同义词。但是，我们不禁会想：如果以如此高的热情继续进行管理，那么管理者为确保做出明智决策而进行的信息搜集、过滤和分析所需的时间、技巧和精力都从何而来？自负与自立，一方面是创新思维、从众行为与生存之间存在的情感和智力冲突的一部分，另一方面也是了解自身需求与认识自身缺陷之间存在的情感和智力冲突的一部分。

最后，在讨论有关影响时，我们还需要关注，在组织内部建立和运营一个有效的分析和研究机构所需的成本问题。好消息是，我们既有相关的知识体系，又可以获取技能；事实上，我们也可以相对容易地掌握这些技能和方法。人力资源相对廉价，我们可以找到拥有不同类别和不同程度经验的分析人员，主要通过鼓励的方式来利用他们的才能、热情和智力。当然，这其中的主要成本在于，管理层需要就分析职能进行授权，并促使这一职能有效履行，这也是它需要应对的挑战。当然，说来容易做来难，因为组织的行政人员必须接受，他们不能独自做决策。对于那些既没有开展，也没有利用此处所建议的分析支持活动（或仅仅保守或带有偏见地利用这些活动）的管理者和组织来说，鼓起勇气对这些问题进行全面且细致的思考，在组织需要实施动态行动时能够停下来，都是需要面临的挑战。

我们不仅要知道这些压力是切实存在的，还要清楚一直存在一些组织和文化特点，将我们的思考和观点生成的过程固定下来并形成某种制度，以“契合”当前的信念体系。这就是**“安全”**管理的概念，也就是说决策的风格与其他类似的实践形式和当前的组织思维模式要保持一致。但是，比起反映个人可接受的观点和实践方式来说，又有什么比做出成绩、利用现成的工具更好呢？[1]

[1] 译注：这里使用一个反义疑问句来抨击当前的管理模式，作者想要说明的是，秉承安全管理的理念，利用现成的理论和管理工具来进行情报管理的做法并不可取。

[第七章]

战略项目与流程的管理和自我管理

一直以来，情报工作争论的焦点就是管理问题。从情报从业者的角度来看，这些问题围绕着管理质量与风格以及管理者和监督者的知识水平和理解能力展开。情报工作从业者，特别是战略情报工作从业者，都认为自己在从事一项极为特殊的工作。

情报管理者通常发现，自己总是极力采用传统的管理风格，重视“规则”，但在理解能力和灵活度方面缺乏包容性。我们总能发现，许多管理者希望情报人员按照要求生成情报产品、给出十分确定的答案，但他们不知道情报活动，特别是情报分析活动，是一种很难控制的智力活动。同样，情报的确定性也很难把控。我们要求分析人员涉猎的视野越广，做出的预测越超前，他们所面对的不确定性就越大。

管理者和情报人员对彼此最常见的批评是，他们对各自不同的观点和紧迫问题缺乏理解。情报人员认为，他们的管理者需要了解情报的作用，才能更好地利用情报。而管理者通常声称，他们发现情报人员总是沉浸在自己的世界里，浑然不知自己需要履行的义务是根据用户的要求提供服务。

本章的重点在于列出所涉及的管理问题，并讨论战略情报流程的所有参与者成功完成任务的方法。

一、情报管理的作用

我们要知道，战略情报管理并无任何特别、特殊或独特的要求，使得它与其他管理应用能够被区分开来。而最为重要的是，我们需要更好地在情报活动中正确运用既定且合理的管理原则，发挥其支持作用。

战略情报工作的本质需要我们在**情报周期**的各个阶段，采取细致、有序、严谨的方法，以满足用户与顾客的要求和期待。虽然，我们可以说，这种方法是所有情报工作的标准，但集思广益、精诚合作却是战略情报的标志性特点。因此，至少从表面上来看，战略研究活动与日常的战役和战术情报活动之间存在明显区别。然而，所有情报活动其实都需要情报人员具体、谨慎地落实情报周期中的各个环节，由此，他们应当——也可能是要求——具备高超的管理技巧。

二、问题与原则

战略情报如果想要高效开展，必须实施几种特定的管理实践活动。

- ★ 无论用户的期待是什么，战略情报都必须是一种竭力提供全面评估和预测的“整体性”服务。影响此类情报服务的所有管理活动都必须强化彼此[1]关系相辅相成、而非竞争或对立的本质特性，由此，我们应该让用户知道，他们做出决策的需求和他们可以利用的战略分析支持活动之间彼此相关。
- ★ 组织内任何情报活动的参与者分享信息、意见、技巧和产品，是取得成功的关键，管理者必须积极促成这一点。
- ★ 我们应该教授用户，并帮助他们理解和预料到，任何战略情报产品显然都存在不精确的问题。战略分析所涉及的问题范围广泛，分析

[1] 译注：“彼此”指的是管理活动和战略情报活动。

人员越发需要依赖自己的判断力，而非那些适用于可测量数据的方法论和手段，所以存在不精确的问题也是常理所在。

★ 情报人员和用户之间必须创造和维持一种谈判的氛围，由此，彼此之间必然会就任何评估项目所设定的目标达成共识。

★ 同时，在开始工作之初，管理者、情报从业者和用户之间必须就建立日后对项目工作及成果进行审核和绩效 / 效率评估的机制进行协商，并达成共识，这一点很重要。

★ 用户 / 管理者必须做出高投入和努力，同时给予信心和信任，这些都是战略情报活动所必需的。

★ 在情报项目实施之初，用户、情报管理者和分析人员就应该建立和保持密切的关系，这样有利于彼此协商、持续监控，以及对正在从事的工作进行审核。

★ 管理者必须在有关情报人员的一系列重要问题方面做出明确和清醒的选择，同时应该考虑这些决策对用户、情报人员和管理层产生的影响：

1. 支持或反对在组织关注领域实施专业分工的论点。
2. 适当平衡情报人员挑选标准，考虑到人员资质、经验、系统知识水平、工作经历、技能交叉传授和多技能的问题。
3. 人员和管理层的培训和发展所要求的问题。
4. 在情报领域内和其他领域，职业发展的策略和机遇问题。

三、管理战略情报项目

我们将在第十章详细讨论“项目计划”的问题，但仍需在本章做一些概括说明。在战略情报流程中进行良好的管理实践，应该被接受并视为一种规范。事实上，建立对单个战略项目的“管理计划”还有一些必要的特殊要求。

我们很难将某些情报任务称为"**项目**"。它们可能是日常性事务，并不复杂，甚至可以说十分简单，情报人员和用户都可以熟练完成这些任务，无须满足任何特别或特殊的要求。另外，从用户的角度来说，由于战略情报工作不断产出有益的结论和见解，情报人员也被要求逐渐从事更加复杂、更具创造性的战略项目。

完成此类任务的过程中难免需要参与者付出更多努力、更加谨慎，这样才能确保每个任务都更有可能取得成功。为满足这一需求，情报人员要制订一个综合性计划来获取成功、避免混乱。该计划必须涵盖整个情报工作流程的各个环节，明确用户期待的"其他"要求，例如更广泛地搜集数据以及具有额外潜力的有用信息源，特别是那些日常很难接触到的信息源。

该项目计划需要满足的必要先决条件是，要对战略情报问题进行界定。情报人员应该通过背景研究以及与用户讨论的方式，进一步明确用户最初分配任务时的表述，通过协商，就问题的各要素进行重新表述，并且就表述的内容达成共识，确保对所有的细节和问题都能进行清楚描述。

战略项目管理计划中必须列出情报流程的所有要素，确定特殊需求、所需资源的数量和类型，拟定报告的目标与时间，列出评估产品的类型，甚至在某种程度上还要对主题涵盖的内容进行注释。这样做主要在于实现两个方面的目的：

★ 情报人员需要掌握一份"**蓝图**"，包含项目实施的各个阶段。在蓝图起草和意见交流过程中，必须充分关注细节，从而使其不会成为一次性的被动记录文件，而是成为可以根据情况的变化随时更新或修改的实用性工具。

★ 更加重要的也许就是，战略计划是用户与情报生产者之间达成的协议，理想情况下，迫使双方都必须为达成所需结果做出有益的努力。

我们可以利用多种方法列出战略项目计划。有几种计算机软件可以用于绘制事件和时间表，将各项活动进行分解处理，实现对每个子程序的预算编制。实际上，这些软件原本在工业领域用于进行工程和生产活动（参见第十章)。

重要的是，对于任何复杂且极具挑战性的单个项目来说，情报从业者、管理者和用户必须仔细考虑、认真起草、相互协商，最后达成一项有序的项目计划。如若不然，有序和共识的匮乏会妨碍战略情报项目的有效落实。

四、战略分析与自我管理

除了情报管理者要担负照顾手下情报人员的福祉和环境卫生的责任外，战略情报从业者也需要遵守严格的标准进行自我管理。无论这些情报人员是单独履行职责还是与团队一起工作，都必须如此。

情报人员除了在利用时间和其他资源时进行严格自我控制外，其性格中的主要方面还表现在，在与工作相关的各类活动中保持情绪稳定，为人正直、理性诚实。对任何一名履职尽责的情报人员来说，这既是要实现的目标，又是责任所在。尽管我们可以通过对工作环境的有效管理，来帮助情报人员建立和维持这些性格特点，但这些仍然是情报人员需要通过自身内在力量去寻求和保持的品质。

另外，情报人员除需具备这些个人素质外，还必须对每天的情报任务和工作中所涉及的工作流程和活动实施同样的控制。为了实现这一点，他们必须承担自己的责任，确保实现下列所需的结果：

★ 根据工作计划，确保向着既定的项目目标不断推进工作。

★ 确保个人和机构对目标、计划和流程进行重点审核，并持续进行，使得情报项目工作始终朝着正确的目标推进，着重培养能力并创造机会，在必要的地方进行修改。

> 良好管理实践的运用，对于激发分析人员的全部潜力和最佳素质必不可少。

五、结论

从事战略情报工作的人，通常认为自己可以从该活动中获益良多。人们常常认为，这些从业人员对这项工作全情投入到了心无旁骛的程度。当然，该项工作需要从业人员投入精力、表现坦诚、坚持不懈，这些都是情报人员所需的素质。但是，如果情报分析人员缺乏训练、毫无章法、没有制订研究任务的计划，那么是否具备这些素质也就变得无足轻重。

第四部分

流程与技巧

[第八章]

构建概念——理解研究主题

一、战略情报工作的流程与技巧

本书第四部分的重点在于，将流程的概念融入整个战略研究和情报活动中。

在一些情报人员和研究人员看来，“**流程**”这个概念本身与他们从事严肃的研究活动时所秉持的自由理念背道而驰。但是，我却发现，目前战略情报工作的主要特点之一，同时也是它面临的困境之一就是，分析人员难以确定在何处开展战略项目、如何开展战略项目，更不用说如何对项目进行规划和保证项目达到最佳效果。

我认为，从事任何严肃的研究或综合的研究，首先都需要制订计划。同样的道理，没有一整套只要遵守就能获取成功的程序，你又如何能够完成整个研究项目？我们这里需要说明一点，战略情报工作与其他各类研究相似，都需要遵循一套类似的传统规则、程序以及流程，而正是这些推动了研究项目的发展。这一观点与认为战略研究是先自由思考、继而开展行动的观点截然相反。

事实上，健全、规范、有序的流程的确是这项具有风险性的活动取得成功的关键。这样的流程虽然被定义为适用于某些特定的环境和工作需求，但我却认为，规范这样的流程无疑是研究人员应该做的事。

本章和后面几章定义的流程以及我推荐开展这些流程的方法，在多年的战略情报项目工作中得到了验证，这些工作包括在政府内外的法规执行与条约遵守。读者可能会发现，尽管我们强调了要遵循流程、不走捷径，但同时还强调，灵活地利用每个流程仍然是一项持续的挑战。另外，创造性地应用整个流程体系可以形成一种合力，这对分析人员来说大有裨益，可以确保其高效且有效地完成战略项目任务。

从消极的角度来看，如果战略分析出现错误，原因通常在于分析人员不愿遵循既定程序的内在规范。遗憾的是，一些分析人员认为，执行流程中的某些环节（如恰当地定义问题）是可行的，但详细思考如何建立有助于搜集规划的指标却过于耗时耗力。在这种情况下，问题不在于流程本身，而在于懒惰和不规范的思维模式，这也是出现失误或者至少是任务不能有效完成的根本原因。

遵循流程并不困难，所以我们无论如何也应该做到，我强烈建议读者在研究这一部分时牢记这一点。当然，我曾经教过的数百名学习该理论的学生，也发现这样做益处很多。

有这样一种流行的观点：所谓的**基本情报方法**和**战略分析**之间的根本区别在于，前者仅仅是一个加工的过程，而后者代表的是一种有助于研究的创造性思维。这种想法颇具启发性，因为它强调我们在定义情报时总会感到困惑，更不用说在区分情报类型、层级和应用等方面时的迷茫了。因此，如何给情报下一个权威的定义，也是众多个人和组织所热衷之事。特别是情报在执法领域的应用还存在既定理论空白的情况下，有些人似乎希望就此提供清晰的解释。而另外一些人的行为似乎显示，他们发现通过对情报下定义、建立情报理论，有助于获取、巩固并确立某些道德和认知方面的“制高点”。无论动机如何，还没有人成功地为这些概念、程序和规则下过明确定义，没有为执法界建立一套具有普遍权威性和广为接受的情报“理论”。

我十分认可一个简单的道理，即我们不应该将情报工作看成是所有常用、烦冗的流程词语的集合，而应该将其视为一种根据自己兴趣和需要，得出洞见并解读数据的活动。通过这种方法，我们可以绕过流程直指最终目标，不过流程本身对于实现目标来说也十分必要。

有关基本情报和战略情报之间区别的论点，还存在很多固有的缺陷，但是这其中有两个缺点最为突出。首先，认为所谓的基本情报（也就是战术情报以及 / 或者战役情报）和分析活动仅需要对信息进行处理即可，不需进行创造性思考就可以“自动”得到答案，这种观点毫无根据。采用这种推理思路，很可能会得出看似很吸引人，但实则不正确的观点，即认为电脑加工软件等同于分析。

其次，本导论的中心观点在于，如果不利用严谨、规范的流程方法来发现并研究现象或问题，任何战略研究项目都无法顺利启动、开展下去并得出结论。当然，战略思维包含创造力和想象力，还需要超越那些满足紧迫性战役及战术需求的“传统”情报活动的界限。但是，丰富的创造力无法代替踏实勤奋的工作，只不过是流程中一种重要的补充性元素。

因此，第四部分各章的重点都在于设置一个流程顺序。流程中的各个环节需要按顺序进行，省略任何环节都可能导致整个活动链失衡。如果分析人员想要的最终结果是最大可能地取得成功，就必须严格按照每个步骤的顺序进行。

二、概念框架

分析人员处理战略情报流程与处理战术或战役情报流程时，存在多个方面的差异。但是，除去所有这些差异，两者在基本概念方面有着诸多的相似点。

将战略研究与其他情报研究区分开来的一个要素是所研究的问题本质。通常分析人员接受的任务主题都“不常见”，从某种程度上可以说，分析人员甚至是情报部门之前从未遇到。可能之前没有人认为提出的这个问题是有问题的。或者，也许过去人们对这个问题有疑问，但其与分析人员所属部门或管辖范围无关。有时，研究的主题出乎分析人员意料之外，是分析人员完全不熟悉的一个“全新”主题。另外，分析人员对研究主题的熟悉程度可能仅限于理念方面，而达不到目前所需的研究水平和研究广度，例如像毒品或诈骗这样的常见现象，需要分析人员将情报链条自战术和战役活动层面（为一线管理者服务），提升到战略研究和预测的高度上（服务于组织的行政层以及部门领导）。

现在出现了一个难题。分析人员之前在情报和调查方面接受的培训和积累的经验表明，顺利通过这片不确定、不熟悉及经验匮乏的雷区的唯一方法就是，继续这项任务、不断搜集数据，且“边学边研究”。另外，这也是应对用户和管理者日常施加的压力、快速行动的最佳选择。在接受战略任务时，战略分析人员首先面对的挑战就是：

> 除非我首先了解该主题的大背景，否则我该如何完成这项任务呢？

但是，对于分析人员来说，对一个不熟悉的主题展开情报研究并非易事。你甚至无法假定，仅仅因为你之前接触该主题时局限于战役层面，因而对该主题缺乏全面的了解。通常来说，从事战役活动或一线活动的经验通常会让分析人员过于关注具体的问题和具体的目标，从而没有足够的时间来全面了解其他方面的情况。但是，如果你在面对一个还没有理解的主题，甚至说你只是对一个主题有基本的认识，就匆忙开始搜集相关数据，你很可能因为缺乏周密的信息搜集计划，而浪费大量时间。一份周密的计划将列出与研究主题相关的基本内容，例如可能简要列出参与人员、具体内容、时间、地点、原因以及方式等基本信息。此类计划是弥补分析人员对主题认识不足的一种重要方法。

从根本上说，分析人员迫切需要完成的任务是，对战略研究主题的所有要素和组成部分有基本的了解，为进一步的研究规划工作奠定基础。分析人员利用这种有限但有目的性的方法来研究问题，就可以针对主题列出一些“**框架结构**”。该活动的另外一个好处就是，研究主题的基本信息和

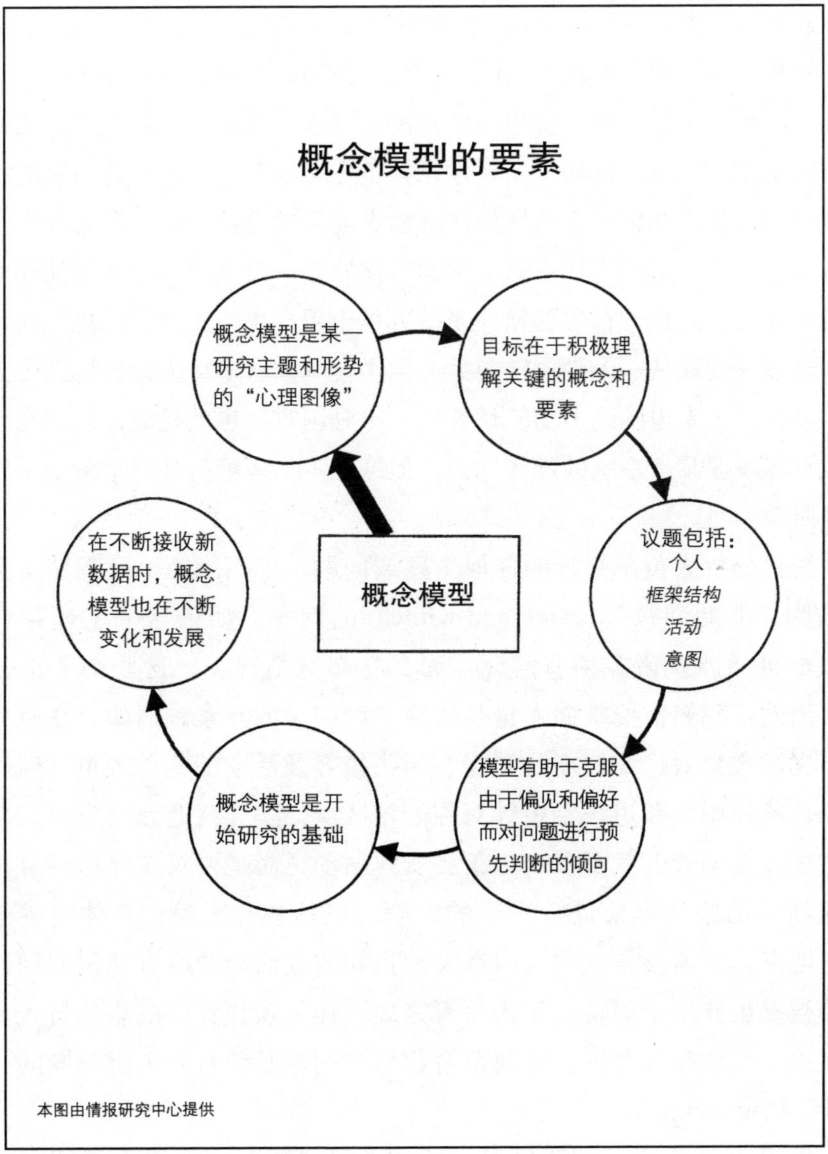
概念模型的要素
概念模型是某一研究主题和形势的“心理图像”
目标在于积极理解关键的概念和要素
议题包括：个人 框架结构 活动 意图
模型有助于克服由于偏见和偏好而对问题进行预先判断的倾向
概念模型是开始研究的基础
在不断接收新数据时，概念模型也在不断变化和发展
概念模型
本图由情报研究中心提供

图 8.1 概念模型的特点

结构有助于加深自己对该主题的理解，同时将自己置于一个有利的位置，可以向情报管理者和用户提供信息，帮助他们提高对该主题的认识。这样做有利于分析人员最后敦促各方为该战略项目付出努力。

掌握一种简单但实用的问题“探究”技巧，对开展战略分析项目十分重要。从根本来说，此类技巧需要分析人员在头脑中建立对与自己相关的问题或主题的概念。例如，如果你只具备有关汽车的汽油动力引擎的机械修理经验，这些知识对于理解如何维修农场机械设备的柴油动力部件则毫无用处。这并不是因为你不懂引擎的工作原理，而是因为你对柴油动力设备没有概念。同样，在电脑软件变得更易于用户操作和“直觉化”使用之前，许多人发现从一个平台转向另一个平台（如从多功能计算机到个人电脑，以及从个人电脑到多功能计算机）十分困难。也就是说，问题在于一个人可以掌握某一系统的操作知识，但这却不是理解另外一个系统工作原理的概念模型。

情报分析人员感兴趣的任何主题或问题，都不能简单且不加思考地归结为“非此即彼”（black-and-white）的问题。如果这个主题存在疑问，很可能涉及诸多细节问题，而且在多数情况下，这些细节十分复杂。因此，我们需要掌握大量与研究主题相关的元素。例如，在研究有组织卖淫现象时，我们需要锁定在街头拉客及活动的相关人员。但是，如果你所属组织和用户希望针对你管辖区域的卖淫问题制定应对策略，显然你需要调查的就不仅仅是街头卖淫活动，而是要对卖淫这种有组织犯罪活动的整体框架进行广泛的了解。包括参与人员、具体内容、时间、地点、原因及方式在内的有关情报和调查活动的所有惯例问题，都需要被提出并给予回答。作为负责完成这样一项任务的战略分析人员，你在决定搜集哪些数据、如何整合数据之前，必须首先了解问题的“**大背景**”（big picture）。

我们在谈及建立大背景时，通常会说“建立一个概念模型（或框架）”。这是一种描述情报所关注领域或主题特点和特征的方法。无论用户需要的是何种类型的情报产品，推动情报流程发展都需要我们将情报问题置于一个合适的大背景下进行研究，而推动情报活动进一步开展的正是这个概念上的重点。

战略情报主题通常涉及范围广泛，包含诸多细节。战略情报分析工作超越了战役情报分析人员的正常经验范畴，因此分析人员有必要重点关注研究主题的背景信息，以了解其战略含义。分析人员还必须找出情报问题本身的特点与在概念上对战略关注领域的广泛理解这两者之间的关系，然后对这种关系进行描述，这一点尤为重要。

> 概念模型指的是，你在头脑中建立的对某一现象的印象，可用于解释该现象是什么，如何运作，谁参与其中以及为何存在。

三、战略研究主题特征的识别

战略分析人员在制订项目计划之前，需要尽快了解中心议题的广泛特征。原因显而易见：只有对研究主题的本质有一定的了解，才能对问题或任务进行具体界定。

无论我们研究哪类主题，都需要建立和使用一个特征列表，即**描述符**（descriptor），这是获取信息、熟悉主题细节的第一步。标准的特征列表包括下列某些或全部议题。该列表虽然是我们从事战略研究的一个有益起点，但却不是唯一的解决方案，分析人员不能将与研究主题相关的其他方面排除在外。该列表内容如下所示：

- ★ 组织结构和特点；
- ★ 地理位置的问题；
- ★ 政治条件或特点；
- ★ 社会问题；
- ★ 文化方面；

★ 经济状况及其影响；

★ 工商业方面的考量；

★ 立法和刑罚体系。

该列表仅为举例说明，而非囊括所有相关问题。当主题发生变化时，分析人员希望进行搜集、用以理解相关基本问题的信息也会随之变化。列表中的某些条目未必切合给定主题，但其他条目可能恰恰符合主题。无论情况如何，我们都要切记，这不是整个战略项目的搜集计划，而不过是战略项目的第一步。关键在于，我们如果想要确保建立的概念模型有效，就需要搜集基本的背景数据，列出相关问题的大纲。

四、如何建立概念模型

分析人员要想设计出切合战略情报关注主题的概念框架，必须知道（或者必须获取和理解相关知识）我们已经讨论过的政治、社会、文化、组织、经济以及地理方面的特点和组织结构等情况。

★ 在解决具体情报问题之前，我们首先要整合并研究与问题涉及领域相关的信息。这种初步研究使我们能够掌握相关背景知识，为我们进一步思考和建立整体框架奠定基础。

★ 接下来，我们要研究具体的情报问题，不仅要获取广泛的背景知识，还要关注发生了什么事情及其发生原因。对此类问题进行思考，我们可以采取的方法之一是，好比是将犯罪活动置于显微镜下，研究其原因和结果。我们要了解的是所有活动的动机和影响，这也是主题内容的一部分。

下面这个概念模型的例子，向我们展示了这种方法的使用。

建立概念框架示例：服装业研究

对于这一行业或其他行业，你可能多少了解一些细节信息。你要做的就是搜集每一条细节信息，填充背景内容。你需要回答的典型问题如下所示。

★ 你所在行业或其他行业喜欢雇用哪类人？

★ 他们的工作内容是什么？

★ 该行业是否盈利？

★ 该行业的前景如何？

如果你在考虑是否继续从事该行业的问题，那么此类数据能提供的信息微乎其微。你真正需要的是广泛地了解该行业所涉及的领域，及其整体运作情况。

简而言之，你需要建立有关服装业的概念模型，了解该行业的特殊市场定位情况。现在，你应该沿以下思路来思考这个问题。

★ 与你所在行业经营的服装类型相关的零售贸易情况如何？

★ 此类贸易是否为一种典型的"附属酒店"[1]式的交易？或者说，此类贸易是否仍然有可供自由配货的市场？也就是说，你们产品销售的基础是根据合同订立的协议向特定销售链供货，还是向所有买家供货？

★ 合同是短期合同还是长期合同，是大批量合同还是小批量合同，是货到付款还是委托销售？

★ 该行业的核心工作人员（设计师、裁剪师）是终身员工、合同工还是临时工？

[1] 译注：在英国，附属酒店（tied house）是一种特殊的酒吧，此类酒吧必须从某个啤酒厂或酒业公司购买一定数量的啤酒。这种进货模式与自由酒店（free house）刚好相反，后者在啤酒购买方面是自由的。

★ 供应合同是如何订立的？需要供应材料和零部件时，是直接从库存抽货，还是临时调货？

★ 此类行业的主要金融特征如何？现金流动是否一直顺畅，是否会出现某些波动或季节性波动，或者其他问题？该行业的资产是什么，是设备、库存、供货、人才，还是这几类资产的集合？

研究这些问题以及许多诸如此类的问题，有助于你理解该行业的运作情况（即真正的概念模型）。你一旦了解了一些常态情况，就可以继续从事与该项目相关的细节性、具体性规划和数据搜集工作。

如果你再次回顾这个服装业的例子，试图理解有关服装设计、生产、配送等概念，还需要研究与之密切相关的一些问题，如下所示：

★ 发生了什么事？

★ 为何会发生这种事？

★ 接着会发生什么事？

★ 事情的结果怎样？

你可以从这个活动链的任何一点开始，向前（一种“顺流而下”的研究方式）或向后（一种“逆流而上”的研究方式）开展研究工作，确保研究可以涵盖与这些基本问题相关的所有事件。你要不断地问自己“为何会发生这种事”，然后继续研究“由此会带来什么结果”等一系列问题，你最终会掌握与该主题相关的整个**行动体系**[1]。

在所有这些活动中，分析人员竭力建立一个与该研究主题相关的概念模型或概念框架，解释与情报问题相关的各类议题的组织结构和特点。这个理解框架有时只是你在战略情报流程的后面环节中自己使用的一种心

[1] 译注：“行动体系”（network of action）指的是上文所说的与某一研究相关的所有事件和活动。

理模型。但是，当你的理解达到这一程度后，你就可以创建一个更为正式的图表，描述该问题领域的特点、识别并绘制出其中涉及的关系和相互作用，这对你大有裨益。即使勾画一张简化的流程图，也有助于你在后面的环节开展工作。

此时，对你来说最重要的事情就是要花时间，并仔细思考如何能从更为广泛的角度来理解研究主题，从而确保自己可以开始详细规划，这是顺利完成任务所必需的。作为战略分析人员，如果你一开始就没有从概念上理解战略问题，那你后面的行动步骤可能无法完成，甚至还可能严重偏离正确方向。

五、结论

战略分析人员在开始从事一项新的战略评估项目时，唯一的目标是搜集相关背景信息，以帮助构建项目整体框架。你需要列出所有可能的研究主题，以挖掘待评估主题的全面含义。你还需要搜集适当信息，阅读并评估这些信息。与其他类型一样，战略情报研究也将建立切合情报问题的概念框架视为必不可少的步骤之一。这在开展一项调查活动时也一样重要。

对于战略分析人员来说，尤其重要的是要有计划、有序地开展这一环节的工作，也就是说分析人员必须清楚地知道自己在这个阶段需要获取哪些信息，如何获取这些信息。

当然，无论面对的是何种研究问题，分析人员在没有完全了解问题和问题影响的情况下，都可以开展情报流程。分析人员通常会迫于情况紧急的借口而被要求继续工作、不得无故拖延。但是，分析人员前期准备不足、缺乏事先了解，难免会阻碍整个情报流程的开展。更糟糕的是，由于分析人员的时间和精力没有得到最佳利用，甚至可能会被浪费，这些都将影响最终结果的完整性。

分析人员只有对相关背景的理解达到一定程度后，才能更有效地对战略任务的各组成部分进行重新定义及描述。

分析人员首先定义围绕情报问题的环境，以此来解决战略情报问题（或其他形式的情报问题），目的在于为接下来的情报工作提供关注焦点。

分析人员对情报问题有清晰的概念理解，有助于提高情报周期内各类活动的效率，增加获得更加有效结果的可能性。最后值得一提的是，分析人员对研究主题了解得越多（原因如本章所列），与用户就项目进行讨论和协商时效果越好。

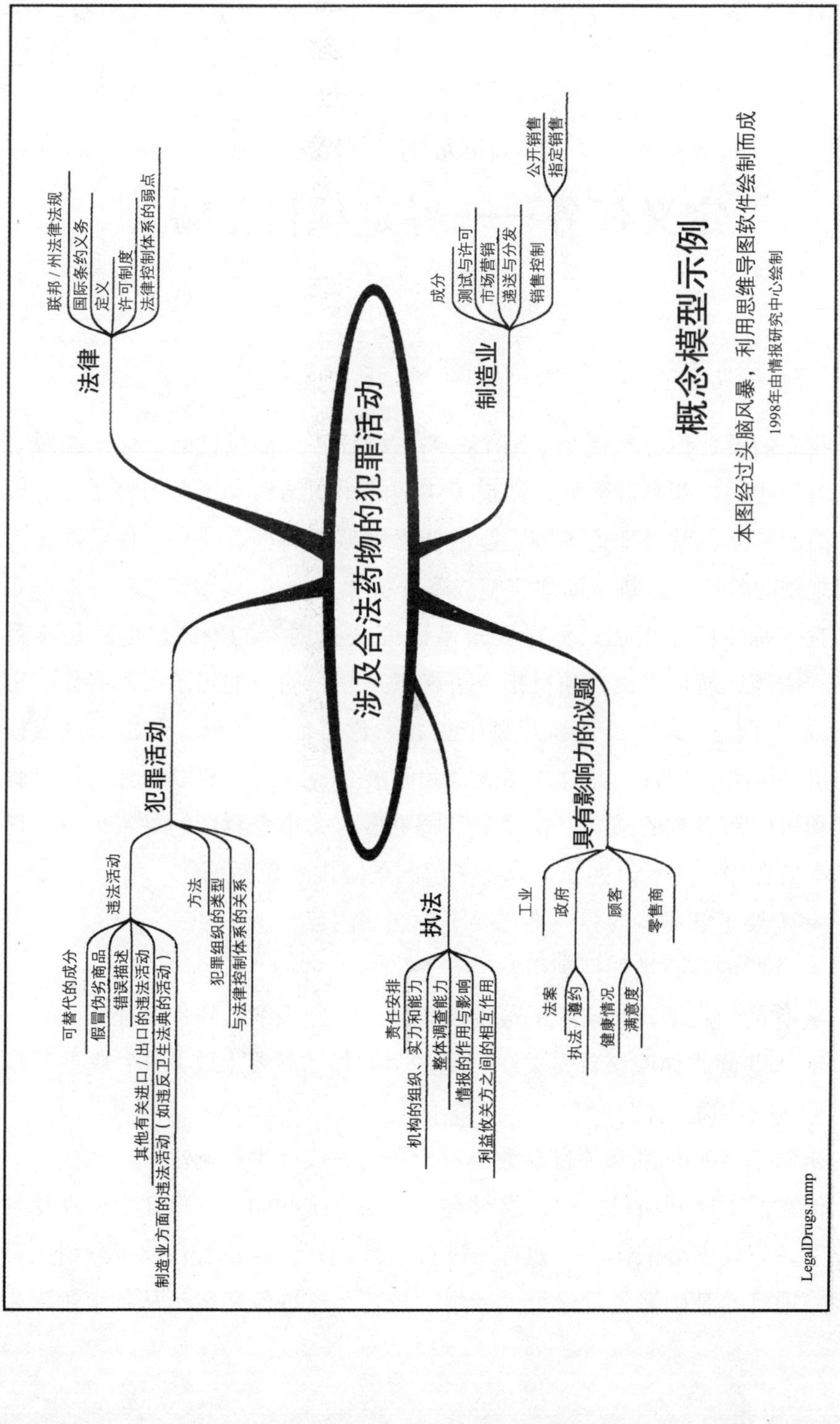

图 8.2 概念模型思维导图示例

[第九章]

定义任务——界定项目范畴

我们假设，你已经接受了某个战略主题任务。截至目前，你已经做了前一章所述的一些基础研究，知道了主题的组织结构、相关内容和参与人员，简而言之，就是知道了该主题的概念框架或模型。现在，你可以进入详细规划的阶段，这将帮助你实施战略分析项目。

有了基本的了解后，你需要重新研究任务内容的表述，也就是项目指令的措辞。通常来说，**项目指令**可能只是一个简单的句子，需要你“审视”或“评估”其中具体涉及哪个主题。你可能会发现，该指令内容模糊，用处不大。尽管如此，为了规划和开展分析项目，获取令你自己、管理者和用户都满意的结果，你需要了解更多有关指令意图的基本信息。这些基本信息如下所示。例如，你要了解的关键内容包括 ：

- ★ 需要了解哪些内容？谁想要了解这些内容？
- ★ 这些内容将被如何利用？
- ★ 你的情报调查和研究的范围应该多广，应该细致到什么程度？
- ★ 哪些问题你应该首先关注？哪些问题你不需要太过关注？哪些问题你不需要关注？
- ★ 还有哪些标准和项目参数会对任务的完成产生影响？

你在忙于展开项目之前，绝对有必要探究这些问题。事实上，在这种情况下，与其继续工作，不如首先进行项目规划。本章旨在展示分析人员在战略项目的基础筹备阶段可以利用的技巧。这些技巧包括从各个角度来研究这项任务，重新对其进行描述，确保你自己、管理者或用户都完全清楚这项战略任务的意图所在。

不幸的是，战略情报任务的指令很少是完整且清楚的，大多都只有一到两句话，仅包含用户对主题关注点的大概信息。这一点也不奇怪，因为这种任务指令不过就是一种管理或组织的速记，大致勾画了任务主题的要点。但是，从你的角度来看，除非你了解一项情报任务的各个组成部分，否则你无法规划和开展情报任务。当然，你还必须知道用户的想法，即用户对你的情报分析产品感兴趣的原因及其潜在用途。例如，此类情报产品可以为政策制定提供启示，或者为行动规划提供背景信息。

利用分析工作解决战略情报的分配任务，从逻辑上来说，应该先对任务的各个部分进行明确定义。无论用户持何种重要观点，他们永远无法完全理解所有相关议题。很多时候，管理者和用户总会对潜在的战略研究主题进行阐释，他们的观点中包含着各种期待、最紧要的优先事项、资源问题以及挫折感。这是由于他们所在的相关机构或组织的行动重点使然，并不是一种批评，这一点也在情理之中。但是，这不是全部情况，事实是，任务永远不会是一个单一问题，而是一系列需要进行数据搜集和评估的不同问题。分析人员只有采取一种对现象进行整体研究分析的方法，才能综合所有相关部分，形成一个解释性观点。[1] 这种方法，不是一种遵循预定思维的方法，更有可能导致妥善处理最初的任务要求。

战略主题的复杂性各有不同。某个主题涉及的某些问题比较简单、具体，能够通过寻找事实依据来回答。例如，我们研究信用卡诈骗活动造成的威胁，可能会涉及银行实施和控制信用卡活动的机制和安全设备的特点等具体问题。[2] 而其他的问题则较为复杂，甚至很模糊，在这种情况下，

[1] 原注：多年来，荷兰犯罪情报局（Dutch Criminal Intelligence Service）成功利用现象研究的方法，对各类议题进行战略背景研究。

[2] 原注：因为此类信息基本属于事实，从理论上来说，相关数据的搜集、描述和阐释都相对比较简单。事实上，在诸如银行等竞争性环境中，此类信息是保密的，通常只有组织内部人员才能获得。从尊重组织运营的商业隐私的角度来看，“外部”调查活动常常会受阻。

为了确保情报工作的有效性，我们有必要对与主题相关的关键问题进行全面界定和研究。

分析人员要想解决因任务指令措辞模糊所造成的困难，首先必须界定、重新描述，甚至改写情报任务指令。在分析人员为实现这一目标而做大部分工作的同时，管理者和用户也必须参与进来，以便他们认可最后的任务描述结果。这样做的好处在于，这个准备阶段可以引发各方的讨论和协商，从而提高对研究主题和相关议题的认识。

该活动最终的结果就是，所有参与者会就下一步工作达成协议。根据你对战略任务的研究和剖析，你起草的项目指令是各方协商的结果，而这也确保可以获取最佳结果。

一、评估任务范围

任务存在什么问题

许多战略情报任务的指令在措辞方面都无助于我们理解任务的确切意图。例如，你可以看看下面这条任务指令，可能会发现目前的措辞中缺失了某些内容：

提供你所在州 / 省 / 属地的非法毒品情况的评估。

我们很快发现任务指令中明显存在一些难以理解和不确定的地方。下面的列表虽然并未完整列出所有问题，但还是显示了你需要得到指导的问题类型。

★ 需要提供什么时间段内的毒品情况评估？
★ 所有的非法毒品都包括在内了吗？是否对某类毒品的研究调查应该优先于另一类毒品？

- ★ 用户希望如何描述这个问题，如何描述其范围、经济影响、参与者（罪犯）数量和类型、受害人参与程度等方面？
- ★ 研究重点是放在犯罪行为本身上，还是放在诸如动机、受害者、教育程度等诸如此类与毒品相关的其他问题上？
- ★ 研究目的是否为通过执法行动处理非法行为？用户对教育和应对这种更为宏观的策略是否感兴趣？
- ★ 是否考虑到立法和执法力量的问题？
- ★ 是否对毒品的影响进行衡量或者评论？
- ★ 用户是否对政府处理问题的应对行动（包括执法活动）感兴趣？

……

作为分析人员，你需要在继续规划和落实项目之前，掌握所有情况。你不仅要清楚需要做些什么工作，同时还要鼓励管理者和用户，对你研究上述议题的工作予以支持。

解决难题

上述例子的问题在于任务指令不明确。作为分析人员，你只有自己动手，才能解决这一问题。当然，你也可以直接去找管理者或用户，问些问题，以弄清一切。这样做可以帮助你解决当务之急，但却不能帮你将所有相关议题进行分类。为什么？因为你还没有对整个问题和主题涉及领域进行仔细思考。你首先需要重新审视原来的战略任务指令，得出新的观点和多种阐释结果，建立多种新视角。你还需要从一系列不同的角度来重新审视该问题，以确保无论问题的表述最后以何种形式呈现，其焦点总是在于问题的核心和关键特点，从而避免在问题边缘零敲碎打、不得要领。

进一步对下面这个战略任务指令进行思考。

五年内，你所在州/省/属地的非法毒品问题情况将恶化到何种程度？

分析人员如何处理这种形式的问题？这是一个有趣的挑战，但它仍然缺乏清晰度、专业度和精确度。不过，因为这个任务涉及的议题真实且复杂，你可以从多个角度来审视问题相关领域，并提出一系列的问题和议题，以满足整体任务需求。使用这个方法需要思维严谨，我们可以利用组织内部人员的集体智慧和经验，但要避免注意力被分散或被导向特定方向。你必须对任务进行描述，然后进行批判性评估，从而得出一些关键结果。这个过程需要的三个步骤如下所示：

1. 审视任务，列出与任务相关的所有重要方面（大多是我们在毒品例子中提及的），仔细斟酌不太直接或不够明显的议题，然后根据相关性，将其归于相关类别中。

2. 从不同的角度看待战略问题的这些方面，这样做可以打开你的思路，用各种不同的方法来搜集并最终分析数据，做这项工作时要记好笔记。

3. 敲定你的主题和观点列表，然后用固定格式绘制好这张表，以帮助明确任务方向；一旦得到你的管理者和用户的认可，这张表就成为你的职权范围列表。

将问题分解成多个部分

战略情报问题并非一些简单、单一的观点。它们代表的是一系列相互关联的概念、观点、议题和特点。因此，将所谓的战略问题分解成不同的组成部分是十分耗时的一步，但从概念上来说，这一工作并不复杂，做起来也相对容易。你需要动手或动眼（例如在白板上操作），或手眼并用，以从该流程中获取最佳成果。另外，这种活动的特点在于，你可以自己完成，但如果在流程的某一阶段进行头脑风暴、征求他人意见则更好不过。从你开始研究任务表述起，你就需要完成下列步骤。

1. 记录要点

将任务表述中的要点写下来，包括你在接受任务后，与管理者或用户讨论过程中涉及的任何观点。本章末的毒品示例中，你需要研究两个要点：毒品和某个州的情况。

2. 扩展要点

对每个术语都要认真审视并剖析其意义。你必须依靠在建立思维模型或概念模型流程中获取的相关主题知识，当然，你还需依靠自己对该主题的经验认识。例如，你可以利用本书第八章前面部分提及的核对表，将下面列出的每类信息都用于研究中心主题。

现在，问问自己，这个问题还涉及哪些要素。再看一看原来的任务表述，思考是否可以从中获取更多比已知要点更有关联性的要点。有一种既定的思考模式可以帮助解决这个问题。假设战略主题与犯罪活动相关，你可以使用一系列常被审查、相对标准的议题来协助研究。后续的问题列表将会对你已经完成的前期工作有所帮助，还可以拓展你对相关问题的思考范围。该列表也并非囊括全部内容，而只是这类问题的一个指标，你需要自问对主题的研究是否适当：

- ★ 犯的是什么罪？
- ★ 谁参与了组织犯罪活动、推动犯罪活动并为其提供资金援助？
- ★ 犯罪“组织”的结构如何？
- ★ 谁是受害者？
- ★ 犯罪动机是什么？
- ★ 对犯罪分子和受害者来说，犯罪活动带来的直接影响是什么？
- ★ 犯罪活动带来的间接结果是什么？
- ★ 针对犯罪活动我们正在做哪些工作？这些工作产生了何种影响？
- ★ 针对犯罪活动我们还应该做哪些工作？

3. 头脑风暴：界定问题的“利器”

在到目前为止的讨论中，分析人员都被描述成单打独斗地开展工作。考虑到资源所受到的各种限制，这的确是种必然。事实上，一些组织的“文化”环境使得分析人员不能邀请其他人参与进来。但是，我们要知道的一个重要事实是，在我们制定战略主题潜在特点的综合列表时，其他人的参与可以提高我们思考的效率和效果。组织有效的头脑风暴会议能够为富有想象力的洞见和创造性思维的产生提供平台，而这些都是分析人员独自一人无法实现的。

我们常说头脑风暴是一种“没有规则”的活动。这是不正确的，在情报行业的背景下，这一点更是行不通。分析人员安排召开一次头脑风暴会议，至少要遵循下列方针和规则：

- ★ 明确相关议题。这可能只是管理者或用户最初给出的任务表述。
- ★ 设定目标。例如，“对某一主题进行头脑风暴，为战略研究建立项目指令”。
- ★ 挑选一些能花时间且准备花时间认真思考相关问题的人。控制人数，使得这一组人可以保持集中专注，避免受到派别之争的干扰。三到五人最佳。
- ★ 设定讨论的时间，确定所受限制，并对所有参与者提供建议。
- ★ 安排必需的资源，例如，安静、舒适的房间，内设白板 / 挂图以及其他可视化工具。
- ★ 决定由谁来主持。也就是说，必须有人确保所有人都能遵守规则、讨论完全围绕最终目标展开。
- ★ 做好记录、制作思维导图、绘制图示 / 图表 / 列表，这样在头脑风暴会议后，在需要时这些可以用作参考。

> 头脑风暴是一种将人们聚集在一起、鼓励他们针对给定问题各抒己见的方法。

头脑风暴的目的在于得到一张列表，表中包含的每一点可能都与战略研究相关。下文会讨论如何融合这些细节和观点，确定职权范围或项目指令。

4．所有元素的核对、汇总以及规范

我们要遵循前一页列表中提出的“假设……将会怎么样”（what

if？）和“那又如何”（so what?）的思维模式。对于每一个观点，你都必须要求自己列出一系列的关键词或短语来进行概括。你会发现每次只要在纸上或白板上列出一个观点，就可以接着列出诸多与其相关的子议题。反之，当你得出一些观点，你很快会发现这些观点都是一个更为宏观的“**群组描述**”（group description）中的子集。我们采用这种方法，目的在于汇总分析人员在头脑风暴之中或之外得出的各类观点，然后将它们融合成一个合理的集合。

例如，如果你需要思考一个有关毒品“受害者”的问题，可以按照吸食人群的类型来划分，如受害者可以划分成儿童、逃亡者、年轻的单身人士、上瘾者（与“社会”或偶尔吸食者区别开来）等。当然还有其他类型的间接受害者，你还应该思考毒品犯罪对家庭和工作的影响。

头脑风暴的结果是，你可以绘制一个类似于组织结构图或树形图的图表，最上端是核心要点，越向下包含越多的细节信息。能够成功地展示这一点的此类关系图，可以有多种表现形式。例如，思维导图（Mind Maps™）和相关计算机软件[1]、组织结构图，以及仅列出主标题和副标题的文本列表，都可以发挥最大效用。每一种方法都可以更清楚地展示研究所涉及的议题和子议题，有些方法是有用的简报辅助工具。无论采取何种格式，你最后得到的结果都是该战略任务所有要素的完整图表。另外，在你经历整个流程时，无论是在项目的当前阶段还是后续阶段，你都可以获得额外收益，具体如下：

- 每次你有新想法时，都会自动在头脑中反复对照要点列表，确保你的想法不会存在风险或出现重复。
- 你难免会开始思考：我该如何搜集我需要的信息呢？

[1] 原注：计算机化的“头脑风暴”或观点生成和管理的工具，在情报环境中都可以获取，同时也适用。诸如“思维管理者”（Mind Manager™）这样的软件，可以用图表的方式列出你在问题定义时的思维过程，并以工作文件的形式导出，然后放在内部网络或互联网上。本书的其他章节还会就此举例说明。

为何需要职权范围（或项目指令）[1]

分析人员必须在某一阶段，建立一个文本文件，清楚写明需要研究的内容、研究服务的对象以及原因。这最后将成为工作文档和最终的战略报告的组成部分——职权范围列表。

作为“控制”战略项目的分析人员，如果你能够仔细且富有创造性地完成上述流程，就能获取一份可以（可能也应该）根据对最初的战略项目任务进行研究而得到的所有议题的完整列表。但是，如果你以当前这种形式将列表呈交给管理者或用户，不一定会得到认可。这一阶段生成的很可能是些综合性表格、列表及图表，还没有形成有序的形式。因此，还不适合进行正式讨论，也无法获得管理者或用户层面的认可。我们此时需要的是找到某类**“展示文档”**，它至少应该满足两个标准：

★ 其展示议题的方式看起来是综合性的、周密的且令人信服的。

★ 其涵盖了任务的重要特点，篇幅不长且没有冗余词句。

我们定义和重述问题，目的在于阐明问题，并以此帮助相关同事知晓和理解这个过程。你的目的不是让细节信息左右整个情报流程。因此，最重要的是，你建立此类文档，旨在为制订一份有意义的计划奠定基础。尽管如此，这实际上也是为后续战略评估活动的开展提供纲领性的指导。

二、确定职权范围

正如本章前面部分所说，我们只有预先对相关议题进行深入分析，才能就建立战略评估的完整框架达成共识。然后，我们要对研究项目的设计及其背后的推理步骤进行协商。理想情况下，协商最好在分析人员、管理者和用户之间进行。这样做的主要原因有三个：

[1] 原注：术语“职权范围”和“项目指令”在战略情报实践中可以相互替代使用。

★ 这有助于你阐释自己对项目应该包含内容的看法，并告诉他们最终的思考结果。

★ 你可以倾听他们对于感兴趣和关注领域、分配任务动机的表述，你还可以听到包括情报调查活动的优先顺序和禁区，以及相关问题的阐释性评论。

★ 有助于三方彼此获取支持、寻求共识，以此作为继续落实项目的基础。

分析人员需要向管理者和用户解释，从逻辑的角度来说，战略评估可以是，事实上也应该是种综合性评估。他们有责任清楚解释存在的争议，并就项目应该达到的深度、努力的方向、所受限制以及开展的原因达成共识。

项目指令包括什么

项目指令是一份概括了战略情报项目职权范围的简化文件。如下所示，该文件包含两大主要部分，也可能包含第三个部分，即**目标**、**范围**和**总体评论**。本章结尾提供了示例。

1. 目标

目标是项目指令中最开始时的一段清晰且简洁的陈述，囊括战略任务的所有核心要素。其主要特点包括：

★ 一般就是一句话。如果明确要求，有关目标的陈述可以更长些，但要保持简洁。

★ 简要描述研究主题或课题。

★ 明确用户或指挥官。

★ 明确评估的目的：政策制定、项目变更、资源配置或行动优先顺序的设定。

2. 范围

有关范围的描述通常就是几个句子的简单集合，每句话都包含了战略项目的一个重要特点。分析人员的目的在于研究这些宏观的议题，然后通过重新定义和头脑风暴流程，确定每个议题下的相关子议题。

★ 我们将主题某个要点的相关问题“汇总”成一份简要的文件，这样更易于涵盖情报研究的所有重要特点。例如，任何非法贩卖商品的活动都具有一系列共同的特征，这些被认为是一些重要议题：

① 目的；

② 组织；

③ 融资；

④ 运输；

⑤ 盈利；

⑥ 招募。

★ 以这种方式列出这些议题，目的在于确保用户相信项目指令草案全面涵盖了研究主题。分析人员不必在文件中详细阐述数据搜集的具体细节，以便能更灵活地对问题进行所需的深度研究。

★ 例如，我们要研究非法移民交易，可以如下所示，进行要点汇总陈述（这里列举了几个要点中的其中一点）：

① 潜在的“非法移民”的动机和组织包括：

a. 特定的经济社会或种族分类；

b. 离开本土可能会带来的利益；

c. 移居到目标国可能会带来的利益；

d. 本土的招募者以及当地组织者的活动；

e. 利用目标国中的家族关系。

3. 总体评论

你在研究某些主题时，有必要对你要采取的任务分配方法进行总体描述。你可能认为需要包含以下内容：

★ 你的评估是只关注战略议题，还是包含或至少谈及一些战役方面的议题。

★ 信息搜集的授权问题，以及在政府内外从事信息搜集活动的范围问题。

★ 项目是否需要研究政策或战略选择的问题，并提供建议。

★ 该研究是否涉及安全影响的问题，如果涉及，如何处理这些问题。

★ 研究结果传播的广度如何。

三、问题定义阶段的其他情况

重新定义原来的问题，关键在于分析人员针对这些问题开展头脑风暴的能力。只有这样做，分析人员才能重新定义问题，认识问题的所有组成部分，并赋予其意义。

尽管到目前为止，你已经了解建立与战略主题相关议题的列表的知识，但整个流程中仍然存在一些难题。你（和其他分析人员）将战略主题分解成不同的部分，这样就可以规划如何处理每一部分带来的挑战。在这一阶段，你还要确定你想要为该项目搜集何种数据，以及如何获得这些数据。在这之后，你需要核查信息、分析信息，努力找到最适合、最可靠的解释，然后向用户交差。

问题的“类型”及其差异

事实上，知道解决问题时需要面临不同“类型”的挑战，这一点很有用。这些挑战不由研究主题和主旨的本质所决定，而是由你搜集来的数据类型决定，你根据观察发现可能存在妨碍工作开展的特定问题和子特征，特地搜集来这些数据。

例如，我们可能会思考一类问题，这类问题仅需要单次测量、一条信息或一系列容易获取的事实就可以解答。就像逮捕的次数、每个被逮捕者藏有的毒品数量等，这些问题我们仅通过事实数据，就可以获取答案。当然，我们可能需要进行一些阐释，但最重要的仍是掌握事实数据。

问题的复杂性，可能由于其本身的精确性和模糊性的程度不同而有所不同。

从另外一方面来看，有些问题本身就不确定、不精确。例如，如果问到公众对海洛因的立法问题有何反应，可能存在多种理论。但是，除非你能够展开一次具体的实验来模拟当前形势，否则你就必须对各种可能性进行分析，或者通过猜测、类比或者进行“假设……将会怎么样”研究（若则分析），提出多种可能结果，才能得出结论。

你一旦列出战略主题的关键要点和子议题，就会发现你正在处理的是一系列不同类型的问题。为了方便起见，你可以标记问题类型的差异。你不需要深究解决每类问题的细节信息，但至少应该清楚问题有五种不同的**主要类型**，如下文所示。每种类型都需要我们用一种不同的和适合的分析方法加以解决，因为在每种情况下，确定性与启发性和创造性的阐释之间的比重有所不同。

我们通常会遇到的问题类型被归为以下几类：

★ 简单型（simplistic）；

★ 确定型（deterministic）；

★ 中等不确定型（moderately random）；

★ 十分不确定型（severely random）；

★ 完全不确定型（indeterminate）。

这些问题类型的差异与回答问题所需做出阐释的多少直接相关。我们可以用事实数据，轻而易举地彻底解决某些问题。但是，在更多情况下，分析人员只能搜集到一些定性的、不成体系的信息，由此他们需要做大量的阐释工作。

问题定义对于研究流程的未来影响

我们如果能圆满完成这一环节，就可以制订一个项目工作计划。这是一个正式文件的集合，包括以下几部分：

★ 研究范围及具体目标（本章前面部分所讨论的职权范围）。

★ 用户对研究主题的深度及细致程度的期待。

★ 项目进行过程中有时间限制的目标和其他里程碑事件、项目汇报的要求，以及对用户和分析人员之间进一步接触活动的安排。

★ 用户对参与项目的情报人员提供建议的期待。

★ 项目管理的细节，包括资源获取、时机以及特殊数据获取渠道的要求。

★ 项目完成时，对其效率及效果进行评估的计划安排。

四、结论

在战略情报流程中，这个环节的主要目标在于清楚重述初始情报问题，将其转化为一个包含议题的子集。除此之外，我们定义战略问题，还可以得到更多益处。战略流程本身可以促使你思考自己需要搜集的数据类型和搜集渠道。另外，该流程还可以使你为项目规划阶段做好心理准备，因为此时你需要了解包括搜集、核对及分析你所需信息等任务的可能范围。

问题定义并不是困难的活动。不过，你需要智力方面的训练，才能确保自己在思考时顾及研究主题的所有可能有用的方面。但在这个阶段，你不要急于寻求捷径。如果你仅仅关注自己和所在机构的通常做法，你会发现整个战略分析工作被你在项目最初阶段做出的设想所限制。你也不应该在项目开始时，仅仅听从管理者或用户对研究主题的看法。这并不是说，他们的看法是错误的。这样做是因为，在我们根据一些参数、限制或制约因素做出最终决定之前，需要审视并且扩展主题的范围，至少为了便于讨论，我们也要这样做。

这个阶段的重点在于了解整个研究问题，并在决定采用何种分析模型之前，提出一个适合的情报研究框架。在问题定义阶段，分析人员既要有专业知识，也需要有创造性思维，才能为战略情报研究提供一个平衡且可行的研究框架。

分析人员摆脱自身及所在组织的偏见，对于最初定义的问题进行创造性思考的能力，是将问题成功分解成不同部分的关键所在。我们这样做之后，可以更容易地将这些部分全面重组，以适应用户的实际需求。定义战略问题的相关技巧可以通过学习来掌握，但打破常规思维的局限，却需要我们为之付出努力。这样做还能带来更多好处。你在重述问题并与用户和管理者协商时，可以就研究主题为他们提供更多有价值的观点。另外，这个研究和讨论的过程也可以促使他们认可该项目及其目标。

项目指令示例：对毒品问题的战略评估

目标

生成研究国家毒品问题的各个方面的战略情报评估，为高层决策者决定未来的执法策略、优先顺序、资源配置、组织要求以及训练需求奠定基础。

范围

★ 定义并描述毒品相关犯罪的本质和范围。

★ 描述允许或推动相关犯罪活动的情况，例如：

① 毒品需求的本质；

② 社区的态度；

③ 执法策略和力量；

④ 国际趋势和影响；

⑤ 毒品市场的结构；

⑥ 促使犯罪活动发生的机会；

⑦ 犯罪活动的资金支持以及赃款的处理；

⑧ 政府机构的凝聚力和工作效率。

★ 描述犯罪组织和个人对于毒品市场影响和执法工作的反应。

★ 对新出现的毒品相关的犯罪模式和类型进行预测。

★ 描述政府和执法部门为应对当前和已察觉到的毒品威胁，而设置的应对计划、策略和具备的能力。

★ 找出需要填补的信息空白，以便将来对类似的评估活动的发展提供支持。

总体评价

★ 特点是从国家和战略角度进行研究，而非战术角度。

★ 审视了当前及替代性的国家政策和战略。

★ 数据搜集会根据需要进行扩展，超出官方资源的范围，包含私人企业、非政府机构以及公开来源的信息。

★ 可以定义一种理论方法，作为研究总体犯罪环境的一种综合性和整体评估项目的模型。

该例子实际是，1990 年笔者在澳大利亚政府司法部（Attorney-General's Department）内的团队，从事的首次大型战略情报评估活动。

例子：对某国毒品的战略评估

首要要点标题

毒品：四个主要类别

大麻（大麻草 / 印度大麻制麻醉剂 / 大麻油）

可卡因（可卡因麻药 / 可卡因药丸）

海洛因

化学毒品（列出主要类型）

供应（国内 / 国外到该国）
分发（批发 / 零售 / 街头销售 / 学校销售）
制造（包括再加工 / 再包装）
融资（赞助 / 资金流 / 洗钱）
逮捕（根据毒品类型 / 数量 / 机构 / 位置 / 日期）
刑罚（逮捕 / 量刑的交叉匹配[1]）

某国：地理位置（逮捕 / 分发 / 制造 / 毒品类型的交叉匹配）
供应（供货源 / 毒品类型 / 过境站 / 邮购）

[1] 译注："交叉匹配"的意思是，在考虑刑罚的问题时，也需要考虑逮捕所涉及的相关问题，刑罚和逮捕这两个议题所涉及的相关信息彼此要匹配。

[第十章]

战略项目的工作计划

到目前为止，我们已经清楚，分析人员采取的方法必须经过精心构建，以便为将来的工作做好准备。战略情报任务需要周密的计划。但在最初阶段这样做会受到的限制之一是，你无法确切地了解计划的内容。不过，我们在前期对研究主题建立的概念模型（概念框架），以及研究和重新定义战略主题的工作，都是战略情报流程中后续步骤的重要前提。

制订一个项目工作计划包含几个重要步骤，这些对项目未来的成功至关重要。显然，你可能会考虑自己需要搜集什么数据，以及从哪里可以获得这些数据的问题。同样重要的是，你还需要考虑如何对项目进行安排和组织，以便有序、严密地展开信息搜集、核对及分析工作。在进行下一步工作之前，这些都需要你进行规划。计划的内容应该涵盖流程中所有的后续步骤，各个步骤之间的时机和互动情况，以及资源（人力、设备以及资金）的基本管理问题。该计划将成为你向高层和同事进行情况简介、监督项目进展，以及项目进展中情况发生变化时随机应变的有用工具。

到目前为止，你在战略情报流程中经历的环节，以及此时制订的工作计划，都被认为是战略项目的前期工程，这一系列的流程可以帮助你在接下来的环节中取得成功。

一个战略情报评估项目包括诸多组成部分，如果你想要得到希望中的结果，希望能对管理者和用户产生有效影响，就需要将各部分有效组合起来。无论你是独自一人从事战略情报项目研究，还是与他人合作，你都需要权衡各方面关系。你必须处理与资源相关的问题，竭力实现有时间限制的目标，并在整个分析阶段努力营造客观的氛围（如果你能够做到这点）。最后，你必须将分析和阐释的所有元素拼接在一起，向用户呈交一份公正、缜密的评估报告。有些分析人员认为一切尽在自己掌控之中，试图利用自己掌握的情报工作经验，随意地“管理”该流程。但是，任何有价值的战略评估都包含诸多要素，你必须对整个活动进行切实有序的计划和管理。如果你决心交出优秀的工作成绩，就要知道自己需要关注细节问题。

分析人员一旦找到了有序开展项目规划活动的方法，无异于获取了一个有形且灵活的工具，可以**管理**和**监督**战略情报项目的进展情况。本章解释了我们在对一个战略情报与研究项目进行有序、严密的规划时需要做哪些工作，还列出了我们必须经历的步骤，并讨论我们应该如何在项目流程中分配时间和资源。本章列出并展示了几种制订项目计划的方法，以适应不同的工作环境以及不同管理者和潜在用户的期待。最后，本章讨论花时间建立一个灵活的图表式计划、一个帮助我们在向管理者和用户进行情况简介和协商时使用的计划，可以为我们带来什么好处。

一、制订战略项目的工作计划

到目前为止，制订项目工作计划最简单的方法是画一条时间轴，按照你的时间预期，标出战略情报流程的所有阶段。在项目流程的这个阶段做这项工作较为容易，因为通过建立概念模型，你目前已对研究主题有了大致的了解，而通过重新定义战略任务、做出项目指令，你又获取了诸多具体的洞见。但是，没有哪个时间轴能涵盖项目计划所需的一切信息，因此本章讨论你在这个过程中需要记录笔记并与时间图表进行相互参照，同时必须补充有关特定议题的笔记作为支撑。

你的战略评估工作计划中需要包含几个关键要素。这样做的目的在于，将项目开始至结束期间所涉及的主要步骤都囊括在内，以满足管理者和用户要求。第二章图 2.4 所示的步骤会在下面依次列出。不过，在下一步开始之前，并非一定要完成上一步。

战略情报流程的要素

★ 初始**任务**；
★ 建立**概念框架**或模型；
★ **定义问题**和重述任务的所有要素；
★ 确定**职权范围**；
★ 准备一份**项目工作计划**；
★ 计划并落实**数据搜集**工作；
★ **核对**并**评估**不断获取的数据；
★ 数据的整合、**分析**和阐释；
★ 生成**假设**；
★ **项目进度审查**；
★ 准备一份**战略评估报告**；
★ 根据职权范围要求，对任务进行**最后审查**；
★ 向管理者、用户和其他顾客**分发**报告；
★ 对工作效率和效能进行事后**绩效审查**。

某些情况下，这个流程中的某些步骤可能出现重叠，而且不是所有工作都必须按顺序进行。原因之一是，如果你对研究主题非常熟悉，这将影响到你能以多快的速度完成一个阶段的工作，开始下个阶段的工作。例如，假设你对毒品和毒品市场的情况非常了解，而这恰恰是你接受的任务主题，你可以轻而易举地将自己掌握的知识应用于不断获取的数据（在搜集阶段），并在数据流入不久后就开始对其进行评估和初步分析。在这种情况下，你没必要等待整个搜集过程结束后才开始下个步骤，因为从时间和效率的方面考虑，你无须也不愿等待。

等待数据搜集过程结束后再开始下个步骤既没有必要，也不符合逻辑。数据搜集可能需要花费大量的时间，等待这个步骤结束将会拖延研究活动的进程，这是不合理的。另外，当数据进入，如果分析人员从分析的角度对其进行阅读、核对、评估和思考，通常会发现其在质量、数量以及相关性方面存在问题。比起在后续阶段发现这些问题，早些发现问题才能及时调整数据搜集计划，从而改正问题。

规划项目的关键路径

你在项目的每个阶段都需要完成特定任务。而每项任务的完成也都依赖于上一步的完成情况。你要知道一条基本原则，你如果不了解前一个阶段的情况，就无法开展下一个阶段的工作。但是，你需要掌握的情况是一个变量，根据条件的不同会发生变化。正如我们所说，有些流程相互重叠，有些流程不重叠，也不能重叠。因此，我们需要设计一个合理的项目计划，列出需要做什么、何时做等要素，这就是**关键路径规划**（critical path planning）。

简单来说，关键路径规划是一种方法，可以安排事项顺序，同时也可以研究事项之间的同时性和相互依赖性，从而得出一份包含所有必需步骤、满足最终目标、尽可能节省时间的时间表。这是一种极具个性化的方法，在应用于每个战略项目时都会有所不同。不过至少有些通用规则，你可以在战略规划时使用。

1．初始任务

初始任务是管理者或用户赋予你的任务或主题，是整个项目的开端。

2．概念模型

在开始其他步骤之前，你必须建立概念模型，这一步要与其他步骤分开处理，与其他各步骤不重叠。

3．问题定义

问题定义和重述是一项可以开阔眼界、帮助你了解搜集计划和最终分析结果的未来影响的任务。这一步工作的直接结果是确定职权范围。

4．项目计划

项目计划是一项可以利用已经获取且与后续搜集计划直接相关的知识的任务。

5．搜集计划

在你了解自己需要解决的问题和获取的结果之前，你不能也不应该进行搜集计划。这一步完全依赖于上一步的完成情况，与上一步直接相关。

6．核对与评估

一旦数据开始流入，你可以同时开展核对和评估工作，尽管此时仍不断有信息进入。所以，搜集、核对和评估都是在同一时间段内发生的。

7．分析

分析，也就是信息整合和阐释，可以在搜集项目开始不久后就进行。因此，分析与搜集和核对 / 评估阶段也会发生重叠。

8．生成假设

在分析阶段，只要你认为自己有充足的理由和证据，就可以提出假设。但遵循三条基本规则很重要：

- ★ 你要一直等待，在搜集到有关特定议题的充足分析数据之前，不要急于下结论。
- ★ 根据任务的复杂程度及你认为获取和评估数据的难度，确定在这种情况下多少数据才算是“充足”的数据，提供足够广泛和详细的背景知识，以满足阐释的需要。
- ★ 根据不断进入的信息，你需要不断重新评估你的初步设想和结论。

9．项目进度审查

我们进行项目进度审查的形式是提供定期简报，项目进度审查也被认为是一类“必须的”活动，仅就到目前为止的活动进行报告。重要的是，分析人员、管理者和用户必须保持联系，且致力于确保当前为用户服务的工作具有相关性。

10．项目审查的结束

一旦完成以上工作，你必须报告情况。

必要时，相关各方都需要重新审视初始任务及项目指令，以确定这些是否仍然相关。尽管出于资源方面的许多实际原因（预算、人员等）需要这样重新审视计划内容，但是通常来说，这样做仅仅是因为问题发生了变化，政治焦点发生了转移，国内外的立法对该问题有了新的看法，以及类似的情况。

11．报告撰写的替代方法

你开始撰写战略报告时，可能决定在分析的最后阶段开始动笔。但是，你其实还可以有其他更好的选择，可以在项目流程中完成以下三个步骤：

- 你在起草项目指令时，列出你认为可能是项目结果的报告大纲，这个大纲不需要过于详细，只要列出标题和副标题即可，这可以为你下一步的工作提供一个周密的框架。
- 在分析阶段，当你对具体议题得出结论时，可以在报告的框架内填充一些注释内容，然后开始思考如何将这些内容组织起来。
- 分析阶段完成后，你很满意，也得出了结论，可以回头再看报告，写下必要的细节。你如果认为必要，可以在这个阶段重新组织报告内容。

12．展示与分发

最后，报告需要呈交用户进行讨论，解释并证明已经完成的工作，然后获得批准将最后的产品进行分发。在这个阶段会出现一些判断方面的问题，分析人员必须认真应对下列问题。

提供口头简报。如果想要在最后的书面报告展示环节取得完全成功，需要就如何展示报告做好规划。报告本身可能全面地研究了战略主题，因此篇幅较长、十分详细。报告对各类议题的挖掘可能会超越用户原来的期待，其描述问题和阐释情况的方法也未必符合用户或其他读者的期待。通过“项目进度审查”机制，你可以经常为用户和管理者提供机会，让他们跟上项目进展，确保不会有太令他们吃惊的意外情况发生。当然，很少有用户能够完全接受与传统思维相悖的观点。在某些情况下，分析人员给出的选择或提出的建议，可能会让不了解分析背后逻辑关系的用户十分担忧。

如果报告真实地代表了对数据、分析和解释的最佳调查，分析人员就该竭尽全力用最佳的形式呈现报告内容。

毕竟，报告不仅是分析人员大量的专业化工作、勇气以及信心的体现，更是组织投入的大量资源成本的体现。要想高效完成这一阶段的任务，你需要提供关于整个流程的任务、议题和数据搜集、分析以及逻辑阐释等内容的简报，最后给出适当的选择和合理的建议。简报最好在提交报告之前进行。原因在于，一份较长的报告通常要求在导言部分给出报告结论和建议小结。许多情况下，经验告诉我们，管理层和行政层的读者通常都不会阅读整个报告，而是仅仅阅读小结。无论小结考虑得多么周全，难免在某些需要强调的点上缺乏分析和阐释性的细节例证。这就是问题所在：由缺乏细节的“小结”以及分析人员的阐释所支撑的建议，通常脱离背景知识，且可能是在没有分析做支撑的情况下做出的决定。因此，分析人员需要提供口头简报，从而有机会了解用户的反应，并立刻进行处理，并陈述分析的推理过程。

通常情况下，分析人员完成报告后，就将报告发送给了用户，例如可能直接通过内部邮件系统发送给用户，这种常规做法使得分析人员没有机会展示并解释情报工作的价值。

应该向谁分发这些产品？对于战略分析人员和其他情报分析人员来说，另外一个造成持续困难的问题就是报告的分发。如果机构行政人员是用户，要求对某个议题进行战略研究，该用户通常会有潜在的想法，认为报告应该是用户自己的资产。但是，在整个研究过程中，我们明显发现，议题不仅会影响到原来的任务授予者，还会影响更为广泛的受众和市场。此时就需要情报分析人员向用户指出这一点，例如，在不同的组织、更高的司法层和公众领域等地寻找利益攸关方。显然，原来的用户理应是其中一个利益攸关方，但随着对主题研究领域的扩展，我们不难发现一个新的困境：该项目的受益人究竟是谁？

事实是，战略研究产品既有“用户”，也有“其他消费者”。如果某个特定国家的海关组织希望对违反关税规定的诈骗现象进行战略研究，那么毫无疑问，海关——也就是关税法案的执行部门——应该被视为主要用户。但是，我们不难发现，财政和金融部门也是这项数据搜集和阐释工作的受益者，而工商业部门和行业协会也是受益者。在这一点上，我们需要考虑围绕分发活动的一个核心问题：如果战略评估的确会影响到其他利益攸关方，单独个人用户拥有道义以及/或者法律上的权利来限制分发活动吗？

利益攸关方和"所有权"。我们可以用两个论点来解释这种行为。第一种论点是，如果某用户为开展战略评估提供了资源支持，那么所有权也应该授予该用户。这里的问题不是谁应该为这项工作付出，而是"所有权"究竟是什么意思？对于极力要求避免用户所在组织以外的人接触研究的人来说，这样的论点缺乏法律基础。同一管辖区域内的警察部门或政府部门必须明白，根据知识产权的惯例，该报告应该属于该辖区内共有之物。也就是说，如果移民部门坚持认为自己的评估报告不能让其他政府执法组织看到，那无疑忽略了一个事实，即它的报告属于"女王"[1]或"国家"，而非单个部门。

不共享、安全性和须知原则[2]。第二种论点的根据在于，安全规定（包括搜集来的数据、相关资源，甚至是考虑到的问题）使得战略报告很难超越单个部门或单位的界限。以军事部门为例，给报告**"脱密"**（sanitizing）这个概念已经得到诸多深入研究，并成为持续实践的一部分。"脱密"包括编辑报告，确保去除报告中的敏感数据。这并不是说要在最后对战略评估报告进行整体删减，而只是说，分析人员在实践中可能会对一些数据来源和项目进行模糊化处理，但要竭力避免对相关议题的范围进行限制。[3]

[1] 译注：此处"女王"指的是英国女王，本书作者为澳大利亚人，而澳大利亚属于英联邦国家，以英王为国家元首。

[2] 译注："须知原则"（Need-to-Know Principle）是指，政府或其他组织用于限制数据资料获取的一种保密原则。任何人想要获取某类秘密资料，仅仅获取官方许可是不够的，还必须要有特殊的需求，能够证明自己获取此类资料有助于履行自己的职责。

[3] 原注：在军事实践中，从诸如信号情报（signals intelligence，SIGINT）此类敏感来源获取的数据可以得出情报预测结果，但这种结果要想产生影响必须被公布。军事分析人员为避免提及此类来源，通常要对报告进行改写，同时却仍需保留对事件原汁原味的预测或阐释的内容，这一情况并不罕见。

除非我们沿用这一规范，否则战略层面的情报评估将越来越无法满足那些需要参阅评估内容的个人和机构的需求。这可能造成严重的影响，我们可能会丧失机会，项目也可能毫无缘由地遭致失败，不同的机构甚至还可能开展一些适得其反的行动。

历史悠久的情报机构发现，依靠须知原则来保守秘密的做法在现代被严重误解，特别是在政府执法界。我们经常遇到的防务机制，打着“须知原则”的旗号，以此为说辞，拒绝进行情报（特别是战略情报）共享。在主流战术和战役情报里，须知原则通常建立在对敏感来源和即刻行动等信息进行保密的基础之上，这一点不难理解。但是，从事战略研究，我们在引用须知原则的同时，还要讨论谁是最重要利益攸关方的问题。部门之间的争执、紧张关系、竞争以及嫉妒都可能会造成这样一个环境，使得真正需要情报评估的用户无法获得合法的接触。管理界似乎没有很好地理解用户和消费者之间的区别。最后，还是由分析人员来代表更广泛的使用者群体，争取最实用、最符合逻辑的分发方式。如果我们认为情报工作的目的在于实现共同利益，不论是组织利益、企业利益还是政府利益，那就应该这么做。许多机构的确很难理解这个概念，只有当政府和企业内部的工作业绩评估机制能够帮助建立起个性化、竞争型的社会时，人们才能理解这个概念。

关键路径规划图（见图 10.1）显示了在战略情报项目开展期间，几项工作出现重叠且对这些工作步骤进行精密绘制的方法。这些有关做什么、按什么顺序做、出现怎样的重叠等细节问题在图表中都被一一列出。而这个时间表仅仅是概念上的，而非真实的，因此你需要分别对待每个项目，以确定自己在每个阶段需要花费的时间。根据任务的困难度和复杂程度，以及你对主题的熟悉程度，这些都会发生变化。

13．项目绩效审查

最后，我们还需要将项目作为一个整体，对其绩效进行审查。各方需要考虑的关键议题如下：

★ 将工作绩效概念分成效率基准和效能概念。

★ 确保分析人员、单位的管理者 / 监督者、用户能共同讨论和理解用户的期待。

★ 对比情报机构内部固有的工作绩效，我们应该就用户最关注的工作绩效方面达成一致。

★ 找到绩效评估的方法和技巧，承认且赞同测量、观察或判断等技巧分别适用于某些特定情况。

★ 将已经达成一致的用户期待内容列出来，然后设定项目绩效审查和评估的时间段。

★ 将所有考虑和决定记录在项目计划表和工作底稿中。

工作计划中的其他内容

到目前为止，我们对项目计划的讨论仍然局限于项目流程的各个步骤，目的在于确保以下几点：

★ 囊括项目所有阶段。

★ 有充足的时间执行每个阶段的任务。

★ 在可能的情况下，各个阶段可以出现重叠，以节省时间和精力。

但是，项目工作计划不应该仅仅包含这些流程步骤，你还必须考虑其他需要预先计划的议题、事件和特征。无论该项目是你独自完成，还是有其他人辅助或协助你完成，作为分析负责人，你都必须考虑是否需要投入其他资源或吸纳其他人参与进来，还要考虑他们将如何影响该工作计划。

1. 规划与其他人员的互动

你要审视流程的每一步、斟酌再三。你会发现在不同时间点上，自己都需要与其他人员进行接触。例如：

★ 在就建立项目指令进行协商的阶段，分析人员需要与管理者和用户接触。

★ 分析人员还需要接触可能会参与到搜集活动中来的其他关键人员。在进行搜集规划期间，宣布开始搜集活动的命令之前，你应该将这

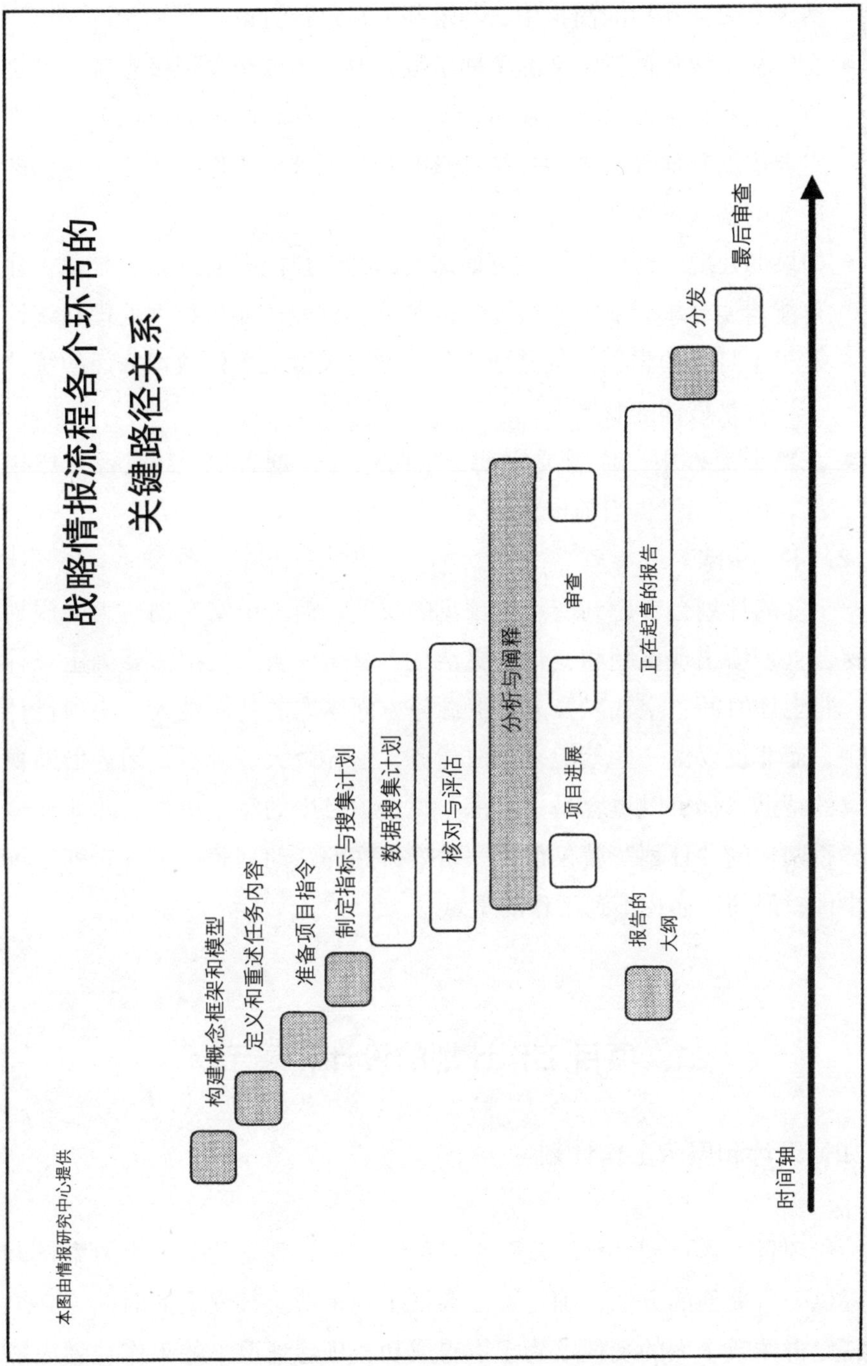

图 10.1 关键路径规划图

些因素囊括在你的简报中，与这些人员进行讨论。

★ 在任务拓展和重新定义的早期阶段，要规划或至少积极思考一种进行搜集和评估的恰当方法时，除非你准备独自一人完成任务，否则需要借助其他人员的力量推动核对和数据评估工作，还要向他们做简要的情况说明。
★ 如果你处理分析任务时在可能需要的特定技能方面遇到了难题，你可能需要寻求专业人士或专家的帮助。例如，如果数据处理和统计建模不是你的强项，请其他人帮你做有关毒品事件数据方面的统计分析就是最佳的解决方法。
★ 在整个流程中，你需要定期、定时地与管理者以及/或者用户接触，向他们报告当前进展。

2．下一步骤

一个好的计划会考虑到所有可预见的议题，而一个富有创造力的规划者会保留处理新出现议题和变化的灵活性。每名分析人员都需要确定一种方法，将上述时间、金钱以及人力资源等方面需求的特点纳入一份项目计划表中，而非仅仅做一些笔记来完成任务。这样做大有裨益，因为借助视觉工具的帮助，你可以更容易“追踪”整个项目中的每个事件。除非你这样做，否则你的“计划”就仅仅是一份安排好的活动列表，尽管它列出了每个事件，但却让你找不到工作的重点。

二、项目工作计划的设计和展示

如何设计和展示工作计划

一份项目工作计划必须实现几个目的。首先，计划的第一个要素是，必须提供一些简便的方法，确定可能会发生的事情及其发生的时间；必须明确特定群体或个人的责任；为了取得成功，理想情况下的工作计划应该以**可视化图表**的形式展现。其次，计划的第二个要素是，应该根据分析人员对项目计划的思考方式，列出或记录下问题的要点、评论、提示信息、观察结果以及解释。对于分析人员、单位管理者和用户期待的深度战略研究来说，一份全面的工作计划对所有相关方都大有裨益。工作计划的目标需要满足下列关键标准。

★ 基础性文件（base document）应该以事件 / 时间轴的形式呈现，描述流程的各个步骤，以显示你对每个步骤所需花费时间的预估，以及各步骤开始和结束的时间点。

★ 在这样一份图表上，你应该指明有其他人员参与的“特殊事件”，例如向管理层报告、向重要人士进行情况简报等事件的日期。

★ 最后，以书面笔记形式记录下来的还包括其他关键事件，特别是涉及金融和设备等重要议题的事件。例如，你可能在流程中某个步骤的某一特定时间内迫切需要某台计算机设备。这都应该记录在计划表中。

制定和使用项目计划的方法，要求我们采用某种容易阅读的图表形式，作为记录和呈现项目计划数据时间轴的基础。该战略情报工作计划不仅仅是针对所有固定工作安排的一种“快照”，同时也是一种工具，可以使你灵活应对形势变化。我们强烈推荐使用可视化时间轴图表的原因在于三个简单的观察结果：

★ 作为分析人员，你需要的工作计划是个一目了然、唾手可得的工具，这样你可以在必要时用作参考，并提示你目标日期和其他重要事件。

★ 你的管理者和用户可以从一目了然的工作计划中获益，因为该计划能帮助他们理解整个项目的进程和结果。

★ 最后，管理者、用户（包括你的同事）和你自己都可以从这份一目了然的计划中获取价值，因为该计划帮助你了解形势变化对人员、有时间限制的目标以及未来活动的安排所产生的影响，确保你可以实现初始的目标。

1. 准备一份手写的工作计划

用手写的方法制订一份项目工作计划，对一些分析人员来说十分具有吸引力。该方法的典型优点包括以下特征：

★ 如果你不擅于使用计算机，就应该专注于自己最擅长的方面，例如你可以发挥想象力，可以关注细节问题，也可以利用铅笔、彩笔或荧光笔或类似工具。

★ 手绘图表的内容可能非常简单，但是必须包含你希望展示的基本信息。

★ 手绘图表可能耗时不长，这取决于你所使用的工具。通过这种方法，你可以轻易记录下更正和校订等变动。

★ 手绘图表与你选择的画图媒介（如纸张、硬纸板或白板）大小相同。

展示项目工作计划的方法可以归结为手动绘图系统和计算机辅助绘图工具两大类，两者之间存在一些不同。尽管许多读者认为，在这样一个用计算机技术处理日常工作已经十分便利和普及的时代，某些分析人员仍喜欢手绘工作计划图表，这一点十分奇怪。事实上，某些单位还会使用预先画好格式的空表来绘制工作计划表，例如从文具店或办公用品供应公司购买年度计划表来实现这一目的。他们被训练以这种方式工作，也乐于这样做下去。但是，我们在从事其他方面的情报工作（如数据库工作）时越来越依赖计算机辅助的情况下，许多分析人员也在积极寻找方法，利用计算机帮助自己制订工作计划。

此外，在情报实践的其他领域，我们不能直接说某种制订或展示工作计划的方法就是绝对正确或绝对错误的。任何选择都有利有弊，在决定继续使用你当前采用的方法（或者改变它）之前，你必须考虑清楚这些观点。

2．电子版的工作计划

许多分析人员已经在使用计算机，并且在从事其他情报工作时也热衷于使用计算机。那些用惯了计算机的人总会很自然地想要拓展计算机的应用范围，以便用它来绘制图表，或者至少用它来帮助绘制图表。

① **计算机生成的工作计划**。你可以选择一种计算机软件，只要你输入时间、数据和文本，计算机就可以帮助你计算并“绘制”时间轴表格。我们通过商业途径可以获取几种此类软件[1]，分析人员需要根据软件的容量、便利程度及成本来进行选择。计算机生成的工作计划包括下列优点：

- ★ 对计算机迷来说，绘图将变得轻松、快捷。
- ★ 尽管软件是一种标准化格式，但仍需进行调整变化（通常在诸多限制的范围内进行）以满足分析人员的喜好和项目要求。
- ★ 你可以快速输入对流程计划中的任何一步的修改结果，软件可以自动计算并显示这个修改对工作计划的其他部分的时间影响。
- ★ 和所有计算机辅助产品一样，工作计划可被按要求绘制成黑白色、彩色或灰色的。
- ★ 你可以打印任何尺寸的工作计划（取决于打印机），根据需要还可以复印多份工作计划。

② **计算机辅助生成的工作计划**。许多分析人员和情报机构都认为，没必要使用昂贵的项目规划软件来帮助他们完成所有工作，尤其是此类软件通常需要投入大量资源。事实上，许多此类软件容量巨大、功能繁多，超过了战略情报流程中这个阶段（即制订工作计划阶段）的需求。从另外一个方面来说，如果你所在的组织已经使用了此类软件（许多组织的确是这样做的）——即便你无法利用软件的全部功能——为何不利用它帮助你进行项目规划呢？

当然，分析人员也需要做出妥协。选择了这个方法的分析人员，先从

[1] 原注：过去10年里，最知名的软件恐怕要数“微软项目”（Microsoft Project）了。这是一个专业程度高、功能强大的工具，可以普遍适用于项目规划范畴（project-planning spectrum）。另外，我们还可以获取能够执行类似功能、价格不等的其他优质软件包。

理论上构建了项目工作计划，然后用计算机软件绘制工作计划表。这样的工作计划通常令人印象深刻（这取决于你在使用制图软件时能够将创造性发挥到什么程度），但此时的关键在于，计算机不过是你自己思维过程的一种辅助，并不能帮助你绘制整个图表。选择了这种方法的分析人员通常会发现，自己的折中处理会带来几点好处：

- 你可能对计算机软件不太熟悉，你可能认为此类软件在呈现工作计划的设计思路和布局时反应略显迟钝，而没人强迫你完全依靠这样的计算机软件。
- 你会感觉自己仍然在“掌控”规划阶段，因为构思和设计工作计划的是你，而非计算机。
- 你可以从色彩、布局和字体等多个方面，用图形的形式来展示工作计划表，利用这些方式发挥自己的创造性，应对高质量展示所需的挑战。
- 假设你能随心所欲地使用任何一类绘图软件，那么根据形势变化，调整工作计划表对你来说将是一件轻而易举、令人愉悦的活动。

三、结论

分析人员在面对一个亟待解决的情报问题时，可能会在没有制订正式计划的情况下便开始情报工作流程。许多分析人员认为自己不需要此类工具。有些人可能会称自己在开展分析项目方面经验丰富，“了解”如何将工作继续进行下去。在战术和战役情报环境中，分析人员对情报主题或问题十分熟悉的情况下，可以认为这个方法十分必要且毫无异议。虽然有些人认为，花费时间进行项目规划无疑是在浪费原本就稀缺的资源。

但我们从另一角度来看，除非你可以“自动”执行所接受的任务，而你的能力和知识水平都使得你能胜任这个任务，否则你还不知道自己究竟要做些什么就盲目开展工作，这样做是否切合实际呢？如果你的同事、用户和管理者都希望获取最佳答案，你有义务尽力满足他们的要求。

在战略研究和情报领域，任何分析人员都不能说自己掌握了所有情况。任何评估项目都不能在不投入大量时间和其他资源的情况下完成。在这个领域，太多的精力都被投注到各类冒险性的工作上，而不是采取最谨慎的方法。这就是说，你不仅要在整个项目流程中认真执行和分析各项工作，还要在最开始就进行仔细、全面的规划。

我们在本章已经讨论了许多有关计划制订和呈现的方法。这些重要因素，可以帮助你在制订工作计划时做出选择。但关键仍在于，你要尽力确保计划包含所有相关的必需要素。在项目开始阶段，该工作计划是一种很实用的工具，能帮助你整理思路，有助于你与其他人协商项目问题。你在处理与管理者和用户的关系时尤其如此，因为该计划实用、醒目，是你在与他们进行协商和讨论时可以使用的利器。

但是，项目工作计划绝非完全固定、一成不变。相反，如果你在计划制订时花费了诸多心力，且了解所有细节，那么形势变化时，你为适应变化而对计划进行必要的调整就变得相对容易。从本质上来说，了解项目规划的关键在于以下这些概念：

> 工作计划要根据未来行动进行灵活变化、随时调整。任何战略情报评估事业都不能在不制订工作计划的情况下展开。如果情况需要进行调整变化，任何工作计划都不能操控该事业的进程，阻止其进行调整。

[第十一章]

生成假设

在战略情报周期中，任何一个阶段都不如形成想法、观点、结论那么重要，要求那么高。该阶段可以代表分析人员数周或数月研究成果的总和。或者说，批判性思维方法如果能得以充分利用，就可以帮助分析人员找出继续开展战略项目的方法。假设通常被视为一种等待检验的理论，有时是一个还未确认的答案。无论情报界使用什么方法来定义它，实际情况都是如果你进入提出假设（可能是想法、观点或结论等，可以有多种表达方式）的环节，就已经到了战略研究的**中心环节**。你是在经历过学习和思考的过程才到达了这一步，此时必须越过它，进入检查和验证的环节。

在战略情报领域，生成假设的方法十分重要。原因在于，只有战略研究领域才要求你对遥远的未来、涉及广泛的问题、具有内在复杂性甚至是模糊性的事情进行判断。你不得不从服务于战术或战役目标的那种封闭、令人兴奋的目标情报工作中转移开，投入到研究未来发展的工作中去。战略情报工作要求分析人员对可能发生的情况进行谨慎但却带有推测性的思考。在这方面，分析人员要应对的难题是，如何掌握相关技巧，提出恰当和富有创造性的假设。

在本书第四部分的一系列有关“流程”的章节中，本章主题是流程中最重要的一环，因为它对后续的各个环节都十分关键。作为一名负责任的分析人员，你必须下大功夫且谨慎地建立良好、合理的假设理论。若非如此，自满、本能和主观思维都会让你的结果带有瑕疵。

什么是假设？**假设**可被看作是你对任何事物得出的结论或假定。假设未必就是正确的，但为了能够让假设成为一种正确的判断，它必须具有现实性与合理性。也就是说，假设应该是一种看似合理的解释。就算你提出了假设，也不意味着完成了解决问题的任务，这不过是你在得到最终解释的过程中所需经历的一步。

在这些流程中，每次你展开一个战略项目，都会经历这样一个或多个时刻，此时你或许突然就认为某个观点可能（或极有可能）是正确的。因此，你得出的假设（或理论、观点、结论）包含了以下三个不同元素：

1. 数据；

2. 理解；

3. 推测。

根据分析人员对战略主题和问题的理解，假设便是他此时的“**最佳猜测**”。假设是分析人员对特定情况或问题的初步分析，但除非你可以获取更多数据来强化或肯定自己的理论，否则假设也只能停留在理论阶段。

情报分析人员可以在战略项目进展中的任何时间点提出假设。你可以在计划之外的偶然情况下提出假设，也可以有意提出以生成新想法和新理论。你可以在项目流程早期阶段提出假设：①你可以通过建立概念模型、思考问题定义时手头掌握的少量数据资料，帮助自己专注于数据搜集的特殊渠道。②你还可以遵循流程顺序，完成各个步骤和分析工作后，再开始阐释自己的研究内容，提出一系列可行的假设。这两种方法的具体步骤如下所示：

① 问题 > 思考 > 提出假设 / 观点 > 专注于数据搜集 > 分析 > 其他

② 问题 > 思考 > 数据搜集 > 分析 > 提出假设 > 验证

假设理论的提出和随后的利用，是分析人员进行研究的一种合理且成熟的工具。你利用自己的分析能力形成合理想法的目标，反过来又能帮助你专注于未来的研究。唯一的要求就在于，你提出的假设应该可能成为现实，随后你还需要进行数据搜集和分析，来证明或证伪这些假设理论。最重要的要求是，你在假设理论的“验证”阶段必须持有客观的态度，不能为了印证、强化自己的想法而无视附加数据的提示。本章详细描述了在生成假设的过程中涉及的方方面面，还阐述了一些思维方法，可以确保你在努力进行创造性思维的同时，又能保持一定的现实性。

一、假设的基本概念

定义：什么是假设

任何人如果想从理论上阐释某些活动开展的方式、原因以及参加者，并就此得出结论或形成观点，这实际上就是术语所说的提出“假设”。什么是假设？假设是对某种情况做出的解释。直至被证实之前，假设代表的都只是你对情况的最佳猜测。在情报应用以及各种形式的情报研究中，假设的作用具体且实用，即可以提醒分析人员/研究者进一步挖掘假设，寻找结论性数据来驳斥或证实最初的想法。我们可以看看字典中对于该术语的定义，下面的定义摘自《牛津简明英语词典》：

> 假设……（1）以推理为基础，在无法确定真实性的情况下做出的推测；(2) 根据已知事实，开展进一步调查活动之前进行的推测。

分析人员和研究者通常经过搜集和分析阶段，能够最终清楚地了解哪种结论比较合理。剩下的就是对结论进行验证。除非对结论进行验证，确定结论中包含的想法或理论是正确的，否则你得出的结论不过是一个可能性或大或小的假设。假设只是一种理论，无论其看起来多么可信，都需要验证。

假设的生成，未必是漫长的分析环节积累的结果；在分析过程中，它们也可以作为捷径，为数据搜集工作提供方向。本章的后面部分将会对此进行解释。

假设的核心要素

无论你是在对战略议题进行大量分析后提出假设，还是在战略项目的早期就提出假设，在得出假设之前，你都需要满足以下条件：

- ★ 你要清楚地了解自己需要进行评论的问题或主题。
- ★ 你要掌握一定数量与问题或议题相关的数据、知识，对这些有一定的认识。
- ★ 你要知道自己亟待解决问题的背景，然后才能对信息进行分析。
- ★ 你要做好阐释自己分析结果的心理准备，尽管没有得到充足的结论性数据，你还是要确保自己能够对情况进行推测或假设。
- ★ 你要仔细思考那些指标性数据，如果你能够发现或搜集到此类数据，可能会对你的假设提出肯定或否定的暗示，帮助你对自己的假设进行反思。

如果你已经得出了对某个议题的假设，那么我们可能会问，你提出假设的基础是什么？答案就是，你对获取数据的有意或无意的评估结论，以及你在个人情感和道义上对这些议题持有的信念。无论这些假设正确与否，都是你提出的假设，而问题是：你改变想法或继续坚持信念的原因何在？答案显而易见：**信息**和**分析**是能帮你树立信心的关键。

数据搜集：数量与原因

上述已提到的作为假设关键的三个要素中，分析人员最常关心的要素通常都是究竟多少数据才算是“充足的”。这个问题并不好回答，事实上没有人能告诉你一个确切的量值，能够适应任何分析情况。你必须学会依靠自己作为分析人员的职业素质来确定这一点，通过经验的积累你会知道，何时才是你得出理论或假设的合适时机。但是，你在预测自己何时能

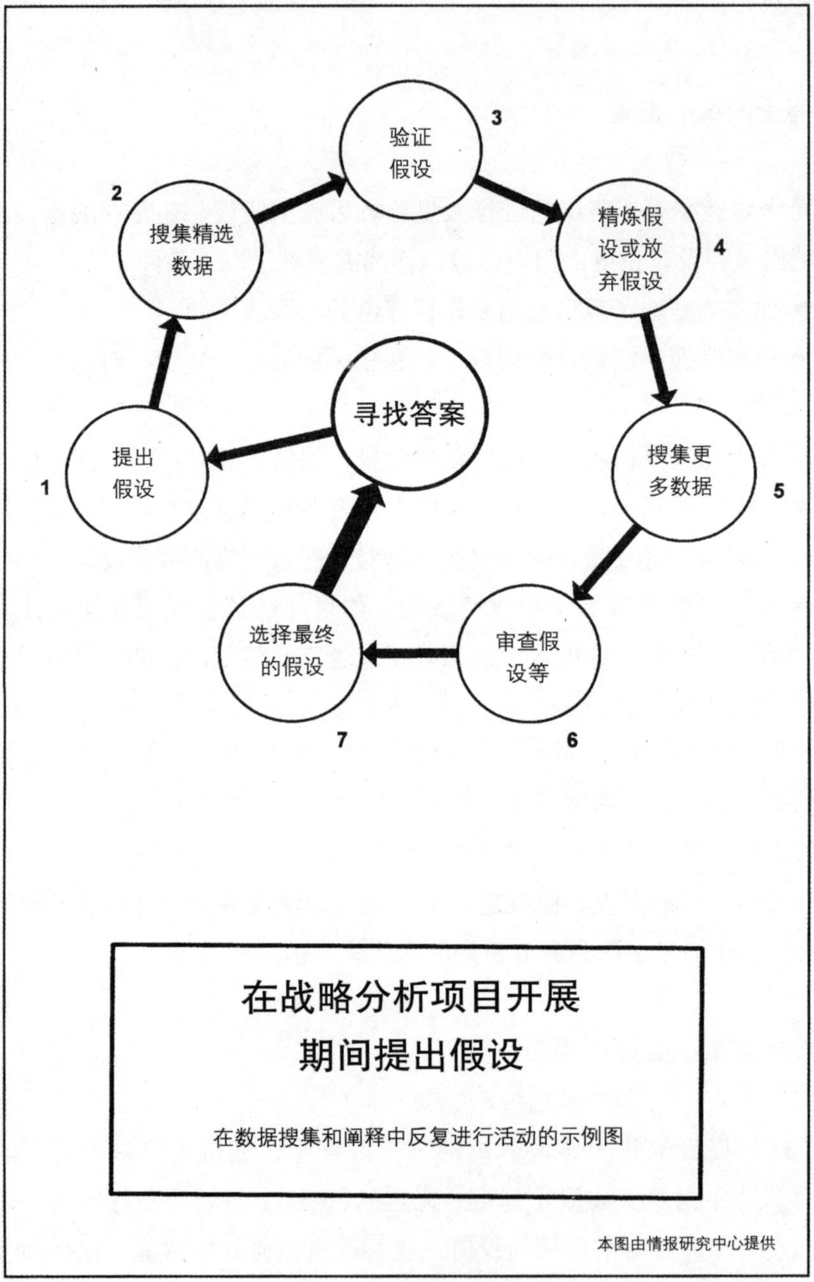
验证假设 3
2 搜集精选数据
精炼假设或放弃假设 4
寻找答案
1 提出假设
搜集更多数据 5
选择最终的假设 7
审查假设等 6
在战略分析项目开展期间提出假设
在数据搜集和阐释中反复进行活动的示例图
本图由情报研究中心提供

图 11.1 假设循环

提出“最佳猜测”时，还需要考虑一些要点，例如：

★ 该情报问题有多重要？你可以用几种方法来定义“重要性”：相关议题的复杂程度，需要搜集数据的数量多少，在寻找适合信息来源时可能遇到的困难等。
★ 你实际拥有多少时间完成这个工作？
★ 你对主题或情景（scenario）了解多少？
★ 你能证实自己的结论吗？根据项目的主题或级别，你能给出最佳预估和结论吗？

何时提出假设

我们在本章的前面部分讨论过，基本上你面临两种选择，每种选择对应一种假设类型。这两个选择都与时机相关，简单来说就是，你是愿意等到项目快结束时再开始构建理论和假设，还是想让自己早些动手，以便为自己的数据搜集活动提供捷径。作为分析人员，你可能会说你决定选择后者，但实际情况更为困难。你必须承认，如果你等到最后，确定阐释的结果究竟将你引向何处后再提出假设，那么有些主题和任务可能就无法顺利开展，因为你可能已经浪费了太多时间，搜集了一些冗余或无用的数据。所以，决定何时开始提出假设不仅是你个人的喜好问题，同时也是解决问题的一种必然要求。

我们再继续研究这个有关选择的问题。你可以选择搜集到尽可能多的数据后再进行分析，然后在分析阶段的最后提出**最佳假设**。如果你已经穷尽了对数据搜集的所有合理期待，那么你提出的假设一定可以经受住严格的审查，因为它们毕竟是你在对广泛的信息搜集活动进行了详尽的分析之后得出的结论。这些假设是你深思熟虑的结果，可能成为你的**最终结论**。你的数据搜集活动可能进行得较为彻底，能够对假设提供支持，你也确定自己得出的结果建立在牢固的流程之上。

另一个有利的选择："工作假设"

其实，我们还有另外一种解决战略问题的方法。是否选择这个方法，我们需要在项目活动早期就做出决定，原因如下。在常规流程中，至少在下列两种情况下选择这种替代方法似乎是合理的。这两种情况是：

★ 你对某些主题不熟悉（其他人也可能不熟悉），你可能确定搜集数据、寻找数据源将会花费太多的时间。原因可能在于该研究主题十分复杂，或者因为情报和行动人员没有涉足该领域的动机（情况通常如此）。最近，我们对世界范围内的人体器官买卖活动的研究，就属于此类问题。

★ 研究主题涉及范围很广，分析可能不成问题，但所需搜集数据的数量过大，可能会影响整个项目的进行。如果你被要求在合理的时间范围内提供问题答案，难免会陷入搜集多少数据才算"足够"的困境。无论你面对的是何种类型的挑战（对毒品问题的研究就属于此类情况），你都可能会发现，数据搜集是一项令人沮丧的任务。

我们构建的**工作假设**（working hypothesis），更像是一种用于得出指标的自助机制，但只有分析人员需要这种机制。工作假设，恰如其名，是帮助你从事情报活动和分析活动的任何假设。你提出这些假设，然后利用这些假设，旨在帮助自己确定任务方向，避免搜集信息过多、搜集速度过慢等问题。提出这些初步理论（即工作假设的本质）的最佳时间是在项目开展的早期，也就是在你制订好项目计划，并开始准备制订数据搜集计划的时候进行。因为此时，你已经通过建立概念模型、拓展对原来任务的研究范围等环节获取了一些相关知识。

你在分解任务，就项目指令进行筹备和协商时，可能需要调动自己对研究主题的现有知识储备，帮助自己全面并合理地规划项目。你是否会因为某些原因，或者说为什么你无法就自己偶然得出的某类答案构建初始的假设理论呢？当然，对于许多分析人员来说，在项目早期形成观点，无异于是对某种不成熟理念做出的一种反应。我们接受的训练告诉我们，答案总是从分析中来，谁又能对此持有异议呢?

相反，许多研究经验显示，如果我们适当利用早期和初步分析思考的模式，就可以制定一些实用性的分析目标。原因在于，你在验证分析目标的过程中，可以发现更多进行详细研究的选择和途径。

如果你利用这种替代性方法，且谨慎为之，结果是可以在操控情报流程时，避开庞杂、广泛的数据搜集活动中所出现的陷阱。许多研究已经充分显示，这种方法十分有效，但必须谨慎使用，且注意保持客观性。

做出选择

每位分析人员，可能因为接受的训练，也可能是习惯使然，在了解到情报流程具有逻辑性和综合性的特点，并因此可以生成好结果的情况之后，都更有动力了。尽管我们很容易承认情报工作是种推测性的活动，但事实上，许多分析人员都不想在这个流程中进行推测。对他们来说，"推测"这个概念似乎是在说明（通常是向其他人说明），我们的答案和预测结果在未经证实前都不是最后的结论，因此，才会使用**"推测"**这个词。所以，在流程中进行推测并不会令每个分析人员都喜欢。正如前面所说，事实上许多情报任务都充满了不确定性，或受到相关数据过于庞杂的影响。解决这些问题的方法通常是，你要让管理者和用户相信，因为存在这些情况，所以可能需要数个月甚至更长的时间才能完成任务。

另外一个方法是，你要批判性地看待自己的能力，消除自身可能存在的疑虑并寻找替代方法。如果你想要高效地使用预先性工作假设，就要确保自己使用这种假设、帮助形成项目研究方法的想法能够经受得起考验，且十分实用。

二、生成假设的技巧

假设不能是毫无理由的“无中生有”。分析人员必须能够进行逻辑思考，我们在某些漫画中会看到某个人头上冒出灯泡、灵光乍现的情景，而无疑这种灵感的迸发一定是经历了某些逻辑思考的过程。你可能不知道自己在形成想法的过程中是如何进行思考的，事实上，你和其他分析人员一样都会用到下面的一种或多种思维模式：

★ 寻找**理论**；

★ 使用**情景逻辑**（situational logic）；

★ 通过**对比**，构建想法。

构建独一无二的理论

理论是我们从事调查活动的重要工具，也可被看作是我们对许多具体案例进行研究之后得出的概括性结论。从理论上来说，在某些特定情况下必定或者极有可能发生某些特定事件。理论可以帮助分析人员弄清楚问题的关键要素，让其从更为宏观的历史角度来看待最近发生的事情。分析人员理解了理论之后，可以拓展自己的视野，而不会将视线局限于手头的数据资料。在执法领域，我们通常会针对某种特定类型的犯罪活动构建相应的理论。例如，如果我们继续研究大型有组织犯罪的各方面情况，就易于对有组织犯罪行为模式的要素形成明确的看法。

如果我们冒险尝试研究一个新的犯罪主题，发现其中至少有可能存在某些有组织犯罪行为模式的要素，那么我们可以很自然地得出观点，认为这很可能“证明”该活动背后存在有组织犯罪。由此，我们可能利用自己所掌握的有组织犯罪行为模式的理论知识，迅速对这种新活动的运行模式进行思考。结果，我们可能会根据这些相关的理论知识，对这种新型犯罪活动的功能结构[1]进行归纳，而停止搜集相关的新观点。

理论的关键作用在于，在类似案例中存在的普适性。但是，我们如果不事先确定其是否适合手头的案子，无差别地使用理论会带来巨大的风险。

使用情景逻辑

有时，作为分析人员，你可能会陷入项目任务的细节中不可自拔。你面对的研究主题可能是全新的，可能超出了你的经验范畴，甚至是对你习以为常事物的一次颠覆。你如何研究这样的主题？即便你可能在脑海里将它与你过去的经验进行联系或比较，你会发现这的确是项全新的挑战。如果你在研究情报问题的特定要素时，倾向于不依靠普遍规律或背景知识，你运用的就是所谓的**"情景逻辑"**。普遍规律（或理论）也许能对此类情况提供些许指导，但你会发现它们在细节方面不够充分，无法满足当前的要求。事实上，你可能发现当前的情况十分独特，只有利用某种独立的逻辑框架，才能对其进行最深入的理解。

使用情景逻辑的好处在于，可以大量汇总与具体案例相关的数据，并对其进行思考，寻找其中的因果联系，帮助理解正在发生的事情。无论你因为什么理由而选取这种情景逻辑的方法，你都不能忽略一点，这种方法存在两大缺陷，如下所示。

★ 高质量完成任务存在困难。例如，分析人员在理解某个犯罪组织的思维流程和管理程序方面存在困难，因为这些都是他不熟悉的活动。同样，分析人员在研究犯罪群体（criminal society）时，还会加入过多的个人看法，而不是尽力理解罪犯所涉及情景的逻辑。

★ 情景逻辑方法仅仅关注当前情况，不能从其他情况（有时涉及其他

[1] 译注："功能结构"（functioning structure）指的是确保犯罪活动能够实施的所有相关要素形成的体系。

组织）下相关案例的研究中得出理论知识。

分析人员通过翻阅相关案例，可以得出有关当前问题的线索。那些坚持认为每种情况都具有独特性的分析人员，甚至不会对这些见解进行思考。在这种情况下，分析人员不自觉地建立起一道思维屏障，拒绝依赖有助于理解正在发生的犯罪活动的任何外来信息或观点。

例如，研究人体器官潜在交易情况的战略情报。分析人员因为没有真实的案例可用以比较，所以无法轻易找到或利用任何与主题多少有些类似的犯罪现象。正是因为这种犯罪形式不常见，分析人员才无法找到足够多的相同点，不能得出针对该现象的有用理论。最后，分析人员可能发现，研究该主题的唯一方法是，将主题与其他的影响因素分离开来进行研究，这时就需要情景逻辑的分析方法。

在对短期发展和范围较小、独立存在的问题进行评估的案例中，情景逻辑方法最为适用。但是，如果需要对涉及未来发展的复杂问题继续进行研究，更理论化的方法则更为适用。通过对比，理论分析的前提是，假设世界上任何一种情况都不是独一无二的，其中也包括你正面对的情况，因此都存在有效的理论命题。

比较的相关性

分析人员总会挑选一些具有相关性和相似点的例子，将它们与当前事件进行比较，以此理解当前情况。如果用来比较的情况被视为与当前情况相似，你从比较中理解到的情况，就可用来填补你对当前情况理解上的空白。

- ★ **对比分析**（comparative analysis）从根本上来说与情景逻辑不同，要根据过往经验和历史情况的适当类比，才能界定问题。
- ★ 对比分析与理论分析也不同。对比分析是从历史中找出一些密切相关的案例，而非如理论分析一样从大量相似案例中寻找一些密切相关的案例。

对于无法找到充足数据或适合理论的分析人员来说，通过对比分析进行推理是一种十分有效的捷径。但是，这需要十分谨慎，历史案例可能十分鲜活，但你不能让案例限制了自己的思维。不过，这种情况很容易发生，一旦发生，会使得你无法发现其中的差别。这些案例并非各个方面都能用来进行比较，因此你需要利用一些共性作为指导来构建假设，使得你对案例之间的相似点和不同点都可以进行比较。因此，除非你经过全面分析，确定案例的确具有可比性，否则不能将对比分析用作构建假设的基础。

发散性分析：一种提出假设的方法

“**发散性分析**”（divergent analysis）方法是一种提出假设、展望或观点的有序方法。无论你依靠的是理论分析、情景逻辑还是对比分析的方法，这种技巧都可被轻松应用。发散性分析方法流程涉及几个步骤，也就是说你必须思考周密、有节制，同时还必须具备很高的创造性。我不想就发散性分析方法的使用细节进行探讨，读者可以看看本章后面的图表以及相关注释，其中包含了对这些细节的解释。

三、假设的应用

应用假设的基本原理

作为情报人员，无疑你必须提出并使用假设。管理者和用户都期待你对与所在组织相关的诸多议题进行预判、预测以及评估。

你大可不必为超越手头数据所得出的显而易见且“便利”的情况大费周章，而只需用一种“懒惰”的方式提出假设。另外，如果你的确是一名专业的情报人员，你还可以用一种具有想象力的方法应对这项挑战。你可以研究当前问题，试着在你的思维方法中找到积极主动和创造性的方法，以此确保自己能够成功解决情报问题。

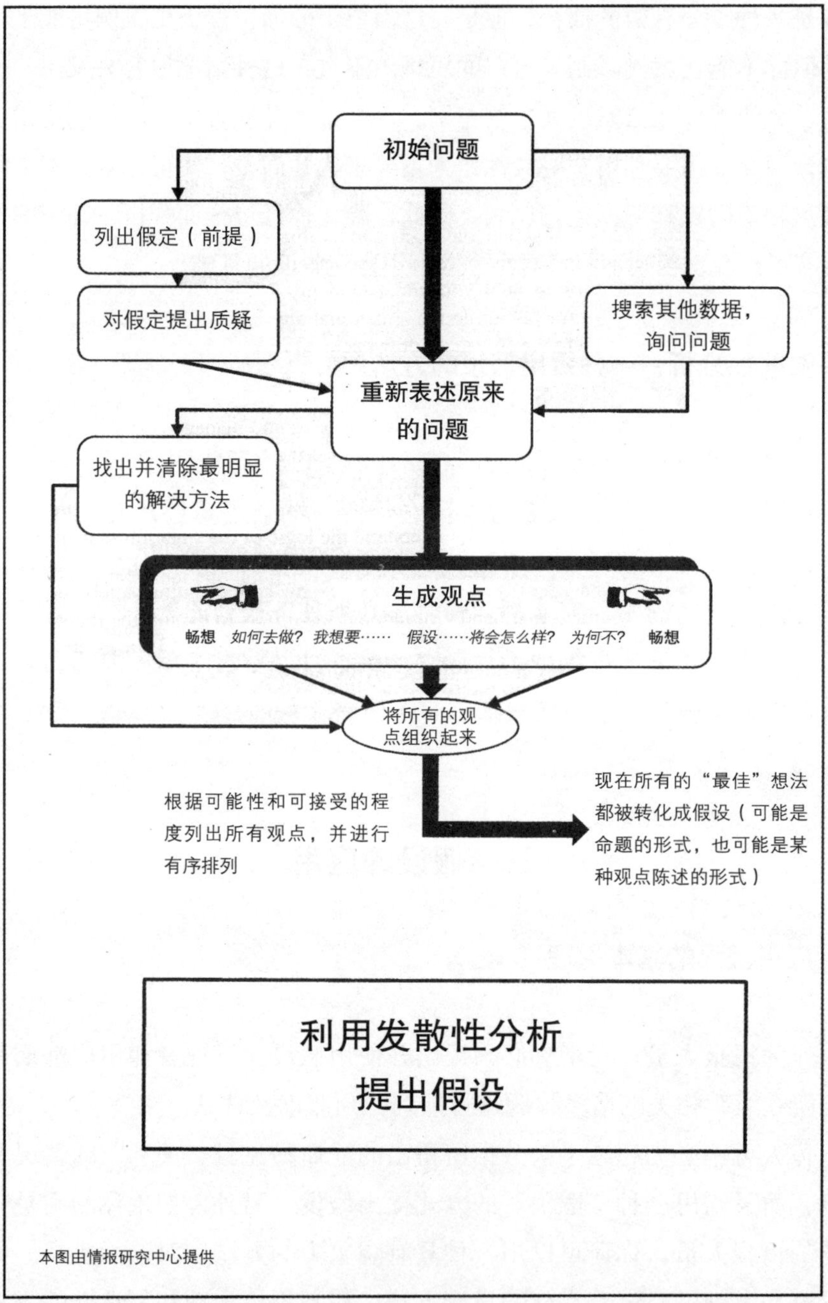
初始问题
列出假定（前提）
对假定提出质疑
搜索其他数据，询问问题
重新表述原来的问题
找出并清除最明显的解决方法
生成观点
畅想 如何去做？我想要…… 假设……将会怎么样？为何不？ 畅想
将所有的观点组织起来
根据可能性和可接受的程度列出所有观点，并进行有序排列
现在所有的“最佳”想法都被转化成假设（可能是命题的形式，也可能是某种观点陈述的形式）
利用发散性分析提出假设
本图由情报研究中心提供

图 11.2 发散性分析

> 情报的艺术在于对未来事件、风险和威胁进行推测，将推测结果告知其他人，使得他们可以未雨绸缪、应对未来挑战。

确定采用何种方法

生成假设并不困难。你只需要一些数据，完成一些分析工作，然后就可以对问题涉及的人物、事件、地点、时间、原因以及方式进行推测。正如本章所述，你可以通过一些方法来理解自己如何思考，从而提高自己在这个方面的能力。另外，你还可以利用一些经过尝试和验证的技巧，确保自己思路开阔，除了接受那些显而易见的情况外，还能接受其他可能存在的情况。

你在情报流程中还可以采取一种高度结构化的方法，按照顺序执行各个步骤，以便在分析阶段可以自然且合理地形成想法和假设。或者，正如前文所示，你还可以选择在流程早期利用工作假设帮助自己找到开始工作的重点。这些解决方案和方法都可行，对你有所助益。每种方法都各有利弊，无论你选择哪种方法，都必须确定如何利用其内在价值，这样才能从中获益。

最后，一旦提出假设，你还需要继续搜集和验证数据，并对其进行证实、修改或摒弃。但是，你必须清楚地知道自己首先选择某一假设的原因。你只有知道每个假设的结果、影响和指标，才算完成了有用假设的构建和选择的整个过程。要想有序完成这一步骤，你可以在列出每个假设的同时，在后面列出接受或摒弃它的所有原因。然后，你需要为每种假设选择一个结果，同时将做出这个选择之后可能带来的一系列影响或出现的后果列出来。如果你选定了结果，可以列出那些较为醒目的指标。战略指标的问题我们将在第十二章进行讨论。

我们在执行这项任务时，可以采用一种实用的格式，这种格式很容易完成，你还可以从中了解自己是如何发现某种假设较为实用且可信的，为何这种假设较为实用且可信（或者如何发现某种假设不实用也不可信，以及为何这种假设不实用也不可信）。这将在本章末尾进行讨论。[1]

---

[1] 原注：以下阐述了发散性分析涉及的步骤。

a. 列出你对问题的初步假设。现在要列出你认为相关的数据搜集议题。在进行下一步之前，你还需要什么信息？这些信息如何进行反馈？这些信息对你的想法产生了何种影响？

b. 再次审视这个问题，思考你提出的假设。它们是否经得起推敲？你可以直接对它们提出质疑，然后观察自己的思维过程如何发展。这些都需要进行思考，你可以尝试从不同角度来审视这个问题，对问题进行再思考和再描述。

c. 对问题最显而易见的解决方法和想法进行思考。现在，你可以将这些问题搁置一边，不让问题扰乱你的思路（这就是所谓的"清理思路"[purging]）。

d. 现在你要准备好对任何具有可能性的想法进行思考。你要认真思索研究主题和问题，以及所有与之相关的想法，尽可能自由思考、发挥创造性。你可以放飞思绪，随意徜徉，思考自己心目中与主题相关的问题列表；你可以采用"头脑风暴"，或任何能让自己摆脱当前想法的方法，在当前这个环节应该清除一些旧有的想法。为了避免思路受阻，如果你觉得这个方法有用，就尽力去做，让其他人也参与进来。

e. 你会发现，当你对主题进行自由思考时，思绪可能会飘得很远，不再局限于解决问题的实际情况。这一步就是"畅想"(excursion)，是十分重要的环节；在这个环节你应该抓住机会，充分享受和利用这个过程。方便时，可能是数分钟后，你要尽力将自己此刻的想法与手头的问题联系起来。这样做的时候，你实际上是从全新的角度来思考原来的情报问题，这对开拓你的思路十分有益。

f. 你现在即将完成这个流程。下一步就是列出（或排列）你的所有想法，包括你的愿望、意见、观点等。试着以你认为有意义的顺序列出它们；你可能只需在一头列出最不能接受的想法，在另一头列出最能够接受的想法。

g. 倒数第二个环节就是修改你的列表，剔除那些令人无法接受的奇怪、极端想法，但要确保你此前已经对它们进行过仔细评估。不要因为观点是"全新的"就将之放弃，你放弃的原因在于它们不符合问题的逻辑概念。这个环节具体包括以下三个步骤：

- ★ 从你的所有想法中挑选出一个不太可能的，如果这个想法的"可能性"变得更大，会带来什么好处，将这些好处列出来。
- ★ 列出你对这个想法的重要关切，不要随便将这个想法"毙掉"，而要努力看看如何能够解决这些关切，看看你需要做出哪些改变等。
- ★ 修改这个想法，解决你的关切，然后思考能够减少或消除这些关切的其他方法。

h. 现在将你在整个流程早期所清除的想法都汇集起来，然后按照"可接受性"或"可能性"的大小进行排列，做一个列表。在你列表中"可接受想法"的一端，你现在拥有的想法数量多于最开始时，所有这些想法（也就是你提出的假设）都有可能变为现实。接下来，你将进入验证环节，通过额外（但不是十分集中）的数据搜集活动来完成，再后面就是分析环节。

确定一种提出和审查假设的格式

我们列出下列流程，目的在于鼓励你周密、谨慎地提出假设、审查假设。每个人都可以形成自己的观点，但你只有这样做，用这种方法核查每个新观点的价值，才能了解每种假设的所有影响。

下面这个列表有两种使用方法。首先，如果你想要提出新想法，作为制订搜集计划的关键，这个流程可以为你提供一系列指标，可用于该计划的制订。其次，你可能已经搜集了许多数据，且经过分析也已经得出了假设；由此，你可以使用这个流程审查自己的推理过程，然后为进一步的搜集和验证活动构建指标。

1. 列出你头脑中的假设 / 观点。

2. 你为什么认定该假设是真实的？你为何会有这种想法？思考这些原因，并记录下来。

3. 现在，对与观点背道而驰的假设进行思考。考虑自己为什么会摒弃这些假设，然后记录下自己的想法。

4. 如果这个假设是真实的，会出现什么结果？写下这些结果，这样你可以重新考察你的想法和结果之间的关系。

5. 如果这个假设是真实的，而且也产生了这些结果，你能否想象其对未来会产生什么样的长期影响？写下这些影响。

6. 最后，看看你的思考结果：你针对每个假设都列出了自己的理由、当前或直接的结果及长期影响等。由此，你可以较为全面地审视这个假设。

7. 你还需要寻找什么样的数据来验证这个假设？你需要针对数据问些什么问题呢？研究你列出的所有观点，然后列出能帮助你验证该假设真实性的所有迹象（signal）或线索。

四、结论

作为战略分析人员，你难免需要提出假设。你还必须对假设进行验证，判断哪些假设的可能性比其他的更大，并证明你的判断是合理的。在战略情报的世界里，我们研究的主题通常都比战役情报主题更为复杂。我们通常还要求对主题进行更为细致和广泛的研究，研究与主题相关的各个方面。最后，战略研究还要求你的分析能应用于未来。由此，你从事战略分析时，要求对那些无法证明的问题，至少是在中、短期内无法证明的问题，进行更为宏观的判断和推测。提出合理假设，关注细节，就成为战略情报周期中必不可少的组成部分。

[第十二章]

建立战略主题的指标

每名受过训练的情报人员都知道，制订一个有效的情报搜集计划面临的主要挑战之一，就是正确地定义项目所需的确切信息。在制订搜集计划时，列出每条能够想到的数据，以期至少其中一些数据对你会有所帮助。

调查人员和分析人员通常会将需要回答的各类问题列出，采取这样一种方法来制订数据搜集计划。例如，一份搜集计划可能会将你的需求陈述为搜集“所有有关毒品犯罪逮捕情况的数据”。事实上，这不是一个问题，而是一大类问题。如果你准备向其他人下达任务，为你提供数据，你需要更具体、更详细的内容。许多议题本身就十分复杂、具有多面性，除非你也具体说明，否则你得到的信息在水平和数量上都无法达到你需要和期待的程度。另外，分析人员通常会发现他们走的是最糟糕的一种“捷径”，仅仅专注于“来源”而非需要解决的“议题”（下一章将会详细阐述这一点）。战略研究流程的基础就是**建立指标**，这也是将你对任务的理解与制定数据搜集的具体要求建立直接联系的关键点。

指标是一条信息，如同侦探小说中的“线索”，提供一个路标，帮助你填补对正在发生的事情、参与者及其他类似问题的认知空白。线索通常被视作一次事件发生之后，我们可以观察到的东西；在情报术语里，指标也被认为是那些你在事情发生之前可以找到的线索。从这个意义上说，指标的价值在于其具有双重功能：既是即将发生事件的指标，又可以证实你为何会得出某一特定假设或结论。但是，指标这个概念的内在特点决定了，你只有充分了解待研究事件的背景信息，才能建立一系列指标。如果没有经历这个学习过程，你很难建立合理的指标。情报指标的功能在于，允许你根据自己所掌握的有关正在寻找的数据类型的相关知识，具体设计信息搜集活动。如果指标能够被谨慎使用、涵盖所有可能性，就可以为分析人员提供一种方法，明确数据搜集阶段的重点，节省时间和精力，并最终有助于即将开始的分析环节。

本章为你展示建立用于战略项目的指标，下一章将讨论如何周密规划数据搜集活动的问题。

一、什么是战略指标

情报指标是指向特定事件或现象的单独线索或成组的线索。**指标**具有两方面的价值：一是指示过去的事件，作为你证实自己对过去已发生事件看法的一种解释；二是为你提供可以寻找的迹象，关注可能会发生的事件。

我们要注意，对该术语的描述着重强调将来时态。这背后的理念，以及指标对作为分析人员的你来说存在何种价值，这些都在于你如何使用指标指出犯罪行为或犯罪预谋。无论你持什么样的观点，即使是在战略研究项目的早期阶段，你都应该积极规划数据搜集，以确保涌入的数据可以帮助你学习、证实、修改或摒弃那些观点。这样一来，指标使得数据搜集计划更加严密，由此帮助分析人员和信息搜集人员节约时间和精力。

承担责任、努力建立指标，并由此构建搜集计划还可以为你带来另外一个潜在优势：通过运用你的专业知识建立指标，你可以降低搜集人员在搜集过程中加入自己价值观的可能性。这并非不认可搜集人员的“实地知识”[1]、经验以及搜集渠道。而是说，对于搜集活动的投入需要不

[1] 译注：“实地知识”（on-the-spot knowledge）指的是搜集人员在情报搜集现场所获取的知识。

偏不倚地围绕数据展开，要确保搜集人员不会去“编辑”准备报告的数据。如果出现了这种情况，而分析人员没有发现，这样的数据报告很可能会带有搜集人员的个人偏好或偏见，从而妨碍整个战略项目的进行。

二、建立指标的流程

用于建立指标的流程，特别是为搜集计划建立指标的具体流程如图12.1所示，我们会在下面的段落中具体描述。你现在回忆一下，分析人员在接受一个新的战略评估主题时，必须要将一部分时间投入到对该主题的解读上，然后就该主题涉及的内容，包括犯罪、组织或趋势等，建立一个概念模型或框架。执行这一步，不仅可以让你以一种结构化的方式做好准备，还可以避免陷入假定自己对该主题无所不知的**思维陷阱**。这一步在“建立概念模型”所在章节的图表中有所提及。经过下面的项目规划环节，你已经准备好开展战略情报项目的工作。在这两个环节中，你都可以学会如何将情报任务的初始表述进行分解处理，以便对其进行深入思考。而这背后的目的在于更清楚地了解评估中暗含的内容。你需要就此与管理者和用户进行交流，达成我们称之为“职权范围”的协议。

此类活动难免会带来一个结果：你会发现自己已经在考虑与即将从事的研究相关的一些可能答案和“方向”（甚至此时此刻，在你还没有进入全面搜集数据阶段之时，你已经开始思考这些问题）。这是你的初步思考阶段，使你能直接开始建立有助于起草搜集计划的指标。

例如，如果你被要求对毒品犯罪问题进行战略层面的研究，你会突然意识到该问题有诸多特点。当然，你不是仅仅去统计毒品犯罪抓捕行动的次数，也不能仅仅研究诸如发生了什么事、参与者有谁、缴获毒品的总价值是多少等此类相关问题。我们有必要去搜集和衡量一些引人关注的特点，这在情报和犯罪学中被称作**“罪案分析”**[1]。但是，这些无法从战略角度来回答有关毒品犯罪的范围和性质的所有问题。

从战略层面来看，你应该问自己的问题是：还发生了什么其他事情，哪些事情值得你去了解。你的问题应该超越警察抓捕行动和调查记录的相关数据范畴。例如，犯罪组织、资金来源、毒品供应、包装、再加工、批量销售、储存以及犯罪交易等各个方面的情况如何？你可能已经开始认真思考有关犯罪活动的直接影响问题，如这是否会引发其他犯罪活动？参与者有谁？谁是受害者？犯罪动机是什么？如果你再拓展思路，还可以考虑一些间接的、“顺势产生”的影响问题，如吸毒对整个社会、各个家庭、人们的健康以及工作时间的损失等方面所产生的影响等。

上述例子中列出的这些想法，不仅是从事执法战略研究分析人员的研究基础，也是其他领域专业人士——从事省、市或地区性毒品犯罪相关议题的全面战略研究——的研究基础。继续以这种思维模式进行思考，你可能会形成一些想法，帮助自己构建最终的搜集计划。就以上述的毒品问题为例，继续沿着这一思路进行思考，你还需要考虑下列议题。

如果你的基本任务是了解毒品在整个社会的蔓延情况，你还需要拓展思路，思考毒品在各级学校中的传播问题，这其中甚至包括在小学的传播情况，因为人们通常容易忽视毒品对小学的威胁。而毒品在医院、诊所以及监狱中的蔓延情况又如何呢？你应该考虑的是，你能否发现在之前并未遭受肆虐的领域出现明显的毒品问题，以及/或者毒品出现的频率比以前更高或更低。在这个思考阶段，你还面临两种选择。

- ★ 制订一份搜集计划，询问任何人有关毒品的任何问题。
- ★ 询问自己下列问题：如果情况如此（也就是上述例子中的情况），有何种指标指明了这一点？相反，又有何种线索指明这一情况并不存在？

[1] 译注：“罪案分析”（crime analysis）是一种执法职能，通过系统分析来识别和分析犯罪和混乱活动的模式和趋势。此类信息可以帮助执法机构更有效地进行资源部署，并协助警探识别和抓捕犯罪嫌疑人。罪案分析在寻求犯罪问题的解决以及制定预防犯罪的策略方面都发挥了很重要的作用。

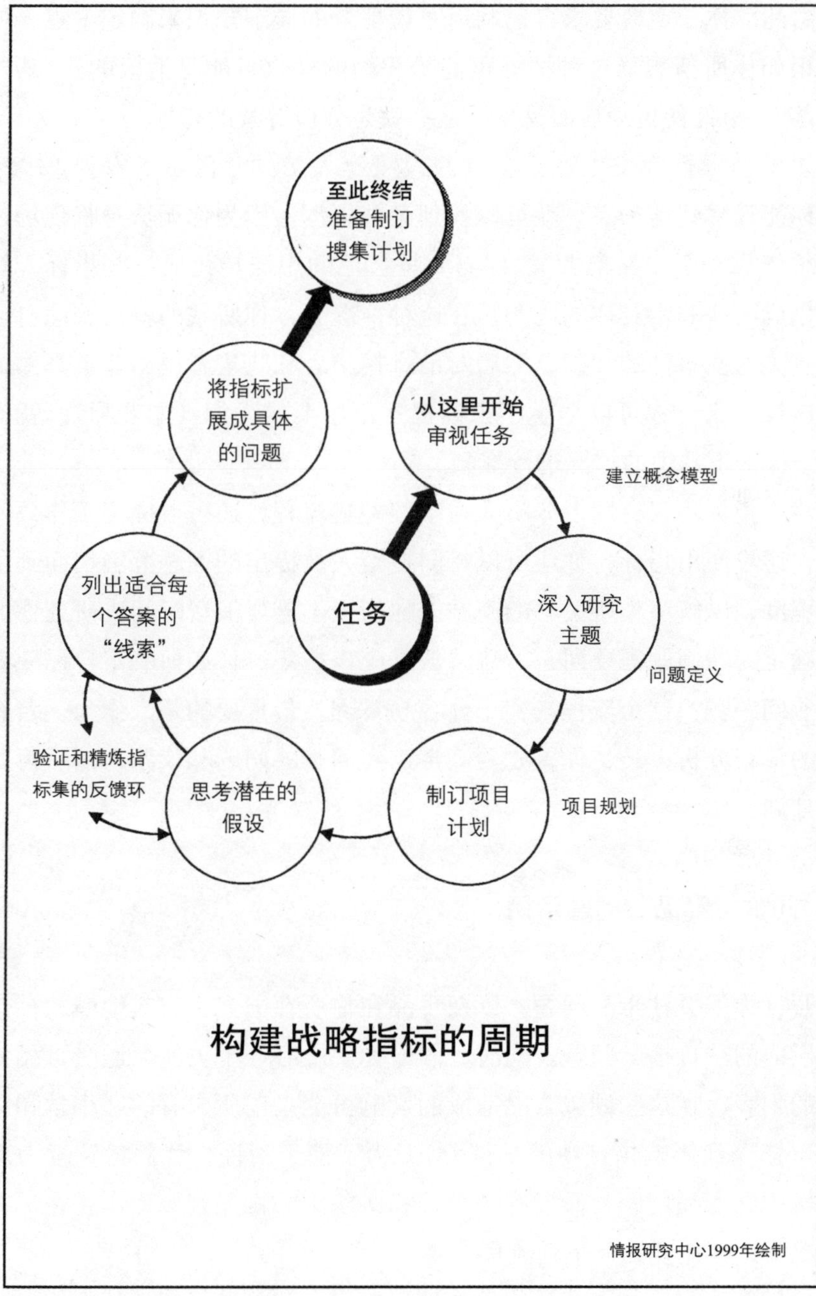
至此终结
准备制订
搜集计划
将指标扩
展成具体
的问题
从这里开始
审视任务
建立概念模型
列出适合每
个答案的
“线索”
任务
深入研究
主题
问题定义
验证和精炼指
标集的反馈环
思考潜在的
假设
制订项目
计划
项目规划
构建战略指标的周期
情报研究中心1999年绘制

图 12.1 构建指标周期

由此，你一定会要求自己利用对该情景的详细知识来确定一点：如果情况正如你所猜想（这种情况可能是积极的，也可能是消极的），某些条件/情况/事件便更为显而易见。这些就是你所寻找的指标。

如果吸毒行为发生在小学（假设吸毒人员的年龄从5岁到12岁），只要你能观察到这一点，就可以找到某些证据。因为你无法身临现场，所以必须依靠一个“搜集者”，你需要将自己的想法转化成一些指标，然后再转化成一些非常具体的问题。在这种情况下，你所做的就是调动自己掌握的有关这些事件的知识，然后对信息搜集者和收集者提出非常具体的问题。这样一来，你可以尽量不去或根本不用要求人们（如老师），就他们与你一样毫不熟悉的情况进行推测。

建立指标不仅有助于分析人员掌控搜集流程，还可以提高工作效率。另外，通过使用指标，你还可以将向搜集人员提出的问题范围精简到最适合的程度，以解决你所关心的问题。他们也不需要浪费时间去研究你的需求，确定哪些问题需要回答，哪些数据应该搜集。你如何决定自己应该询问哪些问题呢？这个流程其实十分容易掌握。最重要的是，作为一名有责任感的情报分析人员，你首先要确定需要回答的问题和议题，然后再制订搜集计划。

“儿童与毒品”问题示例

假设你很关注毒品问题，以及毒品在你所在国家、省或地域的社会各个阶层内的“传播”问题。同时，假设你手上有一个可能会遭受毒品浸淫领域的列表，在这些领域毒品造成的影响可能是前所未有的（小学和医院只是可能受到影响领域中的一部分）。为了便于论证，我们将注意力聚焦于学校中的毒品问题。假设有关学校和医院中的毒品问题确实存在，在这种情况下，你需要完成下列流程。

1. 问问自己：如果我认为这个情况属实，我能够了解到什么信息？然后针对特定议题列出一系列具体问题。例如，这些议题可能包括：

★ 吸毒的儿童；

★ 贩毒或散播毒品的儿童；

★ 向儿童提供毒品的校外人员。

2. 思考这些议题中哪些方面最引人注意。如果儿童吸毒，那么你可能看到或听说以下情况：

★ 在毒品的影响下，可能会出现的“异常”行为；

★ 因吸毒方式的不同，可能会出现的异常行为。

3. 就每一个问题，你可以询问观察者一些具体的问题，让他们进行评论。例如，你可以让老师来评论学生在课堂上的表现，以此了解各种异常情况，例如注意力涣散、昏昏欲睡、情绪爆发及类似超出个人行为规范的表现。你还可以了解学生在教室外一些可控情况下的行为表现，例如在体育课上，针对这些你可以提出一系列问题，专门搜集有关个别学生行为变化的评论，包括缺乏平衡感、危险的行为以及注意力涣散等典型例子。

关注细节

该流程的重要性在于，你可以运用所掌握的知识来逐步建立更多的细节问题集合。你不希望由其他人帮助你确定毒品对吸食者的行为会产生什么样的影响。那样做无异于让学识少的人将他们的信念体系强加给你，且提供经过他们自已观点过滤、做完某些修改的答案和印象。这绝不是你想要的。

建立战略评估项目的指标，需要你对正在寻找或期望看到主题的特点进行详细分析。作为分析人员，你的作用是将问题层层细化，直至你认为这些问题可以用于对搜集“代理人”（可以是任何人）下达任务指令。

指标是制订搜集计划的一块敲门砖。指标规定了你想要了解的信息，让你可以自由地从分析中得出结论，而非仅仅依赖其他人替你做出判断。换句话说，建立指标的流程看起来像是一个金字塔。图 12.2 展示了从最顶层的宏观议题到最底层的细节问题的金字塔结构，事实上，这些就是你用于制订搜集计划的指标。

三、结论

建立指标并非难事。如果分析人员十分关注如何熟悉主题的相关特点，且通过各种可能的假设进行创造性思考，就不难得到一些必需的细节信息。

对于许多分析人员来说，挑战来自另外一个方面。在许多机构中，完成有严格时间限制的目标所引发的紧张情绪和压力，以及促使这种情况出现的机构文化，都会营造出这样一种情形：分析人员会寻找一些“简单的”出路，由此提出一些简单、笼统的问题，而非细节问题。任何看到前面讨论“儿童与毒品”问题的分析人员，都会迫于时间的压力，仅仅要求搜集人员提供有关儿童吸毒问题的“所有情况”。这使得搜集人员必须首先解读分析人员究竟需要何类信息，然后再提供相应的信息。

分析人员的最佳做法是，敢于直面挑战，研究可能性，并建立可能会间接否定或肯定某些想法或可能性的指标。这就将对数据搜集计划和搜集流程的“控制”（至少是从思维层面上）交到了分析人员——监控整个研究项目的唯一最佳人选的手中。

传统指标的建立通常会陷入被束之高阁的境地，不去关注具体研究某类现象时所必须深究的细节问题。尽管这样做分析人员可能会有很大的压力，还要依靠别人来解决问题，但他仍要对战略项目负全责。除此之外，无人能够胜任这一工作。

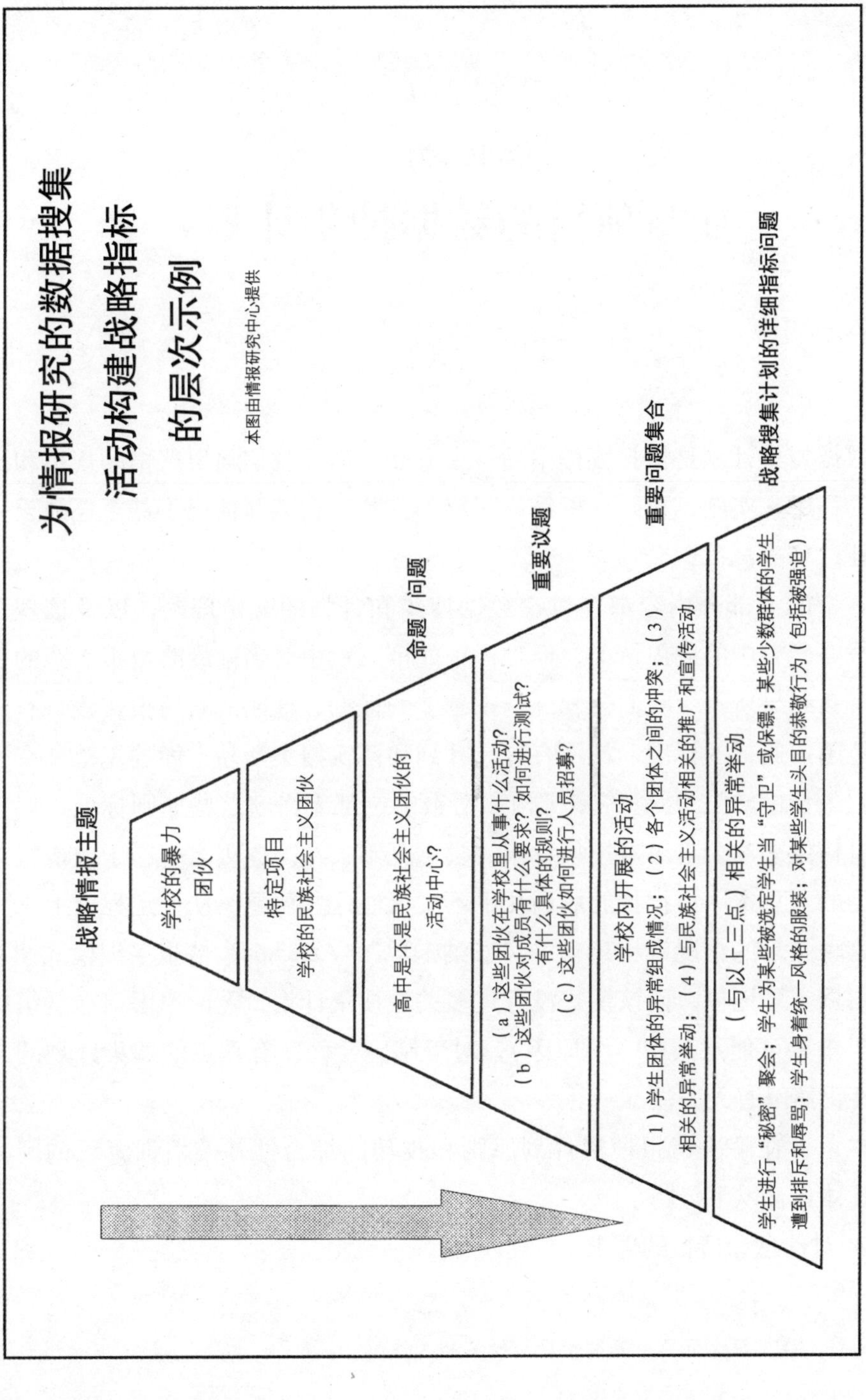

图 12.2 指标的金字塔结构示例

[第十三章]

战略项目的数据搜集计划

数据搜集计划是情报流程中的一个方面，需要我们运用严格的规范和有序的程序来实施，否则分析结论可能不完整，在某些情况下甚至还缺乏合理性。

本章的大部分内容都在讨论数据搜集和计划的既定理论，以及该理论在战略研究中的应用情况。但是，正如第三章中对当前战略情报实践的重要观察结果所示，我们会发现越来越多的证据，证明战略情报实践只有世界范围内通行的标准，却没有有效计划和落实搜集活动方面的规范、有序的“最佳做法”。尽管许多机构和情报单位都能恪守这些原则标准，但更多机构似乎对全盘思考搜集计划的尝试毫不关注。原因之一在于，情报界接受的“基本”情报技能培训几乎不太关注这些议题。从一定程度上来看，这种匮乏的情况源于最初的“安纳卡巴”（Anacapa）情报培训模式[1]仍然占据主导地位，而该模式没有过多关注搜集计划。无论原因何在（组织急于求成可能是其中一个原因），对于制定全面、有重点的搜集计划的重要性仍然鲜有人关注。

本章旨在解决情报搜集计划原则和技巧的综合性基础培训匮乏的问题，具体包含以下议题：

★ 对信息和情报的需求；

[1] 译注：详见第十五章“安纳卡巴”模式相关注解。

★ 信息来源的可用性；

★ 获取信息的手段；

★ 信息搜集计划的制订。

除了上述议题外，我们还需注意，本章的最后一小节重点讨论了，影响战略情报项目或受到战略情报项目影响的搜集计划的不同方面。但是，我们应该知道，成功的实践所遵循的所有原则适用于各类情报研究，不能说某种原则就适用于某类或某个特定层次的研究，而另外一种原则适用于另一类研究，应该说这些原则适用于所有的情报研究案例。但是，个别案例的特点反过来也会推动这些搜集计划原则的普遍应用。

一、信息的必要性

负责某一项目的分析人员必须要对调查中的主题背景知识有大致的了解。特别在进行战略研究时，这一点尤为重要，已在第八章中详细阐释。这一环节中分析人员第一次需要面对数据搜集的问题。

总体来说，图书馆、官方或公共的数据库、学术研究中心等类似的来源，可以提供丰富的背景信息。就算这些机构并没有储备这些参考文献，也可以很容易获取它们。这些来源中涵盖的数据对分析人员大有裨益，可以帮助他了解作为情报研究核心的活动类型。

许多情报工作都具有紧迫性的特点。但是，对分析人员来说，投入大量时间，获取背景信息、理解研究主题仍然很重要。你应该知道，战略情报项目工作的准则是研究广泛的领域，而非仅仅依靠"直觉"，通过一个复杂的主题环境[1]来提供指导。

整个数据搜集计划问题中的一个重要因素是，你必须随时警惕，避免陷入所谓的**"唯官方数据"**（official data only）综合征。这种情况在仅仅信

[1] 译注："复杂的主题环境"，这里指的应该是分析人员的思维体系。

赖官方来源的情报机构中十分常见，而对于其他信息来源，则或多或少地持不确定、担忧和怀疑的态度。如果对数据收集和搜集计划进行思考的确存在某种规则的话，那么正如第十二章所强调的，这个规则就是应该由问题本身来决定使用哪些潜在的信息来源。

二、信息来源

有个流行观点认为，在过去的数年内，世界经历了一场信息大爆炸。互联网的产生极大地改变了分析所涉及的环境，而愈发精密的计算机已变得十分普及。

开放的来源，开放的思想？

人们可以轻易获取越来越多的数据。毕竟，这是一个可以获取公开来源信息的时代。对于具备搜索能力的人来说，搜集涵盖广泛主题的大量信息是件轻而易举的事情。除了平面媒体信息数量在不断增加外，人们通过互联网、电子公告栏、馆藏目录以及数据库等来源，也可以获取海量的数据。这一现象并不局限于电子信息系统，因为所有的分析人员和研究人员都已清楚地发现，平面信息的数量和种类正在迅速增加。关键是需要有“官方访问许可”(official access clearance)，以及具备在互联网环境下操作电脑的能力。获取复印件、非计算机来源，与掌握信息来源的人员建立并保持私人联系和关系，这些都是分析人员可以运用的实用策略。

虽然获取大量信息的渠道在增加，但情报人员和分析人员通常会受到所在机构的传统和惯例以及政府服务规章的限制。而且，人力和财力两方面所涉及的时间和资源的议题，也理所当然地会影响到分析人员在搜索数据的过程中究竟能够走多远。如果你对电脑并非十分精通，或者如果你避开这种接受挑战的机会，而是选择处理那些熟悉且经过验证的来源，你就是拒绝接受新的信息来源能帮助你解决情报问题的可能性。同时，你也不能漫天撒网地搜索新数据，陷入“网上冲浪”的旋涡，使得整个项目因为无法及时得到结果而蒙受损失。

如果你在使用计算机时能仔细斟酌，那么在确定应该利用哪类来源获取信息时就不大可能遇到太多困难。事实上，决定应该做些什么相对容易，你只有在真正开始获取信息时，才会面临一些难题（如果真的有一些难题的话）。计算机目录通常十分庞杂，目录接入网络也常常运行缓慢，因此你需要时间、耐心和高超的技术，才能完成这一任务。使用搜索引擎并不是每位分析人员都能够轻易熟练掌握的技术，问题在于分析人员应该自己完成搜索工作，还是应该将这个工作留给专业人士来完成。[1] 战略分析人员需要面对的挑战是，通过计算机接入网络，从不断扩大的信息范围中选取相关、有用和充分的数据。你当然不能忽视数量不断增加的信息资源，但你无论如何也必须精挑细选、保持客观。互联网是一个潜在的信息宝库，包含着适合从事战略情报背景研究的信息，同时你工作中进行概念建模阶段也需要从互联网中搜集信息。但是，你需要投入大量的时间和精力来搜索信息，同时还需要快速掌握必要的技能，从而能够高效且有效地完成这一工作。

你必须知道，比起思考搜集流程，更为重要的是你正在从事的工作必须经过严格的计划，从某种意义上来说，是为了从中获取所有的益处。但是，为了保持相关性和实用性，你的整个信息搜集流程必须最终得出一个搜集计划，该计划必须足够灵活和实用，可以随时调整以适应某些突发事件。你制订的计划需要具备灵活性，要能应对管理层或用户对于初始议题的关注点发生转移的情况，但这些并不是引发变化的唯一动因。如果数据类型、格式、范围和可靠性都无法满足分析人员的期待和需要，那么再周

[1] 原注：某些机构已经对这两种方法都进行了试验，由此，专门采取招募和/或训练特定人员，代替分析人员来处理互联网/公开来源信息（OSI）搜索的方法。当然，在一些拥有数据资源专业人士、为战略分析人员和其他分析人员提供制订数据搜集计划服务的大型国家机构中，情况也是如此。

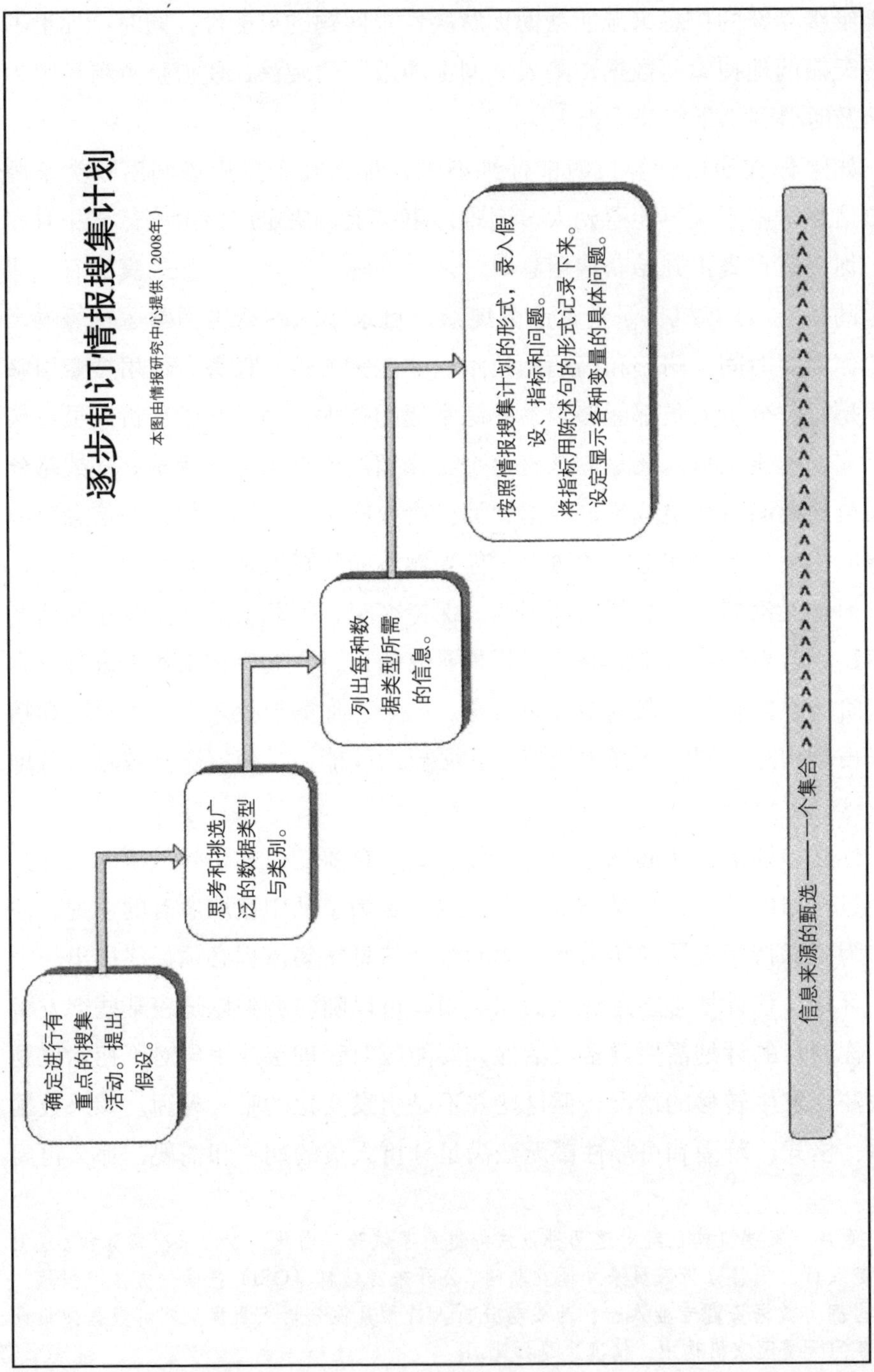

图 13.1 搜集计划的进展

密的数据搜集计划也会遭致失败。

例如，我们来看一个从未有过可卡因吸食历史的地区中，有关潜在可卡因问题的一个战略研究案例。为了对可能的可卡因吸食范围进行统计，情报单位通常会调查执法记录，作为首个“停靠港”[1]。此类数据包括违法报告中记录的情况，以及在调查和取证的过程中搜集得来的所有信息线索。为了对这些有限的领域进行拓展研究，分析人员会发现，从吸食其他毒品（海洛因、大麻等）的群体中搜集数据，可以从某种程度上反映所有毒品问题的不同方面，从而有助于完成这个可卡因问题的研究任务。分析人员从中还可以了解到，吸食者从一种毒品换成另外一种毒品，或同时吸食多种毒品的整个过程，他们如何为买入毒品筹措必需的资金，他们吸食的频率和数量，以及包括毒品的价格和纯度等在内的其他各类变量。从这些吸食者中获取此类数据，分析人员可以进一步理解诸如吸食者的动机等议题，从而建立有关吸毒类型的模型。而分析人员可以利用这些信息作为跳板，评估如何通过研究吸食可卡因的情况反映出吸食其他更为常见毒品时的行为表现（或者反映出吸食可卡因时的表现与吸食其他常见毒品时的表现有何不同）。从这一点，分析人员可以努力找寻那些具有代表性的指标，那些显示可卡因进入这个特定地区市场时，会使该地区吸食行为类型产生变化的指标。

分析人员搜集此类数据时必须认识到，有必要将视线投放到执法信息之外的信息来源。因为这些信息未必会关注到毒品购买、供应和动机等特点，而这些正是对问题进行战略研究和预测的必然要求。

数据质量

分析人员在数据质量方面也会面临困境。与过去相比，现在的信息

[1] 译注：“停靠港”（port of call）指的是解决问题的切入点，也就是把调查执法记录作为剖析问题、开展搜集活动的切入点。

数量巨大、获取方便快捷，但并不能说明这些数据准确、可靠或全面。作为分析人员，你面临的挑战在于，要决定自己需要什么，从哪里可以获取所需信息，信息质量如何。因此，挑战就是需要从海量信息中精选出最实用、最可靠的信息。

互联网被认为是一个信息宝库，如果你想要挖掘其全部潜力，就必须熟练掌握其复杂性以及优、缺点。你必须要决定，是固守经过尝试和验证的常规数据搜集渠道，还是运用互联网领域的新兴信息技术。每个数据来源都可以为你提供一些信息，而作为分析人员，你的任务就是要区分哪些有用，哪些无用。无论每天电脑来源中又增加了多少数据，你都要明白一点，数据在没有经过检验之前，都只能是未经证明的数据，如同其他信息一样，此类数据也必须经过验证。

在识别那些适用于执法分析或其他任何类型分析的**有用来源**时，没有任何方法是简单且完美无缺的。每个案例通常都有自身的独特性，或可能与你所期待的截然不同，甚至与另外一个相似的案例也存在差异。你必须认真考虑从某个特定来源中可以得到什么信息，无论这个来源在过去类似案例中多么有用。你要记住，任何来源潜在的实用性（假设该来源具有实用性）只能是如此，不会发生变化，直到某些重要的事情发生而完全颠覆你的想法。我们建议，情报机构分析人员应将个别案例中对特定来源的观察结果记录下来，然后进行汇总，从而为整个机构所用。

确定所需数据的数量和相关性

除了决定搜集信息的类型和来源外，你还必须足够自律，能确定究竟搜集多少数据才足够。如果你对手头具体的情报任务所要实现的目的没有明确的认识，即使你阅读了大量的数据，从中获取的相关知识也变得毫无用处。你只有对任务本身有充分的认识，对研究主题或目标进行评估，才能找到所需信息的具体来源。如果没有组织需要此类情报，即使你评估了海量信息，分析了各类有意义的情报，工作做得十分出色，也毫无意义。

关于搜集实践有一个重要原则，就是要收集具有相关性的信息。考虑到你对某项特定研究具有浓厚的兴趣，这似乎只是一个小细节。但是，你在搜集和评估信息的过程中，必须时刻牢记组织目标，从而确保你搜集的信息最终能生成一个对用户有价值的情报产品。此时不是从个人兴趣出发**“盲目调查”**（fishing expeditions，也译作钓鱼式调查）的时候。

以上所述能提醒分析人员，真正的任务方向在哪里。如果单位的战略情报工作是为管理活动提供有效支持和建议，那么分析人员就应该了解，为组织决策提供支持和信息输入方面情报所处的位置，这一点十分重要。分析人员应就自己对关键议题的认识进行汇报，以此为管理活动提供支持。

> 情报单位本身并不直接指挥行动，而是通过提供有洞见的解释，确保管理者担负起组织责任。

三、规划搜集活动

我们在前几章讨论过，你研究了战略情报主题、确定了调查和研究范围后，就可以进入整个项目的规划环节。从某种意义上说，该活动的一部分已经完成，你现在需要了解更多细节问题。作为分析人员，你需要一份搜集计划，确保自己能够有序并精确地搜集相关信息。当然，你的搜集计划也可以为情报人员或搜集人员（如果后者另有其人的话）提供一份清晰、明确的项目所需数据列表。

具体来说，你的战略情报搜集计划应该包含以下几个方面。事实上，无论搜集计划是用于战术、战役或战略目的，都应该具备这一功能。

- ★ 它应该提供重点数据的搜集方法。
- ★ 它旨在将用于搜集无关数据的时间压缩到最短。
- ★ 它应该确定需要搜集的数据数量。
- ★ 它应该帮助参与数据搜集的人理解数据用途以及最适用形式。

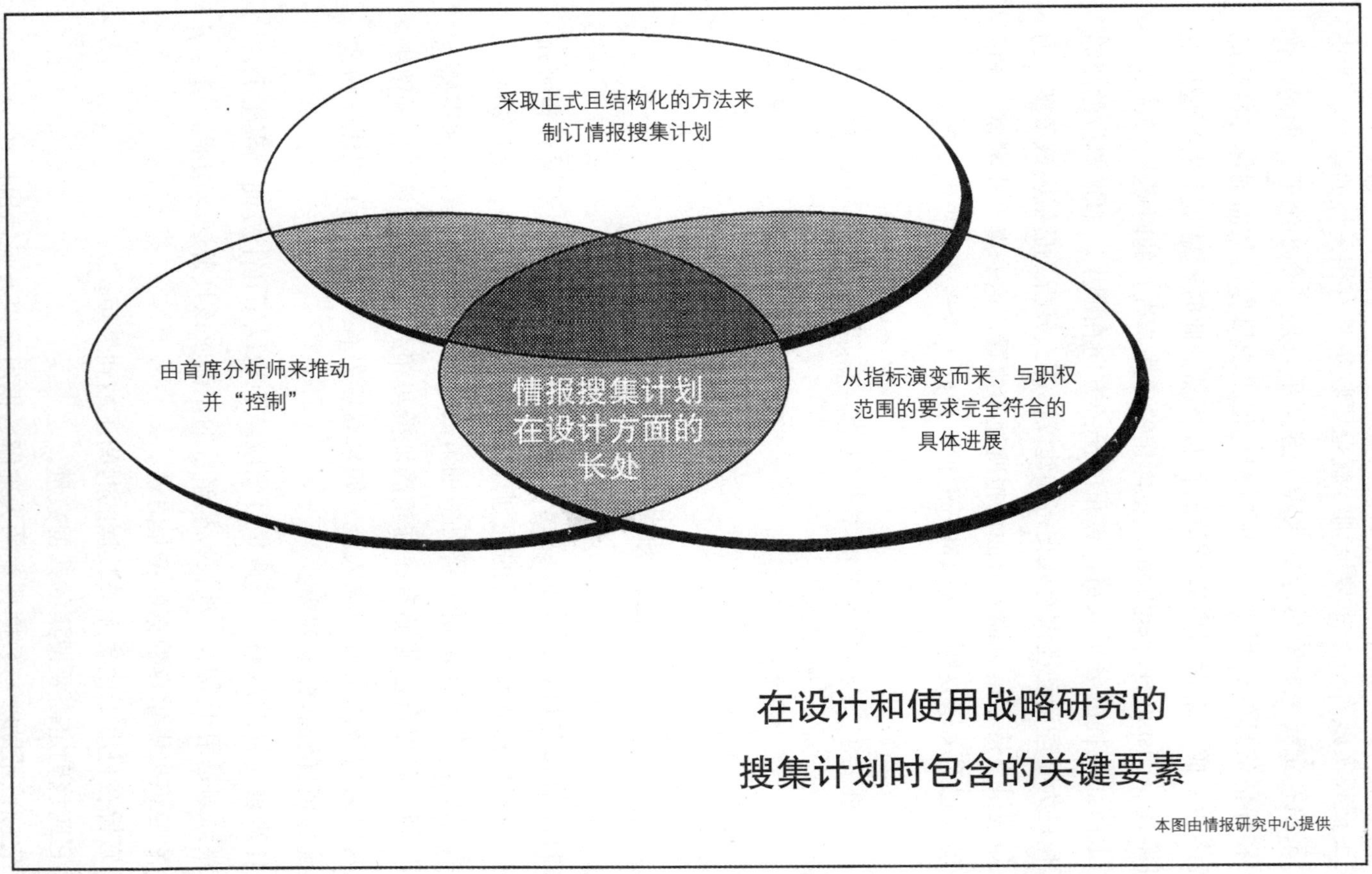

图 13.2 情报搜集计划的维恩图[1]

[1] 译注：“维恩图”（Venn Diagram），是英国逻辑学家维恩做出的一种类逻辑图解。

从本质上来说，搜集计划的另一个主要特点在于简化了分析流程，因为该计划为搜集与任务相关信息的活动提供了一个系统性程序。这一点很重要，因为它可以将损失降到最低，将因处理无关数据而浪费的时间压缩到最短，最终有助于你进行推断并得出结论，而该结论很可能就是正确的结论。

谁是情报搜集计划的使用者和受益人

本章讨论的重点在于，我们认为搜集计划是分析人员的工具，目的在于提供一种严格且有序的方法，帮助分析人员确定哪些数据与战略研究主题相关。搜集计划还可以为分析人员提供继续控制项目发展进程，以实现共同目标的良机。当然，读者们都知道，如果要确保数据搜集有效，分析人员还必须与相关各方进行交流。其他相关各方包括（不分先后顺序）：

1. 情报单位的管理者。管理者需要确保项目顺利进行、全面涵盖研究主题。通过听取有关搜集计划的方向和全部内容的汇报，可获得这种保证。

2. 用户。用户也与情报单位的管理者一样，在项目开始和日常更新简报中，要求获得类似保证，但两方对细节的要求不尽相同。

3. 情报同僚。这些人员都参与过旨在明确项目的目标和范围、制定适合的项目指令的早期头脑风暴会议，此时这些人成了检验搜集计划、提供相关信息的重要人员。

4. 搜集人员。虽然我们没有向所有搜集人员和掌握数据资源的人员透露搜集计划的惯例，但让他们大概浏览整个计划仍然大有裨益，这样他们对搜集活动能有更具高度的理解。除非有涉及数据安全和保密性的重要原因而不能这么做，否则分析人员的默认作用在于向这些系统外人员（包括系统外组织及“外来”人员）通报这些议题。

情报搜集计划的制订

情报搜集计划，顾名思义，被正式定义为一种用于描述所需信息和获取途径的方法。

规划搜集活动的第一步是，你要确定自己需要了解什么。你可以“审查”对所有信息要求的定义是在什么情况下进行的，以此来实现这一点。第二步是列出已知情报和信息。第三，也是最简单的一步，你可以使用前一章归纳的“指标”体系，列出情报空白和缺陷。在列出这个存在缺陷的信息要素表的过程中，你应该尽力按照每个要素的重要性排列搜集顺序。这样做完之后，你就可以起草一份正式的搜集计划。从某种程度上来说，这是份正式的搜集计划，同时必须足够审慎和详细，既符合所选取信息的需求，又符合信息来源的需求。这些活动不仅需要你对相关议题进行有序思考，同时还要对当前所掌握的信息进行大量研究。

情报搜集计划的组成部分

制订好的搜集计划必须是一份一目了然的文件，你应该在开始起草时就表现出肯定的态度和信心。为了实现这一点，你必须将其写下来。搜集计划中需要列出下面各项，并（在必要时）对各项进行解释。这些项包括：

★ 你感兴趣的广泛信息类别。

★ 你希望搜集的具体数据项（从你建立的指标中进行搜集）。

★ 有能力提供所需数据的所有机构，要确保在信息筛选时，通盘考虑能为你提供数据的各类来源的优点、缺点、重合点以及矛盾之处。

★ 你选择作为每个数据项来源的机构。

★ 你要求获取信息的时间段，以及你何时需要这些信息，其中还要包含诸如传真、书信和类似联系方式的细节信息。

★ 你对数据提供格式的要求所做出的评论。

你要知道，只要你能详细制订搜集计划，并再三斟酌，该计划一定可以发挥最大效用。尽管我们强调以可视化的形式制订搜集计划，可以显示你作为分析人员 / 起草者的自信，但该计划必须具备灵活性，要能适应不断变化的形势。

起草情报搜集计划的格式选择

搜集计划的起草可以在纸上完成，许多机构都有预先打印好的表格用于制订计划。这种做法越来越普遍，因为各机构能够将自己标准化的搜集计划的制订方法，固定成某种电子格式或几种特定方法。

- ✶ 最简单的信息搜集计划，可以利用任何文字处理软件的模板进行起草。这对使用者来说十分简单便捷，但缺点在于，如果以后想要审阅该计划，很难将计划模板进行拓展处理，无论是横向拓展（**信息来源**等）还是纵向拓展（**指标**和**问题**）都十分困难。
- ✶ 我们还可以使用电子表格程序，形成一份格式化的数据库文件，这样很快就可以解决上述有关拓展处理的问题。另外，电子表格程序的功能十分强大，可以移动单元格（也就是信息包），并用颜色或灰度等级来突出显示，因此在界面格局和呈现方式方面提供了高度灵活性。如果信息搜集计划既是一种工作文件，同时也需要其他人都能够轻松阅读并理解的话，电子表格系统在这方面就拥有最大的优势。有关于其用法的例子可参见后文的“信息搜集计划文件”。[1]
- ✶ 另一个选择是使用许多常见的电子数据库程序来制作搜集计划。使用格式化数据库文件的优点在于，尽管软件可能不是一个“关系数据库”[2]，你仍然可以将搜集计划的项进行数据归类，并在必要时，

[1] 原注：我非常感谢来自英国皇家税务与海关总署（H. M. Revenue and Customs）的诸位分析人员，感谢他们在 1997 年设计这个情报搜集计划电子表格的范例中付出的心血。

[2] 译注：“关系数据库”（relational database），是建立在关系数据库模型基础上的数据库，需要借助集合代数等概念和方法来处理数据库中的数据。

可以更容易并更有效地对相互作用的变化情况进行搜索、交叉认证和施加影响。毫无疑问，这些软件的功能十分强大，超过了情报搜集计划的要求，且使用起来灵活、适用。如果说使用数据库软件有什么缺点的话，那就是对用户来说使用起来并不方便。毋庸置疑，许多分析人员都认为电子表格方法甚至是文字表格格式使用起来更方便。

★ 当然，分析人员的目标在于，在信息搜集计划中能够将自己“思考”的部分用正式、有序的文献形式呈现出来。而此时，手头的这份计划可以为你提供一份详细的文字列表，内容包括你想要什么信息，从谁那里获取信息，什么时间获取信息和以何种形式获取信息。另外，该计划还需要明确优先顺序，而且一旦某些来源不能够提供所期待或所要求的信息，你可以启动备用或储备的信息来源。

信息搜集计划的灵活规划和设计

在制作满足组织需求的搜集计划表格的过程中，你会逐渐发现，某些重要特点[1]在这个过程中丢失。随着技术的进步，这些特点背后的基本原理也被忽视。根本原因可以归结为两点。首先是因为，组织对将搜集计划放在首要地位原因的认识发生了变化。其次，由于技术越来越容易获取，且对情报流程的支持作用越来越大，因此搜集计划的格式总在不断改变，以便更利于进行展示。此种情况下做出这种改变，“仅仅是因为我们能够做到这一点”。随着情报培训和情报实践的不断发展，情报理论也发生了变化，表面上这是一种改进，而实际结果却并非都是如此。大多数情报实践都存在一个严重的缺点，且已经持续多年，即情报实践发展的驱动力不是以问题为导向的情报搜集计划，而是情报来源。这是情报界普遍接受的做法，这种做法令情报分析人员感觉舒适，是情报单位

[1] 译注：这些“重要特点”指的是，搜集计划表格原有的一些重要特点。

搜集计划

案例推断：与南非国家安全相关的传染病和再发疾病带来的影响

2008年由情报研究中心的马塞尔·路特编制

		假设与信息要求	信息来源：互联网	更为广泛的媒体（如报纸）	国防	外交事务	中小企业	情报机构	卫生部门	病毒研究所	土地事务部门	交通部门	国内事务部门	需要的时间段：2008年2月12日至4月7日	评论
h1		在可持续发展的大背景下，该地区的传染病和再发疾病对南非国家安全政策会产生重大影响。													
i	1.1	传统的安全概念应该包括人类安全。													
	1.1.1	传统上如何定义安全的概念？	X	/	X	/	/	/							
	1.1.2	如何定义人类安全？	X	/	/	/	/	X							
	1.1.3	传统的安全概念与人类安全概念之间有何共同点（如果的确存在的话）？	X	X	/										
	1.1.4	在人类安全的定义中应该包含哪些方面？	X	X	/			/							
	1.1.5	在安全概念中，有关疾病特征的问题处于何种位置（或者是否不包含在该概念中）？	X		/			/	X						
	1.1.6	人类安全是否会对国家安全政策的形成产生重大影响？	X		X		/	X	/						
	1.1.7	该地区的人类安全对南非的国家安全政策会产生何种影响？	X		X		/	X	/						
	1.1.8	人类安全和可持续发展之间是否存在可以定义的共同点或联系（市场准入；结社自由；安全）？	/	/			X	X							

图 13.3 信息搜集计划表格样本

的日常规范和一贯文化，但却阻碍了分析人员从所有潜在的相关情报来源中搜寻所有相关数据。

分析人员纳入考虑范围的、能为战略情报项目提供重要数据的信息来源范围越广，就越能适应不断变化的形势。的确，有许多观点都对分析人员扩大数据搜索范围的想法提出了反对意见。原因之一在于资源和时间的限制，而这两方面不仅关乎项目成败，也很难克服。另外一个常被提及的议题则与保密性和敏感性相关，也就是认为我们有必要从**“可靠的来源”**搜集数据。无论出于何种原因，如果我们必须改变现状，情报单位 / 机构都应该尽可能坚持本章前面部分所列出的项和数据类别。当然，我们的确需要改变陈旧的观点，但还需要记住，为了更好地进行展示，绝不能丢失一些原汁原味的要素。

总之，搜集计划是一种极为有益和实用的工具，因为：

★ 它适用于情报流程的整个初始环节。

★ 即便数据的阐释活动可能会因为某些信息存在问题而遭遇障碍，或者检查出某类数据存在缺陷而蒙受损失，但搜集计划仍然可以用作整个核对和分析环节的参照点。

★ 搜集计划包含诸多细节信息，我们在整个流程中要反复使用该计划，因此，考虑到搜集计划本身的本质，这份计划必须以可读的形式呈现，适合于随时更正、修改以及记录。

★ 搜集计划可被录入电脑，以某种电子格式呈现，或者以挂图、黑板或白板的形式呈现，甚至被写在大张的格式纸上，因此，我们写入的内容要简洁明晰且逻辑关系清楚，这才是最重要的。

四、战略研究及其对情报搜集计划的影响

搜集计划的原则适用于任何形式的情报。战略情报工作也不例外，在搜集规划的原则问题方面也没有任何不同或特殊的要求，但在实践运用

方面的确会产生不同的影响。战略情报研究涉及的议题，在本质上与战术情报工作存在极大的差异，因此我们在制订战略情报搜集计划时，必须对细节给予关注和重视，确定需要问什么问题、向谁发问以及何时发问。那么，战略情报研究对搜集计划提出了哪些不同的要求呢？下面的列表虽然很简短，但却很重要。

* 战略主题通常不够精确、较为模糊，或者还未经过探索，即从某种程度上来说，战略项目缺乏明确定义，分析人员对此也不够熟悉，而这与传统的战役情报的典型特点截然相反。
* 战略情报数据搜集的深度和广度都大于其他形式的情报活动，也就是说战略情报搜集的数据内容多样、数量巨大。
* 你需要识别和接触的信息来源，在范围上将大大超过其他形式的情报活动。

分析人员必须意识到，战略情报的这些要求让他们感到自己必须确定如何将指标性信息（也就是前文讨论的“指标”）转化成可以描述、找寻和搜集的具体数据。为何这么做有困难呢？许多情报人员及其管理者的头脑中都存在一种错误观念，认为某些战略情报主题材料，与战役情报所要求的**客观硬数据**[1]相比数量不足。例如，调查有关犯罪分子作案动机的想法，就不能仅仅通过询问基本问题、获取肯定答案这样的方法来轻易完成。

战略情报的本质要求我们高度关注细节信息、建立指标，并将其转化成具体问题，为搜集计划做好铺垫。在第十一章中，我引入了一个概念：假设是为搜集活动确定方向的手段之一。简单来说就是，如果你能够在流程的初始环节生成某一观点（或假设），你其实已经开始识别那些较为明显的指标了。从另外一方面来说，因为你对研究主题缺乏认识，所以你不能得出任何有用的工作假设。事实上，在这种情况下，如果你在没有掌握

[1] 译注：这里的“客观硬数据”(hard-edged data)，指的是那些不带有主观色彩的、可以量化的数据，这样的数据无法满足战略情报的需求。

信息基本逻辑的情况下坚持这样做，就有可能面临一无所获的风险。但是，如果在没有水到渠成的情况下，你强迫自己得出某种观点，会面临更大的风险，因为你不能用不偏不倚的态度来审视一个不熟悉的问题，所以你会因为自己的偏好和偏见而遭受损失。

有些方法可用于解除这些思维上的困境，你可以研究思维概念，也可以对进行创造性思维时会遇到的障碍进行研究，还可以阅读诸如爱德华·德·波诺此类作家的文章和书籍，以此来学习这些方法。[1] 这样，你基本知道什么时候表现自信、陈述自己对于研究主题的看法最恰当。直到或者除非你认为自己已经掌握了充足的信息、能够证明这样做具有合理性，否则你都不应该提出假设。在对战略情报工作进行理论阐述时，有一个方法十分合理，且在情报实践中应用情况良好。这个方法就是，分析人员在项目早期阶段不应关注提出假设的可能性。此时，你可以针对与主题相关的可计量、常规性数据，列出对这些信息的基本要求。你在熟悉这个活动流程的过程中，不仅有机会抽出时间，同时还能获取一段学习经历，因为你收集到的所有信息都有助于更好地理解研究主题。所以，只有在你收集到充足数量的上述常规数据后，你才有自信逐步提出假设。假设一旦提出，就会成为你对搜集计划进行补充的另一个跳板。

可能正是因为战略情报搜集计划在长度和综合性方面的特点，使得它与其他搜集活动区别开来。许多情况下，你搜集得来的数据中，有一大部分可能都是“软”数据：**轶事类**（anecdotal）、**描述类**（descriptive）和**定性类**（descriptive）信息，它们能被接受是因为它们阐明了某种特定情况的目的性或内在意义。相比之下，这在战术情报中不过是种特例，而非既定

[1] 原注：爱德华·德·波诺（Edward de Bono）已经发表了多部有关思维概念的著作，我们在世界各地书店中有关管理和企业的类别下很容易就能获得这些书。其中可读性强和信息量大的两部代表作分别是 *de Bono's Thinking Course* 和 *Serious Creativity*。该领域的其他著名作者还包括托尼·布赞（Tony Buzan，因设计了思维导图而闻名），以及迈克尔·勒伯夫（Michael LeBoeuf）。另外，还有一些软件可以帮助我们进行思维构图，对我们进行创造性思维有所助益。

规则。

最后，战略情报搜集计划的不同点通常体现在，它会吸纳你所属情报单位以外的更广泛机构的信息。当然，正如本章前面讨论的，这也涉及计算机信息世界（涉及互联网的使用等），甚至还可能涉及那些超出了执法界和情报界正常接触范围的其他组织。战略情报要求你超越熟悉的领域，去搜集有助于你解决战略问题的各类信息，正是这一特点将它与战役情报活动从根本上区分开来。在开拓搜集活动的过程中，你将面临特殊挑战，因为信息的广泛性会超出你的想象。但是，你必须学会根据信息的可靠性、可信性、比较结果和充分性来进行遴选。

五、结论

在战略情报工作的问题上，如果说有需要学习的新“窍门”的话，那就是分析人员必须准备好搜集更多不同类型的数据，摆脱战役情报工作的范围。

本书描述的战略情报流程强调，分析人员需要完全准备好开展深入研究，这对于理解此类实质性问题十分必要。数据的搜集，从某种程度上来说，应该反映此类严肃研究的需要。你不能期盼传统的来源为你提供所需的一切信息。事实上，如果你要回答战略问题，你面临的挑战主要在于，必须做好准备，确定自己究竟要学习些什么。

信息可以（也必须）从任何掌握信息的人、来源或组织那里获取。战略研究不应该受制于传统，而应该取决于你如何发挥想象力，设计一套周密的方法，搜集并分析有助于你理解研究主题的所有信息。

开展战略情报研究的流程，其实就是系统运用这些相互关联步骤的过程，否则就无法生成情报产品。搜集阶段是整个流程的重要组成部分。尽管从传统习惯来看，业界对分析阶段投入了更多关注，但实际情况是，搜集活动周密规划、执行顺畅，才是整个情报任务获取成功的根本所在。如果没有搜集阶段，情报周期中的其他环节将会遭致失败，组织希望达成的目标也会遭受威胁。更确切地说，仅仅进行积极搜集也远远不够。你需要努力开展计划周密的前期规划，这有助于你获取分析所需、用户想要的搜集服务。

积极和热情地进行数据搜集未必能确保情报研究取得成功。你还需要有适当的前期规划，制订一份全面、可靠的搜集计划。

[第十四章]

数据核对与评估

对于从事战役和战术层面分析工作的情报人员来说，核对和评估都是他们十分熟悉的环节。鉴于情报已经成为一种被广泛认可的实践活动，这两个环节也在数据搜集和数据分析之间建立起了逻辑联系。直到或除非我们将搜集到的信息归入适当的集合中，并认真思考数据的可靠性、相关性和可信性价值，才能进行数据分析。**核对**是经过合理规划后展开的一系列机械性任务，包括记录和分类。**评估**则是判断数据来源是否可靠、数据质量和内容是否有效和可信的一种实践活动。

总之，核对和评估都是些简单的概念，很容易被认为是标准情报操作流程的一部分。事实上，我们在执行这两种职能时常常要遵循固定且明确的章程，但许多分析人员和信息搜集人员都觉得这两个流程过于耗时，令人沮丧。在这种情况下，他们有时在执行时缺乏激情、不关注细节，就不足为怪了。即使我们为此建立相应的机制，也无法保证该机制能得到合理利用。许多时候我们会发现，数据核对和评估过程面临着被边缘化甚至完全忽略的风险。

本章的重点在于强化一种传统“理论”：除非你将所有数据整理成符合你调查要求的序列，否则这些数据对你毫无用处。而且，除非你清楚数据的可靠性和有效性，否则你在情报调查时无法对数据价值进行思考。面对那些未经验证、未经评估，因此可能不可靠也不可信的数据，我们很难对其真正价值和潜在的情形进行分析。一些情报人员会寻找借口，称自己没有对这些环节给予足够关注，原因在于核对和评估环节操作起来十分困难，或者因为它们过于耗时，抑或从当前的技术水平来看，它们不具备相关性。这些观点从表面上来看似乎合理，但却无法驳斥下面这个逻辑表述：分析和推测的质量既取决于优质数据，也取决于高质量的分析和创造性思考。每一点对于任务结果的得出及其发挥作用都十分关键，我们不仅要掌握高质量的数据，还要具备寻找和检索优质数据的能力。

当然，在不断精密化发展的计算机技术的辅助下，核对变得越来越容易。但是，评估仍然是一项需要人力完成的任务，要求运用判断技巧及与主题相关知识。尽管这些变化和改进使得传统情报流程中的某些部分已经被取代，但正如在其他形式的情报实践中一样，核对和评估流程与战略研究仍然相关。

数据的核对

核对是一项简单却耗时的活动，需要谨慎为之。正因为这项活动比较简单，所以许多人认为核对不太需要或根本不需要进行规划，定期的、日常的登记程序就可以处理所有问题。虽然这种方法的确在很多情况下都适用，但战略评估数据的核对工作却有其自身的复杂性。

作为负责战略项目的情报分析人员，你需要考虑在核对阶段可能出现的额外挑战，你可以在规划整个项目的过程中不断思考这个问题。简而言之，如果你在准备战略搜集计划时，发现有必要关注细节信息，就可以开始计划在信息核对过程中可能遇到的一些问题。你进入分析操作中心环节后，应该对特殊类型和类别的数据进行特殊处理，确保在引用和交叉核查方面做足功课，以便日后进行检索。

战略项目的特殊性质也说明，在这个过程中会有包含广泛议题的海量信息涌入，其中包括那些既非“硬数据”也非定量数据的信息。在这种情况下，“硬数据”指的是有形、可靠的数据；有关可靠性的问题，我们将在后文进行探讨。

信息评估

数据评估是调查和情报活动的关键要素。评估包括确定数据来源的可靠性，以及数据本身的**"可信性"**（believability，该术语也就是情报行业所称的"有效性"）。这两个概念，一个关于数据来源，另外一个关系到数据本身，融合在一起就构成了评估的要素。评估的目的是为你提供任何数据的整体净值（overall net worth）。

战略主题通常很复杂，因为它们要展望未来，审视的主题范畴也远比普通情报工作来得宽泛。如果你不了解所获取信息的本质、数量，对信息不熟悉，那么在战略流程的核对和评估环节就会遇到更多困难。本章对这两个环节都进行了讨论，并为你进行思考和规划提供了有益的指导。

一、核对原则和实践

在这一小节，我们假设你是一名受过训练的情报人员和分析人员，且掌握了有关核对流程的基本知识。此处主要讨论以下内容：

★ 对情报人员平常能够接触到的各种**核对系统**进行审查；

★ 简要列出在核对实践环节应该注意的**原则**；

★ 阐述战略情报项目的特殊本质及其对核对活动产生的**影响**。

核对系统

为了确保成功，核对环节需要有序的系统来实现接受和解释信息、将信息合理归类到不同集合、在组织内部进行传播等功能。这样做的原因显而易见：情报分析人员需要一个快速、反应灵敏的途径，从已经建立的战略情报项目数据库中获取某一条或某一组信息。如果你所属单位在搜集、获取、分类及记录可获得数据方面的准备有限，你很难满足数据搜索的要求。对项目数据缺乏有效的控制，会直接影响并严重妨碍情报流程的整体结果。在这种情况下，任何方面的不足都会令情报活动无法达到用户期待。

任何机构的每一个信息记录保管处（registry）都有自己特定的程序，以处理不断涌入的纸质信息。但是，信息记录保管处还要处理流出的信息，通常来说，信息记录保管处面临的主要挑战在于，尽管材料数量巨大，仍要确保整个流程顺畅。情报组织内部设立信息记录保管处也是为了实现同一目的，但对情报组织来说，还有一个不同需求，就是要建立具体的章程，来处理与某项情报调查活动相关的数据。分析人员的作用在于，确定与评估项目相关的数据在处理过程中有什么特殊的要求（如果的确有特殊要求的话），以及规划最有效率和效果的手段。

有几类截然不同的数据记录和检索系统，既包括简单、旧式的方法，也包括精密的、计算机辅助的方法。大致可以分为以下几类：

★ 手动系统，包括卡片、文档、索引表等。

★ 缩微格式系统，利用缩微胶片或缩微胶卷“拍摄”纸质数据，然后用手动系统保存。

★ 计算机自动化数据系统，用文档、数字或图片格式记录提取的信息，还包括将纸质信息扫描到电脑系统中，转化成电子格式（这也是缩微系统的一种变体）来记录提取到的信息。

有人可能会认为，几乎所有的当代组织都会使用计算机系统。但事实上，许多机构或根据每个分析人员的偏好选择非正式的案头方式，或选择只能提供最少的细节信息、无法满足情报分析人员要求的系统。这些区别不仅在同一国家的不同机构内十分明显，在发展水平和精密电子设备普及程度差异很大的不同国家之间，这种区别更是一目了然。在以上系统中，前两类以可视化的形式所呈现的信息并没有得到任何强化。因此，它们检索的形式和内容是固定的。而对于电子化数据来说，自动化系统极大地提高了我们以多种方式搜索和呈现具体数据的能力。

如果要选取适合你自己以及你所属组织需求的“正确”核对方法，你还需要记住以下几个关键点 ：

★ 选择核对系统的关键在于，只关注信息的灵活获取。除非你能够确保这一点，否则就会受制于该系统，在使用系统时不能发挥自己的创造性。

★ 有些系统尽管十分耗时，但被认为在信息输入方面十分便捷（例如，手动系统就是如此）。然而，可能受制于系统原来的结构，此类系统也变得很难使用。

★ 如果你能够遵循同样的原则，有些依赖于固定标题、关键词等组织严密的系统（包括手动和电子系统），就可以对检索快速地做出反应。如果你有了新想法或想到其他关键词，希望利用这些术语来获取数据，这样一个固定的系统则无法满足你的要求。

★ 许多计算机迷都宣称，使用系统的最佳方法在于建立关系数据库，即那些不需要列出提示性关键词或短语，就能进行信息输入和获取的程序软件。许多此类软件尽管十分强大，却通常对多次查询表现得异常迟钝。在处理这些潜在问题时，你需要十分谨慎，确保你在项目中使用的系统能够有效存储和提供所需数据。

★ 其他组织也发现了一些替代大规模关系数据库的适当方法，也就是使用文本搜寻和检索工具，在现有的信息存储文件，包括所有的文本处理记录中进行搜寻。

信息管理与控制

在核对活动中有几个基本步骤，如果能够按序进行，你就能对正在接收的信息实施适当的控制和管理。作为分析人员，以下四点对你十分重要。

★ 你和你所属的组织需要建立一个正式的机制，来获取、分类、记录并评估每一条输入的数据。你在这里的作用是，要根据自己所掌握的战略情报项目的数据知识和分析知识来提供指导。

★ 因为该任务需要仔细、有序的方法，最好是由敬业的人员来完成。

但是，该工作最好由情报机构内的各类成员轮流完成。在某些情况下，作为分析人员，你不得不自己完成这项工作。

★ 涌入的数据必须根据情报问题的结构要素归类。你要根据自己对任务各方面最初的思考结果，列出一些重要标题（参见第九章中有关“问题界定”的内容），由此建立一个项目指令。除非你重新回头审视这个基本标题列表，然后将其纳入核对系统，否则你无法建立一个常规流程来确保核对系统在数据输入和检索方面易于操作。

★ 在核对过程中，你需要筛选输入的数据并进行评估，然后根据数据与其他信息的相关性和紧迫性排列出优先顺序。当然，在这个过程中，核对人员难免会摒弃那些看似无关或不可靠的数据。但是，这不是核对人员的职责范围，而是作为分析人员的你应该肩负的责任，因为你对相关议题有着更为广泛的认识。如果你的角色是肩负这些责任，就应该在战略流程的这个环节完成所有必须完成的工作。

在进行仔细核对时，你要进行初步审查和优先归类，从而实现更深入、更详细的分析。如果核对人员在这个环节能做到仔细、周密，无疑可以获取一次绝好的机会，在进行更为细致的分析活动之前，可以对不断涌入的数据进行一次初步审视和评估。在这个环节中，你已经能够辨别出数据是否偏离了既定情报搜集计划的期待。例如，你现在可以确定，某类数据是否获取较为迟缓，或者与预期回报率相比，此类数据是否仍然匮乏。在某些情况下，你可能还会发现，你所获取的数据在质量方面仍然无法达到期待的水平。如果你在核对的过程中注意到这一点，就可以抓住这个关键的早期机会，重新审视搜集计划中的信息类型或来源，找出问题所在。然后你可以修改搜集计划，为所属情报单位提供更优质的信息搜集服务。

相反，你可能会发现，涌入的信息并没有出现数量匮乏的问题，更未因此令人失望，反而却意外地对你有所帮助。在这种情况下，你常会发现这些数据提示自己应该寻找新的线索、开辟新的渠道，搜集与你之前未经考虑主题相关的信息。而考虑到整个战略情报的流程，你会发现这些活动都有助于你深入且更好地修改和扩充之前的搜集计划。

战略情报信息核对的要求

这里讨论的核对原则，在应用于战略情报领域时，并不需要进行任何改变，完全可以适用于整个情报活动。

当你开始进行战略评估时，你搜集和分析的信息中既包括定量数据或硬数据，也包括定性信息（描述类和轶事类的信息）。另外，鉴于战略评估覆盖范围广泛，其所需相关数据的类别和子类别在范围上通常会超过日常的战术情报活动。因此，由于数据搜集的特点、广度和质量的不同，你必须认真、全面地建立一个可用的**核对系统**。该系统必须尽可能灵活、适应性强，你在获取数据之后可以利用它进行有序归类，便于日后检索。因此，为了适用于战略评估活动，你需要修改的是数据核对系统矩阵模型的范围，而非原则本身，具体如下文所示。

数据处理的种类和数量

作为分析人员，你需要特别仔细地构建核对系统，对可搜集数据的种类和数量都进行认真思考。经验告诉我们，从事战略研究时，你会发现一个棘手的问题：大多数需要核对的数据中都包含了可为战略研究相关的诸多子议题提供参考的信息。因此，你要决定如何处理这个问题，并制定一些简单的规则。这样做的同时，你还要论证单条参考文献在核对体系的多个分类标题下得到交叉认证的可能性。在这种情况下，你不能根据某一文件在未来**最可能**的需求，而对其进行分类和存档。你最好能够确保，这些在应用范围和相关性方面超过预期的文献，能够以各自不同的标题和关键词被记录，以适用于现行的核对系统。

不同核对系统的灵活性

分析人员需要思考的另一个根本问题是核对系统的灵活性。如果获取的数据无法根据你原来确定的核对标题进行归类，应该如何处理？在这种情况下，你必须考虑适应数据本身建议的新焦点或新方向的需要。问题的答案显而易见：如果这些数据看似有用且具有启发性，核对系统就应该对预料之外的机会和变化进行思考，以适应此类数据。这会为接下来的分析阶段带来直接的益处。

计算机系统的应用

到目前为止，有些读者可能想知道，为何本章如此关注核对工作的原则和实践等问题，好像显得所有的工作都需要手动完成一样。毕竟现在有数百种各式各样基于计算机的系统，可以帮助分析人员更轻松地搜索和定位数据库。答案是，如果分析人员完全依赖计算机搜索引擎对数据进行收集和分类，可能会丧失发现有用的、相关信息的机会。

到 20 世纪 90 年代，自由的文本检索系统已经十分普遍，而这些系统仍在不断发展。此类系统，可以加载到数据库网关（database gateways）中，使得分析人员能轻松进入一个数据的世界，而这些是几十年前的情报界无法想象的。毫无疑问，我们可以获取越来越多通过电子模式存储的数据，再加上接触和检索这些数据的计算机“智能工具”，分析人员从中受益匪浅。有两个问题可能会影响到这种看似简单的数据搜索能力，需要分析人员加以思考。

（1）数据数量和获取渠道的问题

数据通常都可以通过互联网获取，因为某些人、某些机构希望这些数据能在公共领域被获取。从分析人员的角度来看，某一特定情报问题的数据可能是海量的，但你要知道，数据之所以会出现在互联网上，是因为发布数据的机构或个人希望这样做。所以，尽管搜集活动覆盖的数据范围涉及面广、数量巨大，但如果分析人员想要获取定性数据，仍然要对数据的可靠性和有效性进行评估。另外，能够熟练运用互联网的读者会很快意识到，有效接触数据的关键在于提高使用各种搜索引擎的技能。并非所有的引擎都便于用户使用，并对分析人员使用的逻辑和输入的语言做出充分的反应，因此，应该由分析人员来适应搜索引擎，而非让搜索引擎来适应分析人员。

对许多分析人员来说，互联网是唯一的数据来源，而且从互联网上获取的数据并非总是具有相关性或容易获取。另外，分析人员接触互联网通常会根据所属机构的偏好和规范的不同而有所不同。其中的原因很多，有些关乎经费，有些则与对安全风险的感知相关，但结果都相同，这些机构的分析人员因无法直接接触另外一种主要信息来源渠道，而致使工作遭遇障碍。

许多与情报调查相关的数据都存储在“官方”数据库中。这些数据库的构成迥异，暂且不说数据获取途径的问题，分析人员常会发现，搜索引擎通常是针对某一特定数据库的。这些数据库可能是自由文本系统，也可能只关注与该数据库目的和结构相似的特定数据领域。另外，分析人员有责任学习特定的搜索协议，并熟练运用。有些情报机构因考虑到这其中的难处，所以常常会分派敬业的人员从事数据搜集工作。如果提出问题的分析人员和负责搜索数据的人员之间交流绝对顺畅，该体系就可以正常运转。同时，分析人员还必须学会将自己对数据搜索的要求进行有序组织，确保处于搜索边缘地带的有用数据不会因为搜索参数范围“过窄”或不够灵活而被忽略。同样，这些专门的工作人员也必须明白此类数据潜在的重要性，并避免工作时过于僵化。

（2）无法通过电子渠道方式获取的数据

对于时间紧迫的分析人员来说，通过计算机获取数据、使用自动化系统检索数据，这种明显的便利极具诱惑力。尽管此类技术进步给情报分析带来了诸多益处，但仍然有一些问题需要我们去思考。与战略研究（或其他情报研究）相关的数据，大多不是以电子形式呈现。此类数据包括：

★ 深度访谈报告和其他报告；

★ 某类信息报告；[1]

★ 已出版的纸质参考书及资料（可能是由政府或个人发表）；

★ 其他可以通过特殊来源，诸如高峰组织[2]和工业组织获取的资料，通常是内部发布，且不通过图书馆系统发行（或编目）。

所有这些资料可能都与战略情报任务相关。例如，分析人员对某个地区毒品犯罪情况进行一项重大研究，可能需要完成以下工作，或者为了推动该项目进展而做这些工作；目的在于搜集有关吸毒或购买毒品习惯的相关信息。这些信息通常不会出现在关注毒品和贩毒器具的进口/出口/销售、逮捕和实验室抓捕活动[3]的官方数据库中。分析人员需要完成的工作包括：

★ 采访监狱里的囚犯。

★ 对药物转诊中心和避难所进行采访，并搜集定量数据和定性数据。

★ 采访吸毒者周围的人。

★ 在公开图书馆系统、专业图书馆系统或者戒毒机构中搜索公开发表的书籍和文章。

所有这些搜索活动的目的都在于，使得分析人员的目光不仅仅停留于官方数据库所记录的表面事实上。为了全面理解所研究的问题，分析人员需要接触和收集“显示”整个流程的定性信息，而非仅对感兴趣的数据进

---

[1] 原注：某些信息提供者的报告，只能以摘要形式被录入执法数据库，一是出于安全的原因，二是因为录入人员将注意力放在与当前情况和所在单位情况相关的材料上，而将其他信息减少或丢弃。

[2] 译注：在一些典型国家，许多行使利益代表职能的社团，往往以等级体系的形式组织起来，其全国性的总会便成为所谓的高峰组织（peak organization），在利益表达和政策制定方面扮演极为重要的角色。这主要是一个西方的概念，而中国的一些全国性社团就扮演了西方高峰组织的角色。

[3] 译注：“实验室抓捕活动”（laboratory seizure），指的是针对各大洲可能存在毒品试验的实验室进行定位和搜捕的执法活动。美国缉毒局（Drug Enforcement Administration）拥有一个全国秘密实验室登记系统，其中包含了所有可能从事上述非法活动的实验室地址。

行验证。为了实现这一目的，分析人员不仅要制订一个适用的数据搜集计划，还需要在系统搜集、解读和存储这些材料时，应对来自机制方面的挑战，从而确保这些材料在需要时可被再次使用。这是种旧式核对方法，尽管一些流程是由计算机辅助完成的，但真正使核对系统起作用的却是分析人员。

战略研究的信息核对

对情报和信息的有效核对，是情报分析人员进行高效信息检索的基础。战略情报工作对整个核对活动提出了其他的特殊要求。比起战术情报工作，战略情报分析人员所选择的核对体系，需要处理更多不同类别的数据。因此，分析人员在交叉引证和数据获取渠道方面都将面临更大的挑战，而这些问题都需要加以解决。最后，未经证实的定性数据存在一系列问题，亟待参与此类信息分类和归档的工作人员加以解决。

二、战略情报的评估流程

评估简介

我们在前文讨论了核对的问题，这一小节假设你已经从自己之前在情报机构的工作经验中获取了一些有关评估的知识。在此，我们将回顾有关数据评估的一些基本问题，然后着重讨论战略情报对整个流程中的这一环节所产生的影响。

在整个情报流程中，随着搜集计划逐步执行，你将会接收到各类不同的信息。这些信息在阐释整体局势、得出结论和提出建议方面，对你或有价值或无价值。原因在于，我们考察数据的实用性，既要看它的有效性，又要看它的可靠性。这对分析人员来说一直都是个挑战。这不仅仅是收集充足、适合数据的问题，更为重要的是，你要确定搜集到的信息是否有用，保持开阔的思路，同时还要对这些信息的质量进行严格的核查。

在思考评估流程及其对战略情报研究的影响时，你需要考虑这个问题：当你进入到整个战略情报流程的评估环节时，是否面临一系列截然不同的挑战？

评估的必要性

如果你认为信息仅有真假之别，那这种想法过于轻率。事实上，信息来自各个不同的来源，交流的方式也十分多元，这些因素都会影响我们看待所得信息的方式。理性来看，分析人员不能预期对某个主题有足够的了解，足以成为评估每条信息的专家。正如为情报项目搜集信息需要集体的力量，评估每条信息的流程也是许多人共同努力和投入的结果。但是，数据信息仍然需要尽可能及时且完整地提供给分析人员，这一重要性不会因为以上考虑而被削弱。

评估并不是只执行一次。数据评估的一条潜在规则是，你需要基于两个因素来确定信息的有用性：信息来源的可靠性，以及该信息与同一主题的其他知识相比的可信性。随着你对该数据来源的了解不断加深，该信息来源的获取渠道、该来源没有明显更改和修饰而提供有用信息的能力，以及你对于该来源的依赖性都会发生变化。你可能会更加依赖该来源。相反，根据自己的经验，你可能会丧失原本对该来源的信任感和信心。无论你的想法会发生何种变化，你都应该将其视为一个学习的过程，帮助你培养评估来源的能力，这一点十分重要。

同样，当你对一个主题掌握的信息逐渐增多时（同时，也对所涉及的议题越来越了解），你对新信息可信度的判断力也会增强。总之，作为分析人员，你对主题的学习和了解越多，就越有可能对每条信息都进行审视。有了这样的经验，你就能以更新、更容易接受的方式对这些信息进行重新分类。

有关这一议题的最后一点是：在对这些数据进行评估及与其他数据进行整合的过程中，分析人员所接收的这类信息的准确性很难进行验证。但是，你不能就此下结论说，信息在使用之前是无法进行评估的。你甚至可以在无法推测信息内容真实性，或者无法确定信息来源可靠性的情况下，利用这些信息。该信息仍然可以是更为宽泛的情报局势中的一个有用要素，可以为验证其他已知信息和观点提供基准。

评估体系

对评估体系中的一些基本观点进行审视，很有益处。多数组织使用某种标准化的评级体系，对特定信息的价值进行判断。在情报分析的数据评估领域，有两个具有特殊含义的术语。从最纯粹的意义来看，这两个术语的内涵分别为“**真实**”和“**信任**”，但在情报领域，其含义更为凸显，如下所示。

- ★ **可靠性**（reliability），或者说是信息来源质量稳定的指数。
- ★ **有效性**（validity），或者说是在不考虑谁提供信息的情况下，信息准确性或真实性的指数。

评估流程的目的在于，评估每条搜集到的信息在这两个特点上的指数。但是，整个评估任务不仅仅是要掌握信息有效性和可靠性这两方面的情况。简单来说，如果分析人员想在分析流程中进一步利用这些信息，就应该结合背景环境来考虑它们对分析任务是否具有价值。你对信息项进行评级时，实际上是在引证某个观点，陈述信息究竟有多少净值。

对可靠性和有效性的评估形式多样。情报界的大多数机构都会使用一种多选式评级系统（multiplechoice grading system），将可靠性和有效性区分开来，根据每个方面提供评级的选项。这些评级系统使得分析人员可以在“非常可信”到“极不可能”，及“真”到“假”之间的范围内选取评级净值。如果你因为知识的匮乏（无论是对数据本身还是对数据来源），

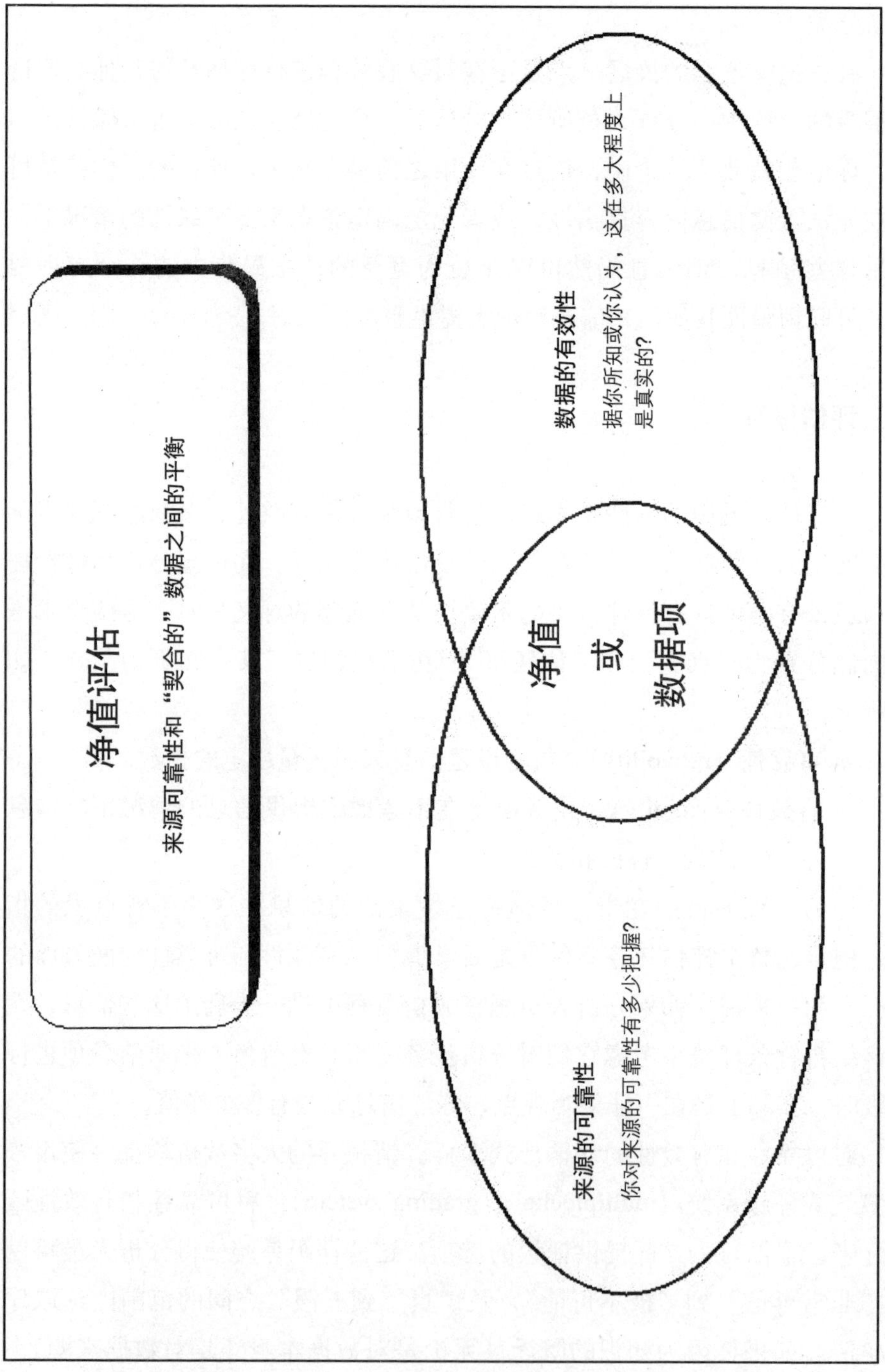
净值评估
来源可靠性和“契合的”数据之间的平衡
来源的可靠性
你对来源的可靠性有多少把握?
净值
或
数据项
数据的有效性
据你所知或你认为，这在多大程度上是真实的?

图 14.1 净值

而无法进行合理的信息评级，所有的系统都可以为你提供某种标识“未知”的编号。

> 评估就是根据可信性、可靠性、相关性和准确性对一项信息进行的评价。

下面的两个图示（图 14.2 和图 14.3）是具有代表性的评估评级系统，使用广泛。这些系统不尽相同，但很多都采用了同一类模式（即 20 世纪后半叶通用的传统 6 × 6“海事系统”[1] 模型的一种变体），作为建立一个易于

分级	特点	具体描述
A	可靠	信息来源的可靠性已经毫无疑问，或者已经在过去得到充分验证。
B	通常可靠	信息来源的可靠性通常可以保证，确为事实。过去的大部分信息被证明可靠。
C	不可靠	信息来源的可靠性有时可以得到验证。
D	未知	信息来源的可靠性无法判断。经验或调查结果都无法确定其真实性或可信性。

信息来源的可靠性——4×4 评级体系

图 14.2 信息来源的可靠性

[1] 译注：“海事系统”（Admiralty System），也被称作北约系统（NATO System），是评估情报搜集内容的一种方法。该系统显示的是对两个方面内容的评估，即对来源可靠性的评估，以及对信息确信程度的评估。海事系统模型主要由北约各成员国使用。

分级	特点	具体描述
A	确定	信息已被证实。
B	可能性大	信息与过去的描述一致。
C	有疑问	信息与过去的描述不一致。
D	无法判断	信息无法进行评估。

数据的有效性——4×4 评级体系

图 14.3 数据的有效性

记忆的标准评级程序的基础。根据图中所示的可能性评价层级的数字序号，这个模型通常被称作“4×4 系统”。有趣的是，原来的海事系统模型的每个标题下都有六级，因此最高级（已经确认）和最低级（或不明确来源和有效性评级）之间有了更多种对可能性的评级。

所有此类多层字母评级系统（multitiered alphanumeric systems），都会使用类似的方法，针对可靠性和有效性的不同情况进行分级。但是，根据各个组织的不同需求，评估分级和表格制定时所选定的级别数存在差异。

评估和战略评估

在战略评估领域，信息评估面临新增的困难。数据评估技术涉及的原则和需要考虑的因素保持不变，但你在应用评估技术时，如果因为环境使然，大量数据的可靠性无法确定，这样的困难会给战略分析人员 / 评估人员带来诸多问题。不断丰富的战略情报研究经验显示，我们从一个更大的潜在信息来源中获取更多陌生且复杂的数据，在接受度和信任度方面都会产生问题。

对于接收到的数据，包括从明显可靠的信息来源中获取的观点和推断等，分析人员是否能够原原本本地接受？难上加难的是，对内容涉及广泛的主题（特别是诸如战略情报涉及的主题）进行研究，意味着你所搜集、筛选、思考的数据，在数量和复杂度上都将超出战役情报的传统经验范畴。正是这些因素影响了标准的评估流程。这里列出的原则经得起时间的考验，但随着现代信息革命（或"**信息爆炸**"）的发展，以及对此感兴趣的机构和利益攸关者的数量不断增加，无论你从事哪类主题的研究，你在查找主题相关知识时既要有韧性，又要精挑细选。由于信息来源的多样性，以及流程中搜集到的数据数量巨大，分析人员必须学会灵活运用评估原则。如果固守一种僵化的评估概念，认为所有的信息来源都会以一种可被预见且熟悉的方式贴近你的要求，这样并非明智之举。相反，你需要采用一种灵活、适用的方法，能与搜集和呈现数据的范围和复杂性相匹配。

鉴于分析人员在准备战略项目计划和搜集计划中所起的作用，逻辑上他应该同时考虑如何对所搜集的数据进行核对和评估。核对是战略评估中面临的一项特殊挑战，因为正如本章前面讨论的，大量数据都是在战略项目所涉及的广泛且通常陌生的领域内搜集得来的。从另一方面来说，评估面临的困难在于搜集到的数据的类型，而不仅仅在于信息的深度和广度。如果信息可以被测量和计量，事情就相对简单，可以利用适当的检查程序来确定其可信度。但是，那些无法测量的数据，那些提供了线索、描述和轶事类内容的数据，以及那些对于理解战略问题的基本要素起到关键作用的数据，才是负责评估的分析人员所面临的最大挑战。因此，分析人员正在最后确定搜集计划时，就可以开始着手准备战略情报评估流程的基础工作。

最初接收和记录此类"战略"信息时，很难对其进行评估。但是，分析人员至少要公平、中立地看待此类信息，直至获取了另外一类信息，即可靠信息。分析人员要预见到这个问题会产生，且准备好应对策略，而非要求对不断涌入的数据迅速进行逐条评估。在不知道数据的内容、来源和数量的情况下，分析人员也无法这样做。在早期的搜集计划阶段，战略分析人员就必须对这个最终结果进行考虑，并着手准备，甚至可以提前对可能接收到的“软”数据建立一些可能的指标。

三、结论

情报流程中，信息评估是一个关键环节，旨在明确搜集所得数据的净值和用途。同时，这也是整个情报流程中紧接着数据搜集工作的一个重要环节。分析人员要做好评估工作，必定需要花费时间，如果要对数据进行定期审查、更新评估内容以应对情况的变化，工作量更会增加。但是，分析人员在评估和再评估环节的投入、所消耗的资源都是值得的，这对于后续的情报分析环节尤为重要。分析人员如不采用本章所述的规范性评估体系，很可能会受到自己近期经验和特定案例经验的影响，且很容易受个人偏见误导。不幸的是，数据评估越来越多地面临被误用的危险。在执法情报实践的某些领域，信息来源和有效性评估的基本原则已经出现了变化，反映出人们对很难将这两个元素融合在一起，感到不耐烦和沮丧。另外，评估评级系统逐渐趋于简化。但是，其重点仍然在于两个元素，其中一个元素就是对数据来源的评估。但是，为替代这里讨论的传统数据有效性评估原则（根据分析人员对主题的认识程度，对新数据进行的可信性评估），分析人员越来越依赖“证据”和证据可靠性的概念，更愿意也更容易针对有效性进行判定。[1]

[1] 原注：近年来，这些变化在很大程度上已经引起了欧洲执法界的注意。

[第十五章]

分析方法的确定

数十年来，全世界的情报实践都在关注如何将情报流程中的几个组成部分融合在一起，包括核对（collation）、整合（integration）及分析（analysis）。

自“安纳卡巴”模式[1]开始实行之时起，传统的情报技能培训逐渐开始传递这样一条潜移默化的信息，即如果你越睿智、越细致地处理数据，答案就越明显。在封闭的培训环境中，只要你搜集和累积的数据是正确的，你在真实情况下分析给定情报问题时存在的困难就会被极度低估，甚至被轻视。但是，本书使用“分析”这个术语，主要基于传统的专业情报背景之上：**分析**是个笼统的术语，包含了数据整合（integration）、分析（analysis）、融合（synthesis）和阐释（interpretation）等环节。

分析人员需要通过适合且有效的搜集机制以获取优质数据。但是，如果分析人员不能熟练掌握实现这一目标所必需的技术、技巧和方法，再多的优质数据本身也无法自动生成可靠的分析结果。和其他工作一样，分析人员在从事战略情报工作时也会遇到许多仅仅通过数据管理解决不了的问题，如果不经过细致入微的分析，只是通过叠加数据而获取的综合性结果

---

[1]　原注：北美执法界所接受的正式情报培训，始于20世纪70年代中期，然后在70年代后期传播到其他国家。培训理论由加利福尼亚的安纳卡巴科学有限公司认证，然后自那时起，该模式就成为全世界情报行业中以流程为导向的基本情报分析和调查分析实践的基准。

根本无法为你提供答案。

本章的重点在于探讨如何有效完成分析环节的活动。我们将研究这个过程以及采用的思维方式，使你能够清晰地了解数据分解、意义（包括其价值和相关性）获取及其阐释，并提供包括结论和阐释结果在内的答案。针对每一个战略问题，分析人员都可以将几种分析方法结合在一起，获取一系列“工具”，实现对问题的深度研究。在前面章节我们注意到每个战略问题都包含诸多组成部分。在解决每个战略问题时，我们都需要针对该问题每个部分提出的不同挑战选择适用的分析技巧。

我并不打算利用本章对分析流程和技巧的问题提出具体的建议和指导。相反，我希望利用本章内容，鼓励分析人员思考如何开展战略评估中的分析环节。通过强调在战略情报项目实施早期考虑这些问题的好处，你将能为开展分析活动事先做好心理准备。

这里的关键在于，你要对战略问题中每个部分所带来的分析挑战进行彻底的思考。在职权范围文件的指导下，你要仔细思考每个标题和副标题，将其联系起来，并进一步将其转化为指标和搜集计划，这一点至关重要。你要仔细考虑全局，努力想象你要获取的是哪类数据，数据格式如何，涵盖哪类问题。你可能很容易发现，某一组数据不过是些数字表格（如毒品数量、价格等），可以进行统计建模，而其他数据集可能是有关吸毒者如何筹资支付吸食各类毒品费用的采访资料。此类数据代表了一种完全不同的挑战，因为对此几乎无法进行数学建模，但我们可以从社会学层面对其进行深入研究。除非分析人员掌握了相关知识和技能，或者能够找到或接触到合适人选协助自己，否则这也是一个耗时耗力的难题。

一、分析准备

分析环节绝非一言能够蔽之，也不是结论中一段推断性或论断式的陈述就能概括的。事实上，情报周期中所使用的术语“**分析环节**”，包含了

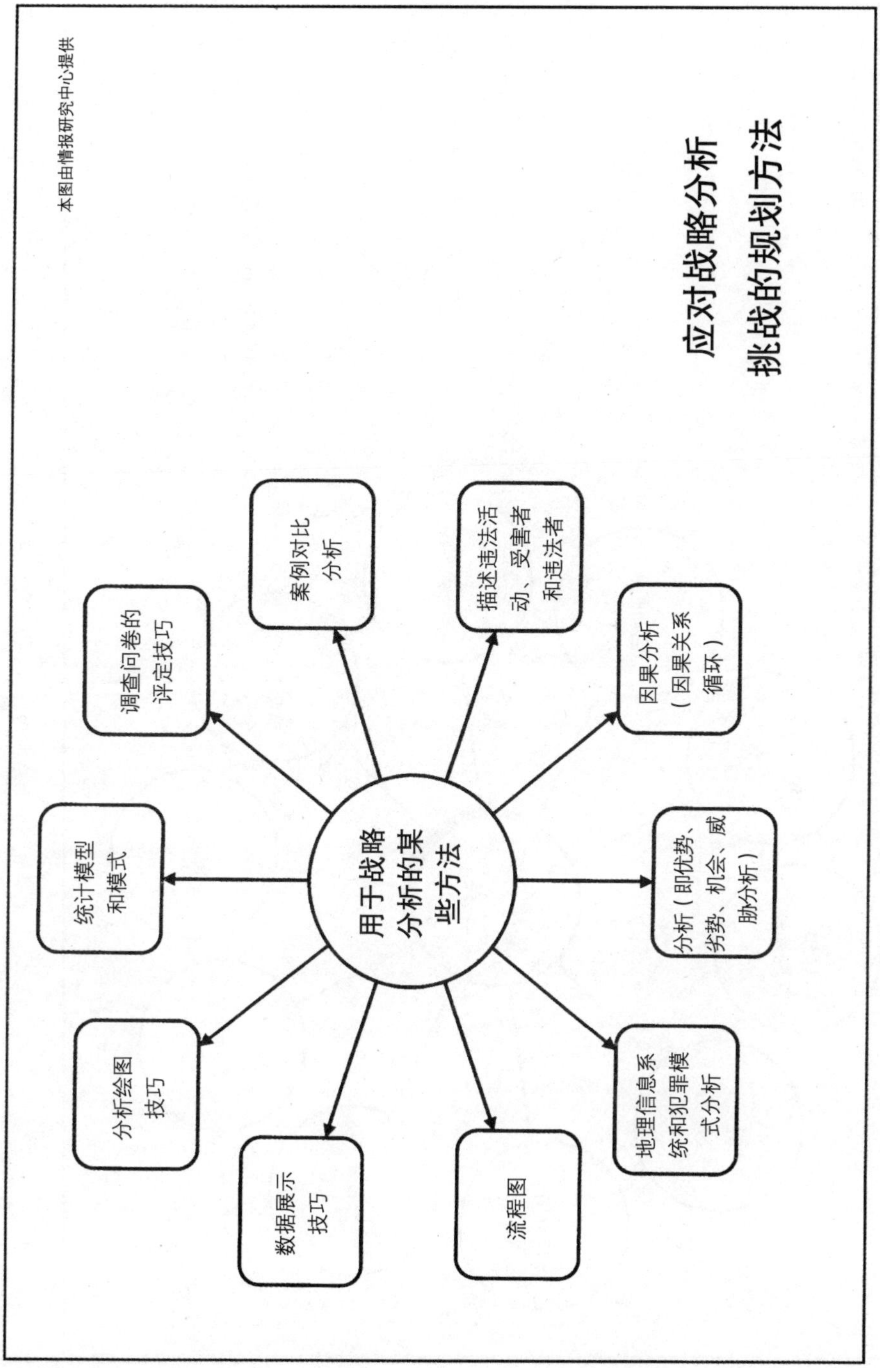

图 15.1 战略分析的规划方法

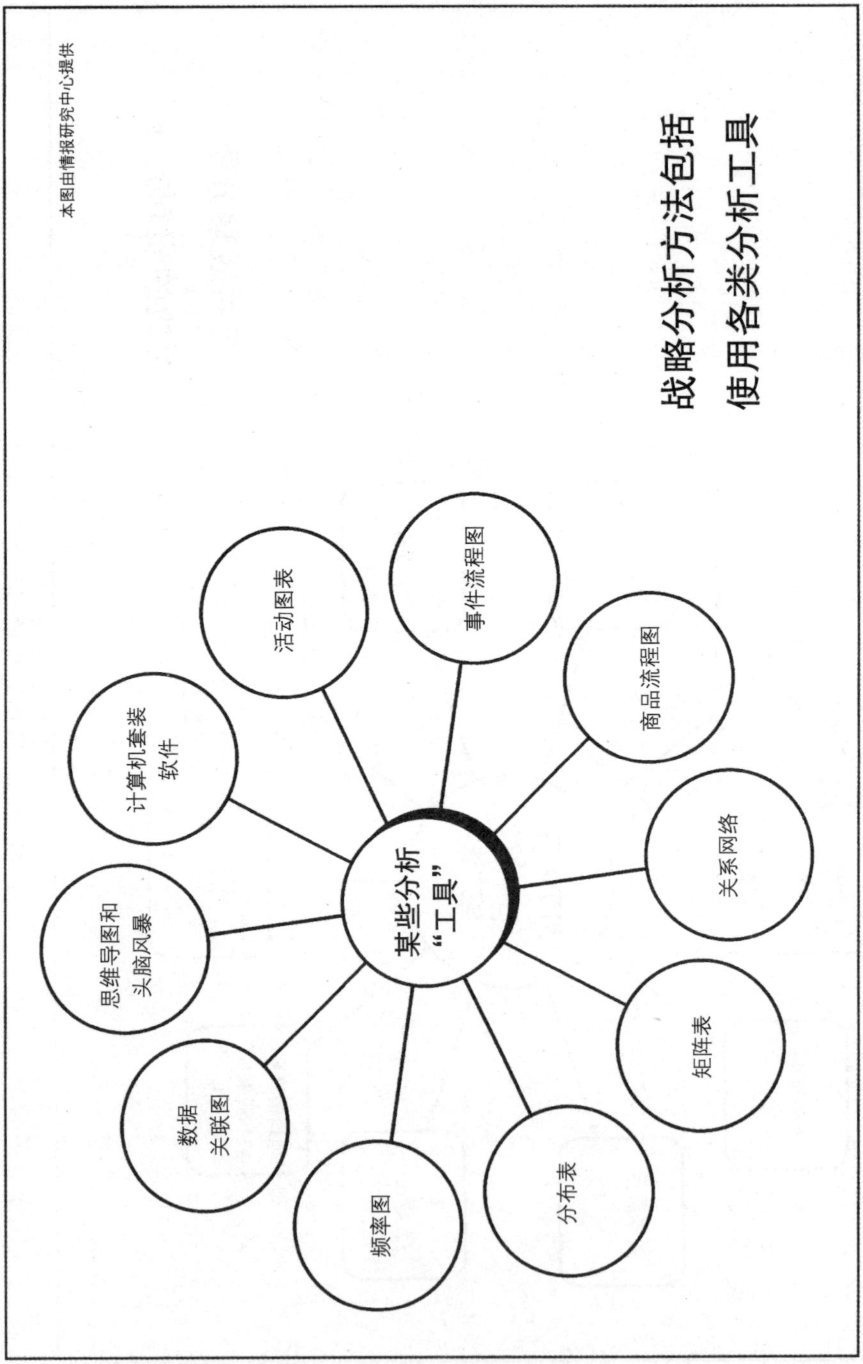
本图由情报研究中心提供
战略分析方法包括
使用各类分析工具
某些分析
“工具”
活动图表
事件流程图
商品流程图
关系网络
矩阵表
分布表
频率图
数据
关联图
思维导图和
头脑风暴
计算机套装
软件

图 15.2　分析工具

下面一系列活动：

- ★ 将现有数据集分解成与战略情报问题相关的单条信息。
- ★ 选择、关联并重组信息中的适合元素。
- ★ 完善、理解、识别和挑选适合的分析技巧，以处理不同类型 / 集合的数据。
- ★ 确定合理、持久的观点，能够对情报问题进行有意义、有见地的解释。

我们不能说，因为战略情报单位需要解决的问题看似简单，就以一个同样简单的答案来回答。我们也无法想象，将战略情报问题当成一个单一的问题或议题来看待。相反，战略评估通常涉及诸多子问题和难题，首先需要逐个解决，然后才能将所有问题进行整合、阐释，以解决最首要的议题。

本章从两个方面探讨分析方法这一主题，帮助你做好准备，完成包括分析、融合和阐释等活动在内的复杂任务。一方面我们讨论了战略项目分析人员需要用到的各类“工具”。有些工具的用途不言自明且十分普遍，甚至很多人想当然地使用它们；另外一些却不在你的经验范畴之内。另一方面我们重点阐述分析方法本身，探讨特定数据或议题会对你将来从事的分析工作带来何种问题，提出何种挑战。

情报问题的解决和逻辑

如果你不进行逻辑思考，你在战略情报流程中根本无法解决任何问题。如果没有逻辑思考，整个情报流程会受阻，结果也会存在缺陷。那么，什么是**逻辑**？宽泛地来讲，该术语指的是关于推理、推断和评估的一系列原则。但是，具体来看，你会发现逻辑指的是解决问题的一系列清晰的步骤。对于情报分析工作来说，我们似乎总是认为，解决问题的系统性方法就是在情报工作中所使用的诸多分析“力量”的来源。而逻辑也在分析和生产真实“情报”产品方面起到十分重要的作用，因为这是解决系统性问题的根本所在。

如果你懂逻辑，你就能避开各种思维陷阱和偏见，而它们都会阻碍我们解决问题。如果你真的掌握了逻辑，它就会帮助你在看似准确的论断中找到破绽。为了实现这一个目的，你需要从以下几个方面来理解分析任务：

★ **事实**（fact）和**价值**（value）的作用；

★ **概念**（concept）和**事实**之间的纽带关系；

★ 你如何生成和验证与情报问题相关的假设。

解决情报问题需要经历一个系统的过程，包含一系列截然不同且相互独立的分析步骤。逻辑不只是解决问题的一个简单工具，还为你提供将自己的观点引入战略情报流程的独特能力。你在战略情报流程中所引入和应用的特殊且个性化的观点，必须既要符合事实，又要具有实用性。除此之外，在该流程中，你必须对可能使用到的分析方法、议题本身以及最重要的问题有合理、客观的认识。如果你只进行主观分析，而非逻辑分析，难免会产生误解，陷入思维误区，由此对情报流程的应用产生干扰和误导，使你无法履行情报责任。

二、分析资源

所有情报人员和分析人员都会使用一系列的物质和分析资源或“工具”，来帮助他们设计、管理和落实情报流程。这些辅助手段包括下列各项，涵盖了你可能认为属于分析人员的“工具箱”的所有关键元素。

★ 有关主题的专业技能和知识；

★ 解决问题所需的数据；

★ 对定性和定量信息都能进行处理的方法论；

★ 解决情报问题所面临挑战的选择；

★ 时间；

★ 逻辑思考；
★ 计算机辅助手段；
★ 其他辅助资源。

专业技能和知识

专业技能被视为，在某一专业领域或技术方面掌握的特殊而高度专业化的经验。我们要考虑几个突出问题：需要什么？谁手里有？从哪里及从谁那里可以得到？其他重要问题还包括：需要什么样的专业技能？能够获取的专业知识水平如何？最后，情报主管和分析人员都需要面临的挑战是：你如何充分发挥自己掌握的专业技能？

在这方面，自我认知是一个关键要素。分析人员的优势之一是，知道自己所擅长的领域，也知道在某些方面有所欠缺，从而确保自己做出明智的选择，挑选能够完成任务的最佳资源。同样，每项情报任务都需要在规划阶段进行评估，所以我们需要快速确定需要何种特殊的经验和培训，然后在工作计划的制订中做出恰当选择。如果这个选择不是关于需要哪类专长，而是关于参与其中的情报人员的能力问题，那么在做这个选择时需要实事求是，还需要一定的辨别力和敏感度。能力并不一定总是一个技术水平的问题，而是一个能否将这种技术用于完成眼前任务、是否有动机成为一名对情报小组有所贡献的成员的问题。如果我们发现小组中的一名成员总是做出干扰行为，或缺乏工作意愿，无论其能力是否卓越，我们都需要让其离开这个小组。

有关专业知识的另一个要素就是，情报单位是否应该积极鼓励情报人员凭借自己的实力成为某领域专家。当然，这方面的例子很多，许多情报单位的分析人员都长时间地从事某一特定问题领域的研究，诸如毒品、儿童卖淫、非法移民以及有组织犯罪。当这些人因所掌握的知识而闻名，他们所在的单位也会越来越依赖于自身所掌握的知识和洞见。某些机构还有进一步动作，会积极进行组织环境的创建，在各专项职能领域进行工作分配，由此造就了一批专业型情报人员。注意，这里并没有使用“**专家**”（expert）这个词，因为将人员分配到某一专业领域，并不意味着要让这些人员成为专家。这里的意思是，在这样一种情报背景下，专业任务在提高意识和知识水平的程度方面存在差异。与此相对的是，其他人可能有机会在各种情况下，在理论和实践两个方面对某一特定现象进行全面的学习和研究。

如果说战略情报任务需要挖掘一系列广泛的议题，超出了机构或组织的情报人员和其他人员的经验常识，那么无疑这些从事分析工作的人员需要寻求专家的帮助，以此获取解释和阐明一些陌生数据的方法。阐释某些特定信号或线索的含义，对于具有专业技术能力的人来说是十分自然的事。尽管这些想法肯定不是陌生或寻常的，但许多执法机构因为种种原因，仍然坚持在内部处理情报任务这个“重要”的惯例。如果某个情报单位当前对于议题的理解水平不够理想，就会使分析工作的展开面临极大的困难。我们发现，许多执法组织越来越多地将社会学家、心理学家和犯罪学家吸纳进情报小组，帮助解读犯罪行为和对各类事件的反应，这个现象值得注意，而这也是改变上述看法的一个典型例子。

信息

情报分析和生产都完全依赖于搜集所得信息的本质、质量和数量，它们是为了应对不断发展变化的情报需求而在搜集规划阶段得来的。数据的重要性并不只是体现在情报工作流程中解决问题的环节，事实上，所有的问题解决机制，都需要在某一阶段进行数据输入。

在战略情报活动中，我们通常会遇到“硬”数据与“软”数据对立的问题，试图评估如何能够将这两种看似并不兼容的信息类型融合在一起。事实上，许多分析人员都认为搜集和研究软数据不利于情报工作流程，但这与事实大相径庭。

情报任务的分配似乎总是关注用户感兴趣的难题，而我们在搜集数据时会将软数据与硬数据一同搜集起来。无论分析人员喜欢与否，都必须利用获取的大量软数据拼织出有关当前和将来事件的阐释结果。任何形式的战略现象研究都包含广泛的议题，超越了对核心问题进行简单识别的范畴。此类研究可能需要挖掘受害者和罪犯的个人特质，需要研究造成这一错误行为的环境条件、意图和情感等看似无法评估的议题。更糟糕的是，这类议题看似与执法机构的日常工作并无明显联系，因此通常被认为与主题无关。在战略情报活动中，分析人员研究“跨界”问题的要求，通常被认为是种不切实际的想法，这一情况十分常见。

政府和执法界常会认为，软数据都值得怀疑，主要因为其来源问题。在初始阶段，很多人都更为信任从自己掌握的来源处获取的数据，认为这些数据更实用、更可靠，由此，人们认为各部门和官方的信息比其他信息更有价值。“**来源**”（source）这个概念成了数据搜集的核心主题，尽管我们可以从谣言、小道消息、轶闻、个人印象和其他人的观点中获取信息，但我们更关注的还是这些数据的来源。例如，调查者的日常工作就是通过各类接触活动，提供此类数据，一旦得到数据，就能根据对来源价值的认识对其进行评估。

但是，在情报领域，我们通常主要根据具体需求来进行信息搜集，而非秉持一种机会主义的搜集理念，搜集那些恰好可得的数据。我们搜集战略研究项目所需的数据，最好利用通常被不恰当地认为是软来源（soft source）的信息源，例如报纸、学术渠道、公众游说团体（public lobby groups）。因为数据并非来源于官方渠道，而对其蔑视的文化氛围（在执法界或其他地方），不利于我们从事富有洞见的情报研究。在此类文化中，人们通常会引用反对使用定性数据和软数据的论断，认为已经得到证实或至少获得高度认可的数据才是有用的数据。本书的前面章节对此进行过探讨，并强调了此类“证据文化”（culture of evidence）对潜在情报的限制。对于那些几乎以情报为业的人来说，此类文化能够得以存在，的确不可思议，因为这对情报研究事业的发展危害极大。如果我们将这些障碍综合起来看，就可以十分肯定地说，将战略情报引入执法界的一个根本问题在于，人们总是认为依赖于定性信息和软信息的情报产品不可信。

奇怪的是，这种看法却衍生了一种相对普遍的观点，认为战略分析工作只有具备了统计方面的可靠性，才站得住脚，才可实行。这根本不是事实。战略情报工作通常旨在对特定现象进行深入且全面的审视，从而理解这些现象，确定在较长时间范围内（有时是这样，但并不总是这样）可能遇到的具体风险和机遇。在这些情况下，判断、知识及智慧都在分析思考和推断中起到了重要作用。搜集统计数据、建立统计模型，从而得出趋势和模式的确大有裨益，但分析人员绝不能认为自己获取了所有数据，也不能认为这些数据总是可靠的，或认为经过仔细审查后的这些数据反映了整个现象。统计信息如果能够获取，且与研究直接相关，的确应该得到重视。但这绝不是现象研究的核心焦点；相反，它只是获取洞见的另外一个特殊来源。

这些数据的类型、可靠性和有效性议题，与软数据的关系和与硬数据的关系一样密切。无论信息评估会遇到何种障碍，这个过程都十分重要。对于大多数战略情报人员来说，不同之处在于，寻找评估软数据的有说服力的依据似乎比硬数据更难。事实上，这不过是种假象，因为这两类数据都可被纳入标准评估体系，便于日后的验证和审查。只要分析人员能秉持客观的态度，确保在获取硬数据时能自动更新信息，而更新的水平又能超越软数据，这一点就是可行的。

适合定量数据和定性数据的分析方法

无论是在战略情报圈还是在其他情报领域，情报分析和生产的定性方法和定量方法的利弊一直存在。我们研究这个问题首先要理解两者之间的差异。

- **定量方法**指的是各类测量方法。测量技术应用于物理科学不会产生任何问题，但将此类方法应用于社会和行为科学，则出现了越来越多的问题。

★ **定性方法**指的是用非实证性方法来处理某些类型数据的方法。也就是说，这些方法依赖于人的智慧、判断、直觉和经验，生成与风险、意图和实力等相关的情报。

有关这一议题的论断 / 讨论也涉及其他方面。一些情报从业者认为，定量方法论（即“真实测量”技术）只适合于科学领域，不可用于艺术领域。尽管有人可能会认为，所有的情报应该首先被归结为一种艺术或技艺，而非一种科学性职业，但事实是，所有的情报问题都既包含定量的议题和特点，又包含定性的议题和特点。要知道，情报的主要目标是**实力**（capability）、**弱点**（vulnerability）、**局限性**（limitation）和**意图**（intention）。有人可能会发现，对于某些议题来说，许多情报是定性活动，而在其他情况下，可能更偏向于定量。

从本质上来说，我们所感兴趣的特点，如意图，就是人类行为的产物，而从实践目的来看，定性方法通常是所有可用的方法。相反，如果我们要考虑的是实力问题，那么很自然会使用定量方法进行研究，而非定性方法。情报人员必须学会区分和选择与亟待解决问题最契合的方法技巧。

三、情报问题的解决方法

分析方法有好几种，有些存在于正式的学科中。采用哪种分析方法的决定与前面讨论的采用哪种方法论的决定一样重要，但问题是：什么是分析方法呢？值得注意的是，由于许多情报从业者会不加区别地使用**方法**（approach）、**技巧**（technique）和**办法**（method）这几个词，而不细究这几者意思上的细微差别，因此在讨论如何选择措辞上会面临一些困难。

我们在实践中使用的分析方法，以及在本书所列出的流程和经验中使用的分析方法，包含了你在挑选将自己的哪种观点引入问题解决环节时所秉持的一系列标准。有时，你需要利用历史性方法；其他时候或在不同的情况下，你可能觉得社会学方法更有用。另外，以此类推，我们可以把其他的方法归类为经济学方法、心理学方法，甚至还有地缘政治学方法。所有这些方法都代表了一个特定学科的研究方法，而我们同样要考虑，有时要根据研究领域的特点采取不同的方法，诸如我们在研究执法问题时可以采用法律方法或组织性方法[1]。

这些方法对情报流程有何作用？简单来说，选择某种特定方法使你可以通过一组参数来洞察整个问题，通过某一角度看待研究的事物。我们可以肯定的是，固守某个特定观点无法帮助你回答所有的问题，而这些问题恰好是你在对手头研究的事物进行阐释时必须回答的问题。但是，你可以通过对该问题领域的初步研究，至少确定比其他方法更加好用的某种方法。如果我们能够对某一给定情报问题进行概括，比如说“这是一个社会问题（或文化问题，或经济问题等）”，那么采用的方法和适用技巧就需要延续这一思路。

时间

时间是一种有限但却能被管理的资源。它可以是种资产，但如果误用，也可能被浪费，将会破坏整个情报流程。

时间是我们从事管理时通常会考虑的一个因素，因此其通常不被看成是一种真正解决问题的工具而遭到忽视。但是，毫无疑问，合理利用可获得的时间对整个情报流程十分关键。在这个讨论中，解决问题的人可能是像你一样的分析人员。你必须意识到你所能获取的时间，以及解决某一特定问题所需要的时间。从另外一方面来说，你必须要知道，重点不在于你掌握多少时间，而在于你如何有效地利用时间。

情报界似乎总在制造各种机会来浪费时间，对此人们已经见怪不怪了。这并不是因为情报界比其他行业效率更低，也不是因为情报人员比其

---

[1] 译注：“组织性方法”（organizational approach），指的是一个机构或组织在从事行政管理、资金活动和营销活动时，所采取的全部方法的一个概述。例如，组织性方法包括“自上而下”和“自下而上”两种常见的方法。

他从业者能力低下。问题在于情报工作的性质就是如此，这是一类人力密集型活动，通常需要在许多参与者中取得共识。通常来说，情报活动的职责还在于执行数不清的程序，以确保对流程中的各个元素（包括数据搜集、获取、安全等）实施有效控制和平衡。

这些活动都需要花费大量时间，无论其能否得到合理利用，现实是时间已经被浪费了。因此，合理分配、计划、监视和自我控制，都是情报分析人员需要掌握的重要工具。

逻辑思考

正如前面所讨论的，逻辑在形成有关情报问题或主题观点方面发挥了重要作用。逻辑也是一种“工具”，从某种程度上来说，它是衡量和组织各种论点的重要组成部分，也是最后论点展示的重要组成部分。最终，逻辑的合理运用会对论点的有效性和听众对论点的可信性产生影响。

例如，当我们试图去确定某个论点是否有效，我们会去进行“推理”。但是，我们并不总能进行客观的推理，而可能会陷入自己的某种模式，反映出我们的偏见。我们显然需要使用逻辑技巧，评估论点得出过程中存在的优点和缺点。运用逻辑对确保情报活动获取成功、生成实用性情报成果十分关键。

大多数的情报产品都涉及判断的问题。如果你认为情报界应该对自己提供完全专业化服务的能力引以为豪，用户就有理由认为情报产品是建立在充分推理基础上的。认识逻辑要素，并有能力应用它们，有助于我们形成更加合理的论据，得出更为可靠的结论。同时，逻辑推理还能帮助分析人员，通过仔细反思，识别那些看似无法立足的论据和结论。

计算机辅助方法

毫无疑问，计算机在解决问题的整个过程中起到十分重要的作用。计算机可以用于存储、检索和操作数据，另外还可以进行各种类型的统计分析。作为一种解决问题的工具，计算机被认为是一种资源扩充器，因为在整个分析和生产流程中，它可以拓展人力资源的容量和能力。辅助情报流程的计算机技术手段变得日益普及和精细化，这也彻底改变了战略情报评估活动的操作方式。这并不是说，情报流程和管理情报的原则需要改变。但是，情报分析人员要知道，计算机在提高整个流程中子程序的执行速度和效率方面起到了很大的作用。

一方面，受过训练的分析人员可以使用自己掌握的技术，仔细思考某一典型战略情报问题包含的各类复杂因素，并确定解决问题、完成任务的最佳途径，这一活动是计算机不能替代的。相反，分析人员（以及调查人员）从事的传统工作，大多依赖繁重的手动模式，处理情报流程中的诸多方面。对于纸质材料、私人文档、手工绘图方法之类传统方法的依赖，使得分析人员在从事分析工作时，对手头现代资源的利用率下降，而在现代技术条件下，这样做完全没有必要。

战略情报周期的每个环节中，分析人员都可以充分利用计算机。事实上，在这个周期，除了思维活动外，所有的活动都可以通过采用一种或多种计算机软件程序来提高效率。除了**“创造性思维”**，我们可以利用计算机手段，辅助和推动情报流程的各个环节。

自从计算机被广泛应用于大多数主要国家的情报界，它便被看作是情报工作的主要手段，这一点可以理解。这一想法侧重于将计算机看成是一种自动记录、获取和检索数据的辅助手段，通常是人力资源投入最多的领域。近些年来，许多软件程序明显都可用于处理或至少辅助处理情报周期中的单项活动。这些技术的发展，潜移默化地改变了分析人员利用它们执行情报任务的方式。事实上，我们已经感觉到这种变化。尽管这明显有益于情报流程，但作为分析人员，你仍然需要汲取其中的两个重要教训，且要在将来引以为戒。

首先，分析人员的作用是，在确定需要哪些数据、如何对数据进行记录和分类等方面实施控制。原因在于，许多数据提供机构为满足自己的需求，以标准化格式存储数据，然后以此种形式提供给情报机构。这样做可能会阻碍你从事的战略项目工作，限制你的能力。格式本身可能与你在项目中所使用的系统不匹配。更重要的是，你接收的数据在形式上更适合数据提供机构，而非你自己，这可能会使你无法清晰解读和评估数据的价值。这其中的教训是，无论所接收的数据表现出多么复杂或难懂的一面，除非你能够用适合项目需求的方式来接触这些数据，否则它们毫无用处。

其次，可能更为严重的问题是，分析人员以及整个情报界都必须时刻清楚，计算机程序是所有用户都可以获取的工具，无论是正直的人还是罪犯都可以利用。我们可以利用这些辅助手段来解决问题，其他人也可以利用它们来设计和制造一些犯罪机会主义行为[1]。另外，因为这些计算机工具依赖于精密的电子硬件，所以无论是因意外还是蓄意行为，它们都很容易被入侵、干扰以及损坏。

其他形式的支持

还有其他形式的支持手段，它们与前面提及的手段一样重要。没有人力支持，即使最有序的分析活动也无法解决问题。作为一个负责任的分析人员，你的职责就是密切注意识别和协调提供一切形式的有形和无形支持，包括人力、机器设备、资金、信息，以及在无形资产领域，继续执行情报任务的授权。

对于希望得到一份有关支持手段的正式清单的读者来说，以下内容比较典型，可供参考，但也并非穷尽一切。

★ 接触经过特殊训练的人员（如具有会计、心理剖析和地理信息系统等技能的人员）；

★ “主题专家”（subject expert，如毒品、环境犯罪和税法方面的专业

[1] 译注：“犯罪机会主义行为”（criminal opportunistic behavior）指的是犯罪行为带有机会犯罪（crime of opportunity）的倾向性，也就是说犯罪者没有预谋和计划，而是在当时的情境下偶然决定实施犯罪活动的一种行为表现。

人士）；

- 计算机、软件和其他通信设备；
- 购买信息（既包括合法的公开来源情报信息，也包括从秘密信息提供者处获取的信息）的经费；
- 监控设备；
- 运输设施（车辆、车库、行动预算、车载设备）；
- 加班费和差旅费的预算。

四、特定问题的分析方法

需要预报和预测的情报问题

战略分析人员最常面临的挑战就是预测研究主题未来的发展趋势。但这一目标不能被孤立地处理。无论研究的是什么问题，战略情报评估和实践通常都包含一个从过去至将来的时间连系统（continuum），如下所示。

- **基本情报**（描述性战略情报），通过审视和关注过去的事件和条件，来描述正在观察的事件，对研究主题或现象形成一种“百科全书式”的观点。
- **动态情报**（解释性情报），关注当前发生的事件和当前的条件，力图解释它们对基本情报中已经描述过的背景情况所产生的影响。
- **未来情报**（评估性或预测性情报），利用前面几个环节（基本情报和动态情报）所获取的知识和认知，专注于形成对未来风险或现状变化的观点。

在分析战略情报问题时，如果不观察过去的情况，就不能预测将来的发展。背景情报、动态评论和阐释都是进行预测的基础。而预测才是战略情报工作的主体部分。

预测性或评估性问题有多种表现形式。有些问题会长期存在且反复出现。我们要想满足随时更新对某个特定组织所造成威胁进行预测的要求，可以关注如恐怖主义这样的领域。因为预测未来发展趋势既困难，又很难做到精确，所以无疑需要在这方面多下功夫，对过去和现在的情况进行研究，为评估形势变化提供根本依据。

另外，我们有必要对不断变化的形势进行评估，主要评估形势的变化对威胁者意图产生的影响，威胁者可能或正在发展的实力和薄弱点，还要对威胁组织存在局限性的变化情况有所了解。

客观、科学地解决问题

我们可以利用类比、历史案例、先例、模板和模型开发等完全为此目的而设计的方法，解决未来需要预测和评估的问题。这让你对自己选择用来对比和改进的特定标准有一定程度的自信，从而可对问题进行重组。你还可以利用案例研究分析的方法，在其范围和所涉及数据得到清楚界定的情况下，详细研究某个议题、问题或情况。历史学家和人类学家都是特别恰当的例子，他们都擅长从事具体的基于案例研究的推理。

另外一种笼统和客观的方法就是使用**对比分析方法**（comparative analytical techniques）。你可以将某特定情况与你已经知道的相关或类似情况进行比较，然后对该情况的各个方面进行认真思考。

最后，你还可以利用**统计分析方法**（statistical analysis techniques），来处理可量化的数据和模型，或者将其与不同的变量集进行关联，以制定和研究可被观察到的趋势。这种方法有助于你对目前为止观察到的行为或事件建立相关的基本评估标准。但是，统计分析并不是所有情报活动的基础，也不是战略分析的同义词。如果我们能够获取可计算或可测量的数据，那么对这些数据进行分析的结果就是，我们可以从统计学的角度对模式有一定的理解。但这却不是唯一的结果，因为单个数据元素也可以帮助分析人员理解行为、动机或方法论。我们还需要记住，统计分析是一种十分有用的工具，因为数据集可以使该方法被有效利用。但是，这种方法却不能替代其他形式的分析，只能作为补充手段。这是一种对专业要求极高的分析方法，正因为如此，从某种程度上来说，情报分析单位要尽力从具备相应资格的统计人员处获取相关服务。[1]

所有这些实用且为我们所熟悉的方法都能使分析人员相信，主观因素被降到最低程度，是因为这些方法都可以从观察数据中得出可信的结论。因为这些方法不依赖印象或“最佳猜测”(best guesses)，所以被认为既是客观的，又是“科学可靠的”。

主观方法

主观预测的方法主要依赖于从个别“专家”那里获取的数据或信息，提供结构化（structured）的或非结构化（unstructured）[2] 的观点或判断。作为分析人员，你会发现比较适当的做法是，通过识别、查找和鼓励权威专家和专业人士为此投入，采取一种比较正式的方法来利用这一主观预测。我们针对某些特定情况而搜索主观但“可接受”观点的过程中，寻求共识变得十分关键。这是因为若干参与其中的观察者 / 分析人员达成共识，以及他们各自得出判断，可能使该主观技巧变得更加有用。

---

[1] 原注：我们并不建议每名分析人员都尽力成为一名擅长统计的分析师。统计本身是学术研究的一个特殊领域。我们认为重要的是，分析人员应接受培训，了解统计建模的基本概念，至少在统计学家向他们提供服务时，能成为更懂行的“用户”。只有经过这样的培训，分析人员才能告诉统计人员，在现象所涉及的广泛背景信息中，自己究竟需要什么，什么对自己很重要。

[2] 译注：结构化数据（structured data）指的是组织严密的信息，如我们从一个关系数据库中获取的信息，因为我们通过简单直接的搜索引擎、算术方法或其他的搜索方法就可以获取此类数据。而与此相对的是非结构化数据（unstructured data），因为缺乏清晰的逻辑结构，而使得对此类数据的编辑成为一种非常耗时的工作。结构化的观点或判断，应该是建立在结构化数据资料的基础之上。

寻求共识的技巧：德尔菲法[1]

寻求共识的方法论之一就是“**德尔菲法**”。该方法是指从多位“专家”和评论者中搜集有关某个特定问题的观点和意见，让他们分别针对中心论点提供自己的想法。在完成这一轮信息搜集后，该专家小组的成员会得到小组整体判断结果的反馈，然后就同一问题展开第二轮的意见征集。这样可促使所有成员对前一轮接收和内化的反馈意见再次进行审视，并做出回应。整个过程中，评估意见的范围被不断缩小，直至任务小组达成某项共识，所有成员均感到满意。这项共识是通过小组内的每个专家分享各自对同一问题的不同层次、不同类型的经验而达成的。

- 有些观察者可能认为这个过程就是进行头脑风暴，事实上，对意见的改进、分享和审视都是在一个高度有序的环境中进行的。可以说，典型的头脑风暴会议往往缺乏这种令人满意的形式和组织，反而成为松散的小组讨论活动。
- 德尔菲法中的参与者大多从事截然不同的工作，以确保在一个可控的体系内生成反馈。该方法旨在使该活动不会因为抽样小组内各成员之间的私人接触，而成为一种情感和动态互动的活动。[2]
- 德尔菲法可用于解决那些或“硬”或“软”的问题[3]，如果问题涉及领域没有明确的限定或缺乏实用性硬数据的支持，这个方法就

[1] 译注：“德尔菲法”(Delphi Method)，是采用背对背的通信方式，征询专家小组成员的预测意见，经过几轮征询，使专家小组的预测意见趋于集中，最后得出未来发展趋势的预测结论。

[2] 原注：我们注意到，荷兰鹿特丹的伊拉兹马斯大学使用的是专门的计算机软件，可以避免德尔菲实验中难免出现的烦冗的通信周期。该软件可以将“专家小组”聚集到类似于“语言实验室”这样一个可控的物理和电子环境中。该系统允许参与者保留部门化(compartmentalization)特点。参与者可以通过电子手段与实验控制者进行联系，他们之间的联系方式有助于参与者提高对信息输入的反应能力，从而通过额外的问题和刺激性的反馈做出快速反应。

[3] 译注：这里“硬”和“软”的问题，指的是那些或者需要定量的“硬数据”来解答，或者需要某些定性的“软数据”来进行解答的问题。

格外有效。

★ 对于情报实践来说，这种方法的缺点体现在两个方面。首先，该方法耗时费力。其次，很难聚集起这样一些不受组织环境影响、不从众的专家，或者说很难保证这些人在不带任何组织偏见的情况下对结论有所贡献。

五、概率理论短评

另外一类主要的主观预测方法论依赖于数学技巧的运用，尽管这类方法以科学为基础，却专门采用价值判断的方法。诸如贝叶斯条件概率定理（Bayes's Theorem of Conditional Probabilities）[1]这样利用数学法则的方法，就是此类方法中的一种。其他方法还包括概率图（probability diagramming）、影响力图（influence diagramming）以及分层影响结构图（hierarchical influence structuring）。

这些方法或技巧，从根本上都具有**主观性**，因为它们主要依靠对改变特定情况的影响因素进行**评估**，然后将结果用概率值或确定程度值来表示。这些技巧在某些情报分析圈内十分受欢迎，因为它们使得分析人员可以完全利用自己积累的智慧和经验，进行主观定量分析，在无法进行实际测量的情况下，对特定情况下事件发生的可能性进行概率值评估。

例如，在一些机构，特别是国防部门，决策树分析法[2]不仅被用于生

[1] 译注：“贝叶斯定理”是一种概率和统计理论，根据对与事件相关条件的了解，描述事件的概率。例如，如果癌症与年龄相关，根据贝叶斯定理，可以利用人的年龄更精确地评估人们患上癌症的可能性。

[2] 译注：“决策树分析法”（decision tree analysis）是一种运用概率与图论中的树，对决策中的不同方案进行比较，从而获得最优方案的风险型决策方法。图论中的树是连通且无回路的有向图，入度为0的点称为树根，出度为0的点称为树叶，树叶以外的点称为内点。决策树由树根（决策节点）、其他内点（方案节点、状态节点）、树叶（终点）、树枝（方案枝、概率枝）、概率值、损益值组成。

成观点，还被用于以概率的形式来确定事件可能出现的某种结果。该技巧在帮助分析人员形成自己的观点方面已被确定是有效的。但是，如果要利用该技巧得出概率就会出现问题，因其主要依靠的是分配到图表中各个节点的主观概率。这个问题是因为确定性、证据和统计数据全都缺失而造成的。尽管节点中所分配的概率值通常是由分析人员根据自身积累的智慧和价值判断（或类似的解释行为）来阐释，但如果在分析人员对各个点的分析中，推测的程度比较高，那么这样的图表在数学上毫无指导意义，也不能令人信服。

总体来说，各类常见概率技巧在应用时各有弊端。这主要与技巧本身的复杂性有关，毕竟它们都是以数学为基础。另外，有些情报人员坚持一个原则，就是对无法进行实际测量的“确定性”数值不进行归类处理。这些人坚持认为，该方法具有主观性，因此并不实用，甚至还具有欺骗性，同时由于这些方法本身十分复杂，操作的困难也很大。

在许多情况下，对分析人员来说更为简单、更易接受的方法是，应用自己的知识、洞见、智慧，简单口头讨论问题的概率，除非情报形势所涉及的某些元素需要进行统计建模，否则他们会尽力避开各类数值。

六、结论

作为一名战略分析人员，你在执行某一战略项目的整个流程中，有一系列的工具可以使用。这些工具包括数据、时间、逻辑运用等。但是，这些工具不过是些辅助手段或资源，你只有合理利用，才能提高活动效率。

更为重要的是，你需要确定哪种或哪几种分析方法才是可用于解决主要战略问题的方法。因为每个战略主题都包含诸多不同的议题，每个议题都需要你用特定的方法和技巧来处理。例如，要求对州或省的摩托车犯罪情况进行研究，你肯定需要去搜集许多不同类型的信息。这些信息中有些可能是描述性的，有些是统计性的，有些是保密的，有些是可以公开获取的。

在面对这些不同的数据类型时，你需要采取不同的技巧进行分析和阐释。本章旨在告诉你，每个战略问题实际上都包含大量较小、独立（但却彼此相关）的问题。每个问题都涵盖一系列相关信息，每个问题都需要你适时地去思考具体的分析方法。

在战略情报流程的分析环节，分析人员需要利用自己掌握的资源，或者至少是能够接触到的资源。至少在比较浅显的层面，你可以轻易确定和获取这些技术和资源，并将其用于解决问题。尽管在获取专业技术和资源（或者所需各类资源）时可能明显存在实践方面（绝非理论方面）的困难，但这些都是很容易解决的问题。

你面对的根本问题正是最困难的问题：选择分析数据、融合结论和阐释结果的适当方法和技巧。任何战略情报问题都无法通过单一的分析方法来解决。

战略评估主题的本质决定了其必定包含多项分析任务，而它们大多需要不同的分析技巧来完成。战略分析人员的作用就是要识别每个分析要素、选择适合的分析方法，知道如何将每个分析要素的“解决方法”进行有机融合。最后，如果你能够采用这种细化的方法，选择有序的途径来处理战略项目，就可以得出一系列为最初的战略任务提供直接答案的结论。

选择正确分析方法的关键并不在于技术或技巧本身。它们不过是帮助分析人员完成战略任务的工具。分析人员能全面思考面临的挑战，周密计划以避免失败，以及将数据搜集和阐释的方法提升到理论高度的能力，才是最为重要的。正是这种集创造性、洞察力和先见之明于一体的思考能力，才是区分真正的分析人员和分析技术人员的关键所在。

[第十六章]

撰写战略报告

本章主要探讨如何准备书面战略报告，以满足范围广泛、要求苛刻且通常具有批判性的阅读群体的需求。当然，我们承认口头汇报的重要性，承认其是展示战略研究成果的辅助手段，它是一项专门的技术，需要进行其他类型的训练才能掌握。

战术和战役环境中的情报人员可能已经有了一些（也可能有很多）撰写书面报告和进行口头汇报的经验。毕竟，这是情报实践的常见特点之一。这些情况要求情报人员为管理决策提供及时的信息输入。提交的报告必须简明扼要，目的在于将产出的最优质情报以简单、快速的方式呈现出来。

战略情报评估的情况有所不同，需要对特定犯罪活动形成长期和宏观的观点，以便让高层行政人员掌握相关情况，从而制定政策、准备计划、确定对策。由此，在战略情报环境中，最受欢迎的报告类型是能够阐明整体形势的报告。其目的在于归纳重要结果、提供深入的细节信息，因此，提出论断是说服听众（即管理者和情报用户）的必要组成部分。战略评估研究结果也需要以口头汇报的形式来介绍报告整体内容、解释细节、列出读者的问题或对问题做出回应。在这种情况下，如果你能改变自己的风格，适应报告主体和涵盖范围，那么良好的口头沟通技巧足以让你胜任报告环节的任务。

一、一般概念及准备工作

基本问题

考虑到战略研究的本质，战略情报项目势必要以递交书面报告的形式呈现给情报用户。

准备报告的分析人员很有可能需要进行口头汇报，解释相关问题、给出问题答案，或者仅仅介绍书面报告的内容。例如，在写作上乘且内容全面的书面报告做支撑的情况下，你最好进行口头汇报，解释结论中包含的所有关键特点。这使听众能够迅速抓住分析结果的结构框架，然后再参阅书面报告中的具体细节。

报告的展示和交流必须是高标准的。关键是，你应该尽量避免出现结论和分析结果不被认可、不受欢迎或甚至被认为与用户需求无关或不适用等情况。事实上，这像是一种**"推销"**活动，旨在用最佳方式提供和展示情报产品。为有效实现这一点，你必须考虑两个关键因素：

* 你想要传递的信息（message）内容必须与用户需求相关（这里的**信息**指的是报告内容、方法论、数据、结论及建议）。事实上，你可能希望这份报告的内容很大程度上符合用户期待。该报告不仅要全面探讨达成一致的项目目标，同时还必须进行严密组织，清晰指示所涵盖的每个条目。
* 分析人员在准备报告时所使用的展示技巧必须充分有序，足以提高情报产品（包括你自己）的可信性和可接受性，还必须消除用户对于你所展示观点的潜在或明显的抵触情绪。

撰写战略报告的准备工作

1．时机

在界定问题和制定项目指令等战略情报流程的早期阶段开始着手报

告撰写的准备工作，最为适合。你在项目周期早期制订的计划可以（也应该）包括你对报告框架的最初构想。你应该开始考虑自己所要撰写报告的框架问题，根据你在项目启动早期完成的工作，列出标题和副标题。你可能没有想到这样做可以节省时间和精力，但实际上，此举恰恰是我们已经提及的整体思维训练的组成部分，可以督促你对项目的每个可能步骤进行细节规划。这样做绝不会妨碍你灵活适应不断变化的形势，重要的是，你已经对正在从事的工作和如何展示结果有了一些想法。

有一个非常实用的建议是，你在一开始就起草报告框架，然后在搜集 / 核对周期内，随着信息的不断涌入和最初的评估，对该框架做必要的修改。然后，随着分析活动的开始，许多分析人员会发现，在报告框架的适当部分填入关于个别问题的注释，必要时微调结构，这些做法是很有用的。这样一来，撰写报告成为一项持续性的工作，尽管此时的报告不过是些粗略的笔记，但至少你不必在一个长期项目即将结束时从头开始，花费数个小时、数天甚至数周的时间来撰写报告。我们在项目规划部分对这个方法进行了概述。

2．确保报告达到预期目的

无论结论如何，你撰写的报告都必须阐明用户和你在项目开始阶段商定的议题和目标。报告必须提及相关情况的每个初始特征，必要时还要解释为何无法对其进行讨论研究，这一点很重要。你的研究结果可以超越这些议题的限制，探讨在最初的职权范围文件中未有提及，却被认为与用户需求相关的议题。另外，你的报告中还必须解决那些用户期待、有时间限制的目标。

3．平衡结论和证据

战略研究是一种对难以处理的议题进行长期判断的活动。尽管如此，重要的是你要在调查结果和你能提供的支撑性证据 / 理论之间找到一种平衡的关系。你的目的是让客户相信，你的结论是基于彻底的情报工作，是恰当而令人信服的，即使数据是不确定的。

4．提出建议

鉴于战略研究的深度，我们有充分的理由相信，战略分析人员处于核心位置，需要观察情况的改变并提供建议。这些涉及情报活动的其他手段，或者说如果你提出的建议在与用户的早期协商中已被认可，那么其范围可以超越情报问题的范畴，讨论有关组织政策、人员、培训、操作程序、立法的潜在变化等方面的议题。

并非所有情报机构都以这种方式履行职责，许多情况下，某些机构的惯例是直接要求分析人员不要提建议。之所以会存在这样的惯例，原因有多种。在某些情况下，机构的惯例是坚持让管理者提出建议，而分析人员负责对此进行阐释。而在其他机构中，分析人员对超越分析范畴、进入所谓的行动或行政禁区而倍感犹豫不决。但是，对战略研究活动来说，项目结束时，分析人员很可能是对某特定现象的相关知识掌握得最多的人。

一种具有说服力的观点是，分析人员应该充分运用对主题的独特视角，不仅要对当前形势和未来发展进行评论，还应该对亟待解决的议题进行评论，以便将威胁、风险或伤害降到最低。通过鼓励分析人员对诸如立法、行动惯例和数据搜集机制中，存在的可能会助长风险和威胁的漏洞进行评论，这种将伤害降到最低程度的方法十分易于使用。同时，我建议分析人员应行事成熟，具有敏感性，绝对不能将这些“需要改进的领域”[1]的观察结果延用于行动和行政领域，对行动计划做出具体调整。因为这样做无疑会遭致批评，认为分析人员既不担负行动责任，总体上又不具备行动能力和理解力。分析人员要准备好研究问题，确定可能出现了有益变化的领域，而不是确定哪些变化有必要，以及如何能更好地实现这些变化。如果我们偏离了理智的轨道，势必遭致被边缘化甚至被忽视的结果。

5．记录调查结果

在恰当的时候展示结论和调查结果格外重要。如果你获取（或依赖）

[1] 译注：“需要改进的领域”，指的是上文中亟待解决的议题、存在助长风险和威胁的漏洞所涉及的领域。

的某类数据影响了当前得出的观点，你应该公开阐明和讨论自己对这些数据的确信程度。你应该适应这样的情况，能够开诚布公地谈论你认为调查结果可靠的理由，并解释支持每项调查结果或结论的数据在可用性、可靠性及可测量性等方面的情况。

但是，我们同样会发现，情报任务需要的某些数据无法获取。如果情况果然如此，你需要维护自己作为一名情报人员的信用，在撰写的报告中如实呈现数据搜集的空白以及对决策的影响。

如果在项目进行过程中或完成之后，要求你就该项目做一次口头汇报，那么对你来说，前面提及的所有原则都相关且适用。

二、展示和规范

书面战略报告的展示问题

情报周期报告环节的主要目标在于，为用户提供一个满足研究目的的情报产品。该产品的展示过程需要令人信服，要让用户相信自己所有的要求和期待都得到了满足。我们利用经过周密计划的方法，撰写并展示报告（或口头或书面的形式），用这样的方式涵盖相关主题的所有特点，由此可令用户将关注点集中于报告的内容。

作为一名负责任的战略分析人员，你必须时刻记住，在项目接近尾声时，“推销”评估产品与前面的分析步骤一样重要。我们在设计报告的展示方法时，需要注意几个关键点。理想情况下，这些关键点必须建立在下面所讨论议题的基础之上。

★ 展示和排列报告的观点和结论要具有逻辑结构，这是报告必须体现的鲜明特点。

★ 尽管报告格式及写作风格可能取决于组织或用户的要求，但重要的是，在遵照这些指导方针的情况下，你撰写的报告应该具备以下特点：

足用户的期待。报告的长度问题也是分析人员每次准备报告时需要考虑的。

- ★ 准备一份满足上述所有目标的报告并不一定意味着这个过程是繁重的，报告本身也并非要写得很长，重要的是要安排好各项内容的展示顺序，让读者或听众能够逐步建立并加强对主题的认识、解释以及理解。

报告的谋篇布局

报告的谋篇布局有很多方式。在学术参考书中可以找到一些方法，其他的方法还可以从各类组织的培训手册中寻得。我不认为某一种方法就是“最佳方法”，但在下面的内容中，你会看到一个列表，包含了标题的排序。列表中提出的建议旨在为你提供一个框架，为你思考如何安排报告结构提供基础。我们要记住，每份报告的主题都不同，由此，你的战略分析报告需要拥有个性化的特点，以适应主题的情况、用户的需求，以及你自己对展示内容的感受。

就算列表中的所有标题都经过了时间的检验，你还是只能将其视为指导参考。如果你在运用该列表时总能保持一定的灵活度，就会发现它其实很实用。本章末尾还给出了报告谋篇布局的样例，在这里并没有使用固定的**“内部版式”**[1]。

你还需要审视并重新评估任务执行的方式，尽管这不包含在报告中，但仍可以作为战略情报流程的一种拓展活动。事实上，我们所吸取的各类教训可能会影响报告最后提出的建议，例如在拓展情报调查范围方面提出的建议。我们在审视时需要注意一点：要尽可能透彻地理解你自己、你的同事和管理者从中汲取了什么样的教训，可以为将来的情报

[1] 译注：“内部版式”（house style）指的是，某一机构在其文字规范要求中规定的某种固定的写作标准，例如不同的出版社都有自己固定的写作要求和版式。

工作提供启示。

最后，因报告主题的性质，你还需要利用附录或附件的形式，在报告中补充其他信息，必要时甚至可以列出文献书目和参考书目。

报告谋篇布局样例

（没有固定的“内部版式”）

执行概要

陈述的内容包括确认主题、研究原因、主要发现及重要建议。

背景

这部分提供形势背景信息，描述用户关注点，以及列出分析人员接收的最初指令。

目标

这部分具体陈述情报任务的目标和目的，概括情报分析人员和用户之间达成的协议内容。

方法

这部分描述任务（流程运用）和报告（报告中各要素和内容的排列）所采用的方法论。这部分强调项目的组织方式和开展的理由，因此十分实用。

主体部分

这不是一个标题，它只是对这部分的一种描述。这部分总结了以下议题（并提供一些实用性细节信息）：

★ 主题的历史；

★ 当前形势，包括主要参与者和活动、行动方法、地点、各类关系、动机、之前相关的活动等信息，针对每一点都可以列一个副标题。

结论和结果

这部分的内容包括每条结论得出的原因及与之相关的概率问题，你对结论存在的疑虑（例如，数据匮乏和质量不高的问题），以及每条结论可能产生的影响。

建议

整个任务结束时，提出建议是很自然的事。建议主要关注需要做的其他工作，也就是需要通过搜集更多重点数据，对某一条或其他结论进行验证的工作。还可以对如何拓展当前研究主题的范围提出相关建议。

附录

这部分应该包括实用的详细数据，但并不是报告的必要组成部分。

三、报告的最终形成与分发

最终的战略情报产品必定是你的工作成果，因为报告反映了你在整个流程中的研究内容以及你得出的结论。其他人也可能在研究项目中发挥一定的作用，你的上级、同事、专家以及用户可能都想在报告起草和完成之时对其进行研究和评论。你总能从这个过程中学到很多东西，因为报告需要经历其他读者的阅读考验，阅读的结果显然会反馈给你。高级工作人员经验丰富，而且也有诸多与组织高层领导打交道的经验，因此，他们通常可以就这些方面为你提供宝贵的指导意见和建议。

其他需要处理的重要议题还包括数据安全及数据的特殊处理等问题。最后，你要解决的一个重要问题是，确定除了管理者和用户外，还有哪些人会收到报告。

许多战略研究项目在研究议题时，会为与所在组织无直接关联的其他读者提供丰富的参考资料。例如，一份有关你所在国家或省份的毒品情况报告，假设你是从警察的角度撰写这份报告，而许多其他机构也需要直接或间接地处理毒品问题，因此如果收到你的报告，它们也能从中获益。与你所在组织的情况不同之处在于，在这些组织中，该报告不能直接用于行动决策。但是，如果你想要为这些机构提供便利，就要积极且广泛地分发你的报告，尽管可能不是直接去分发。对你来说，这种投入的回报就是，你能够与这些“消费者（不是用户）”进行联系，还能要求对方提供批评性评论、建议以及其他数据等反馈结果，而这些都将最终帮助你更好地完成战略分析人员的工作。

四、结论

如果你能尽早思考报告的意图和最佳结构的问题，那么撰写报告的准备工作也并非难事。虽然对于战役情报来说，情况可能并非如此，但对于战略情报任务来说，这却是事实。

战略情报流程即将结束、开始撰写报告之前，你所有花在构思报告框架方面的时间都是值得的。事实上，构思报告可能的布局结构的思维训练，可以大大帮助分析人员规划和完成整个情报流程。

如果我们希望通过报告提出有用的选择和建议，就要在战略情报调查早期设计好思维模型，清楚无误地陈述用户希望报告涵盖哪些内容，以及需要研究哪类议题。正是在这些环节中，你可以开始起草报告的标题和副标题，并在电脑中列出报告框架，方便后续输入信息和调查结果。

最后，分析人员还需要接受一个有关战略报告的重要事实：如果任务是要研究某一特定现象，则报告内容必须全面且丰富。这是在落实过程中，体现主题复杂性、研究全面性和知识严谨性的最佳方式。有些行政人员 / 用户阅读群体不想翻阅一篇冗长的报告，但我们不能因此不去撰写报告；相反，我们的情报活动必须要满足以下两种要求：

★ 记录研究内容，为感兴趣的各类情报消费者和该主题的研究者提供参考资料，便于其当前及持续使用。

★ 撰写一份涵盖主要论点的精简版报告，用于进行情况简报，以满足管理者 / 用户的要求。

这两个观点并不互斥；如果战略分析人员在执行一个综合性项目时，撰写的报告篇幅有限，仅满足以上第二点要求而忽略了更多读者的持续性需求，那样做无异于浪费时间。

第五部分

分析人员

[第十七章]

分析人员的角色、责任和职能

一、分析人员的角色和职能

在本章中，我们将从多个方面来探讨分析人员。作为一个群体的分析人员极少有机会反思这个问题：分析工作的要求究竟有多高？我们都理解“工作负荷超载”（work overload）这个概念，也明白存在“不能被完全接受”综合征（not being fully appreciated syndrome），我们虽然会抱怨这些常见问题，但仍要切实理解分析人员究竟应该扮演什么样的角色。只有明确完成这一步，我们才能进行下一步，清楚说出面临的困难，以帮助找到解决方法。

我们在过去几年做了大量工作，对分析人员的核心能力进行确认和分类，以此制定一个规划周密的方法，从而满足对所有情报人员而非仅是分析人员进行培训和教育时的需求。但是，主流机构和职业组织都未能明确阐释“分析人员究竟应该是什么样的”这个问题，而仅仅阐明了分析人员应该做些什么。

后文的讨论昭示了情报界和分析领域亟待认可和公开讨论的一些议题：分析人员的角色、责任和职能。

确认组织需求

我们对情报产品的判断，通常与其相关性之间存在联系。如果用户或顾客不能看到分析人员在评估、预警或预测方面所肩负责任的**重要性**，毫无疑问会使得情报机构和分析人员的名声受损。这里有两点至关重要：

- ★ 分析人员必须设法建立这种联系[1]，确保分析产品的每个读者都能清楚地看到这些联系。这不是一个如何巧妙使用语言的问题，而是一个与分析直接相关的问题。除非解决问题或完成任务的方法与组织本身承担的角色和责任相一致，或至少是相互补充，否则分析人员为何要从事此类工作的目的就变得极不明确。
- ★ 尽管分析人员认为这份工作具有相关性，但仍然需要对这份工作做出令人信服的解释，去“推销”这种相关性，如此情报产品才不至于被边缘化，或者更糟糕的是被彻底忽视，这都是分析人员应该扮演的角色。

在这种情况下，组织的用户、顾客或管理者是否为这一情报任务的设定者，或者这项情报任务是否由情报机构主动提出，则显得没那么重要。有关组织需求和任务相关性的问题才至关重要。分析人员想要验证这一点，最简单的方法就是提出问题：这个议题是否会影响我们履行责任？我们是真正的利益攸关者吗？或者说，我们是真正的利益攸关者之一吗？

如果情报资源被用于研究与组织核心利益无关的议题，会产生何种结果？简单来说，这样当然是在浪费时间和精力。但答案不尽于此，也没有这么简单。情报活动很难为政府或企业组织完全且真心接受；相反，情报机构通常还需竭力争取政府和企业组织的理解，希望他们接受自己所承担的角色。因此，如果情报机构将时间投入到与组织核心关切并无太大关联的议题上，则会影响其在整个组织中的形象和地位。

毫无疑问，情报机构证明其合法性的最好方法是，通过生产及时、准

[1] 译注：此处“联系”指的就是上面所说的，对情报产品的判断与情报产品相关性之间的联系。这里的意思是指，情报人员一定要确保自己生产的情报产品具有相关性。

确、与组织关注点息息相关的评估和预警产品，以此表明其价值。情报人员或分析人员，不能总是期待组织的行政人员告诉他们，什么细节与不断变化的组织需求相关，什么与其不相关。这种超越了组织既定的基本章程外的细微变化，需要分析人员自己去发现和挖掘。情报人员的责任在于，对影响组织发展的威胁、风险、机会或变化等指标时刻保持警惕。分析人员一旦发现此类指标，就应该以令人信服的方式证明这些指标与组织利益相关，且值得对此投入情报资源。知道要做什么，而不仅仅是知道怎么做，这才是分析人员不容忽视的角色。

确定必要的“研究”重点

情报工作的特点之一是，能够诱使从业者从事与调查而非情报活动相关的“令人兴奋的”活动。在那些仅从事情报工作的机构内部会出现明显的例外情况，因为这些机构组织内部拥有自己的调查资源。本章不讨论这些问题。从一定程度上来讲，对分析工作（特别是在执法界以及在竞争性情报领域或商业情报领域中）保持持续关注的困难之处在于情报人员在工作中投入的热情。分析人员这种热情的态度会使其竭力渴望“走出去和干一场”，这个任务更像一线的调查工作，而不是将分析人员束缚在办公室进行创造性思考的工作。

战略情报分析工作在许多方面都应该与战役情报工作分离开来，本书阐述并强调了两者之间的诸多不同，并承认两者获取的结果对彼此都会产生影响。第四部分通篇都在强调，分析人员必须控制整个战略情报流程，竭力保证规划的分析流程和方法在应用时能够做到有序且有条不紊。

最为有效的方法是鼓励分析人员（如果是其上司和管理者鼓励他们，效果会得到强化），将自己视为研究者，就像小说中“安乐椅侦探”[1] 的原

[1] 译注：“安乐椅侦探”（armchair detective），是指足不出户，仍然可以通过报纸介绍或其他人转述案情，而条分缕析地破解案件。

型。分析人员只有从情感上接受这一要求，在应用智力分析技术方面不断努力，才能确定必要的研究重点，并专注于对重点的研究。

在概论部分的几章中，我们已经利用现象研究的概念，来解释战略情报工作和战役情报工作之间的本质区别。这个概念重点强调战略分析工作是一项严肃的研究活动，要求分析人员能在整个战略任务执行期间保持客观的态度，不要像在战术或战役情报活动中通常出现的情况那样，被潜在的兴奋情绪所干扰。

了解数据来源

第十三章中，我们重点阐述了制订适当的战略情报数据搜集计划的工作。读者可能会发现，分析人员首先必须了解自己究竟需要什么，需要何种具体信息，然后要思考能够提供部分或全部此类信息的所有适合来源。此时分析人员的角色不仅要确定哪些机构或个人能够接触到其所需类型的数据。这显然是一个至关重要的问题，但分析人员必须超越这种认识，理解此类来源获取途径的本质和质量。许多情报来源机构都能接触到分析人员感兴趣的某种类型数据，而了解这些机构如何获取数据的途径，如何记录观察结果的方法，以及确定在观察和数据搜集过程中的焦点和关注点与战略分析要求的焦点或关注点是否一致，这些也都同样很重要。这些议题以及相似议题几乎不会被记录下来、输入组织的知识库中。相反，经验被不断重复，而不会传给其他有着相似兴趣的分析人员，每个分析人员也只能不断从自己的经验中学习，这一点的确令人遗憾。

在这种情况下，战略分析人员应承担什么样的角色呢？每项战略任务都可以为分析人员提供机会，让他们通过数据搜集经验的积累，了解每个经过挑选的来源能够起到何种用处。之所以会出现这个结果，部分原因在于分析人员对信息提出要求的方式，我们可以假设分析人员在设计数据搜集要求时可以一直保持谨慎的态度，能够从数据提供者的回应中获取最佳结果。对于这些回应，分析人员可以根据某些合理、统一的标准来进行判断。这些标准如下所示：

- ★ 提供的数据在细节上与分析人员和数据来源之间交流时所提出的要求是否相符？
- ★ 数据在哪方面存在不足？
- ★ 交流过程中表意不清是否为问题的可能原因？
- ★ 数据来源是否存在组织和记录数据的某种可被辨识的“风格”？
- ★ 这是否暗示来源有某种特定的关注点？
- ★ 数据来源自身是否意识到这一点？
- ★ 你能否推断来源关注点的类型或受限制的类型，以帮助确定如何在未来利用这个来源？

作为正在进行的战略项目和后续审查的一部分，分析人员在仔细考虑这些议题时，需着眼如何在未来利用这些来源，这一点十分重要。另外，如果整个情报机构需要从每个分析人员处学习经验，我们建议努力将这些信息记录下来，并进行分享。只有将所有信息汇总（事后看来也是如此），分析人员才能更好地设计以**数据和来源矩阵**（data-and-source matrix）方式呈现的搜集计划。[1]

绩效评估

分析人员在从事战略评估工作时难免会遇到这样的情况：各利益攸关者都会适时地对该战略项目和情报工作做出某种判断。虽然看起来可能比较奇怪，但情况确实如此。即使是在现在，情报实践首次正式用于执法界已经过去了25年的时间，全世界仍然没有共同努力来发展探讨绩效标准的情报理论。这是一个需要对理论进行深入挖掘和发展的领域，需要整个情报行业参与进来。

[1] 原注：这样细致入微的实践并不常见，英国皇家税务与海关总署就成功应用了这一模式/程式，作为其情报标准操作程序的一部分。

在缺乏既定的和经受过考验的情报活动绩效评估原则的情况下，分析人员在执行战略情报项目时应该扮演什么样的角色呢？在这种情况下（即战略情报评估时），“行动者”是分析人员、情报主管/管理者以及用户或顾客。这些都是该项活动最为重要的参与者，当然显而易见的是，战略评估工作的每个读者都难免会对其价值形成自己的观点，这是个类似于形成“绩效评估意见”的过程。

出于无知或个人利益的考量，而导致不必要、无根据的批评，对于长期的情报工作来说，没有什么比这个害处更大。要想避免这一点不太容易，不过利益攸关者还是可以遵循一些简单的步骤和原则，尽力避免这一情况的发生。

- 每个情报项目开始时，评价战略评估的质量、衡量或判断项目参与者的绩效情况，十分重要。
- 在项目实施早期，情报人员和用户共同协商的内容，必须包括项目的判断标准。第九章在讨论就战略项目职权范围进行协商而带来的好处时，对此有所提及。
- 有必要建立这一标准，由此可以将用户期待与分析单位对情报实践进行内部审查的要求区别开来。
- 还有必要将包括这些行为标准和基本期待在内的定量标准，与那些定性标准区分开来。
- 各方经过理性讨论解决所有此类议题，然后达成协议，将这些议题纳入职权范围文件，或作为该文件的附件。
- 理想情况下，审查活动涉及三个关键参与者，即分析人员、用户和管理者，同时还包括一名引导者或协调者。在这个活动中，任何一方都不是主导者，那些利用一名独立的仲裁者来“挑错”的机构，可能会忽视真正需要改进的地方，而把重点放在寻找过失和散播不信任上。
- 分析人员在撰写战略项目报告时，必须确保项目指令足够详细，从而使得其他读者在充分理解项目初衷的情况下，对绩效进行衡量和

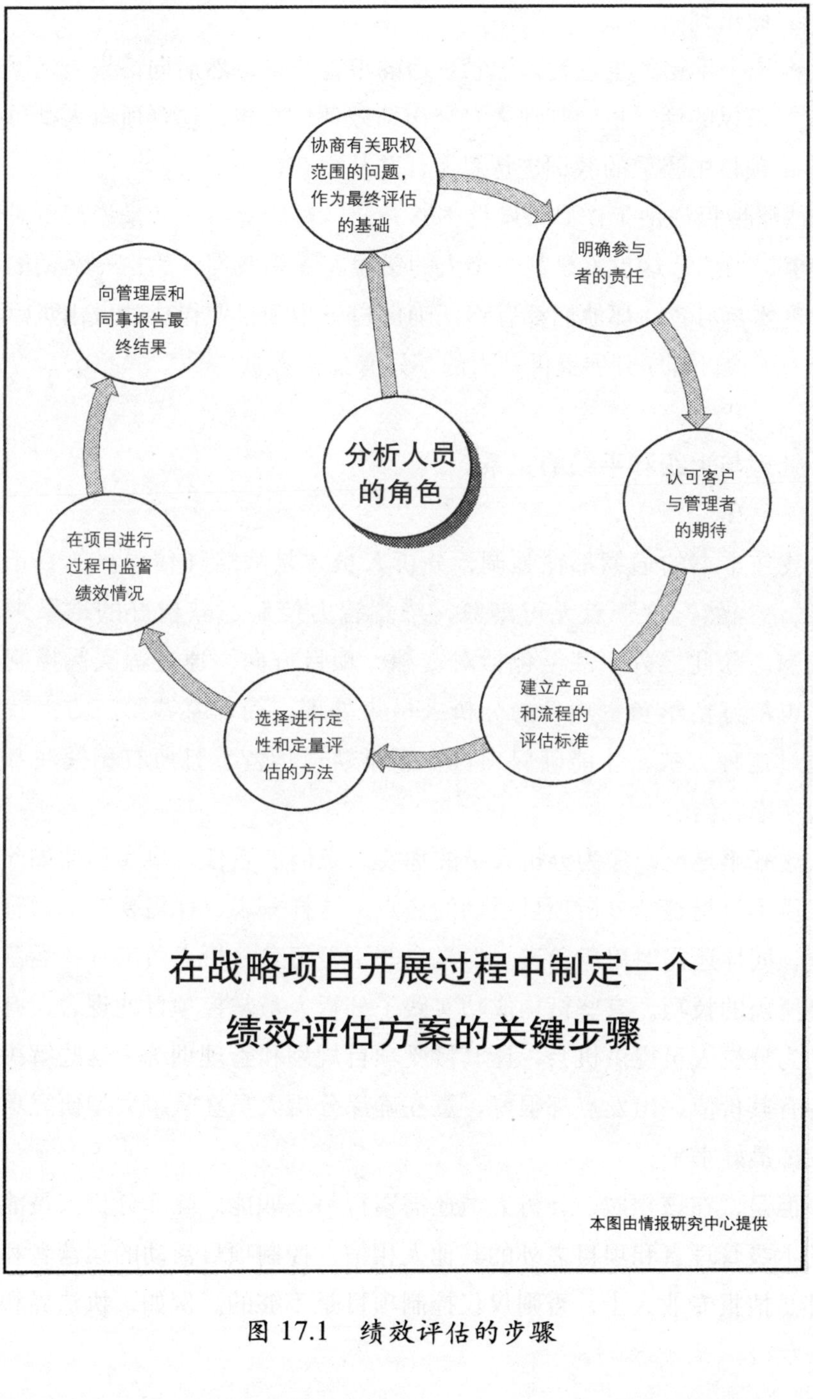

图 17.1　绩效评估的步骤

做出判断。

✶ 一个不错的主意是，记录事后的审查结果，然后向情报人员（如果可以的话，也向其他人）公布绩效评估报告，这样所有人都可以对项目中吸取的教训进行思考，并从中获益。

战略情报评估工作如果做得不够充分，对所有参与者来说都不是件光彩的事，当然，这也不是某一个人的错误。如果我们认为这一活动的确有三个重要参与者，那他们都有责任确保自己为项目取得成功做出贡献。但是，为了项目有序开展提供动力的却只有分析人员。

处理与上级和平级的关系

我在本书的通篇都在强调，**分析人员**才是战略评估项目的真正“运营者”。当然，这一点无可辩驳，毕竟智力控制对获取好的结果来说不可或缺。除此之外，甚至包括对资源、项目方向、速度等实际控制的问题，也最好留给负责项目的分析人员来处理，而非某些第三方。我们只有通过这种方法，才能确保项目在正常轨道运营，且所有相关注意事项都被考虑在内。

这并不是说，作为分析人员的你要肩负所有责任，事实远非如此。分析人员不过是整个分析项目活动的焦点，这样一来，你需要对机构管理者负责，同样还需对用户负责。但是，并不是每名分析人员都具备运营整个项目所需的技巧。有些机构成功实践了分析人员掌控项目的理念，有些机构则为分析人员提供机会，让其接受项目规划和管理训练。这些解决方法都各有其价值，出发点都很好，意在确保分析人员在从事大型研究项目时能发挥最好水平。

但是，在该领域，分析人员还需履行另一职能。除非分析人员能让项目的上级管理者和项目之外的其他人相信，控制项目活动的运营者和操作者都是情报专业人士，否则仅仅控制项目是不够的。例如，执法界和其他公职文化圈[1], [2]通常都将“阶层”看成是权力的仲裁者。而对于情报人员来说，即使在情报实践中表现合理的职业精神也绝非易事。某些情况下，情报组织内部的等级过于森严，情报人员人微言轻，也没有机会独立担负责任，发出其作为情报专业人士的声音。更糟糕的是，我们可能还会发现，在军职和文职人员混编、无法接受跨界文化的情报组织里，情况更为严重。虽说这只是少数情况，但凸显了情报学科在竭力获取认可、积极出色地完成任务，而非默默忍受现状时所面临的困难。

正因为存在这些困难，所以情报专家（包括战略分析人员）必须学会“处理”平级关系和上下级关系。只有承担这项责任，分析人员和其他人员才能不断强化职业精神，才能让组织依赖情报获得好的建议。在这种情况下，本书的不少读者可能很幸运，他们工作的组织将情报部门看成一种合理的存在，认为它与其他职能部门“同等”重要。而其他读者可能没那么幸运，他们初次供职并获取经验和知识的组织也许没有完全认可情报的职能。

二、分析人员的责任

战略分析人员在执行一项任务时需要扮演好几种角色。另外，分析人员通常还会发现，无论是在其所属组织内部还是外部，都需要不断着力塑造情报和分析工作的“形象”和地位。我们将在下文讨论分析人员应承担的**关键责任**，这是分析人员职业精神不可或缺的组成部分。

---

[1] 译注：“公职文化圈”（uniformed cultures）指的是穿制服的国家公务人员，主要包括军队、警察、消防人员、紧急医疗救护人员、税务人员、海关人员、狱警、移民部门的工作人员等。

[2] 原注：这些甚至在商业界也并非罕见。事实上，在商业情报界，大家都在共同努力克服“权力缺失”综合征，而这一问题在企业组织的情报部门中很常见。近些年来，欧洲和美国的几个大型商业组织已经开始着手在组织内部开展情报活动“合理化”的改革，采用包括分配重要职能头衔的手段，以期在组织内部实现对情报职能的认可。

推销理念和概念

情报人员的角色和职能之一是，“推销”有关职业情报服务的理念和概念，这一点毋庸置疑。这是因为情报分析是个相对较新的概念（战略情报更是如此），尚未得到认可，例如在调查活动中还未引入这一实践形式。

如果战略情报实践的目的在于获取信任，有很多方法可以实现这一目的，而各组织应该制定战略，以满足各自不同的文化需求。毫无疑问，在生产出用户感兴趣、相关且有用的战略研究产品方面取得的优良业绩，就是此类战略的最佳要素。而实现这一点，归根结底在于分析人员如何扮演自己的角色，履行自己的职责，以及组织管理者和其他人以何种方式来支持和鼓励战略分析活动。

解决方法之一是，在一个持续的项目中，让人认识到拥有战略情报能力的价值。这些依靠分析人员从事的推销活动，其核心内容包含了双层信息：将注意力集中到战略情报授权方面，且有必要认可分析人员的职业人员身份。分析人员在这里扮演了关键的角色，而且应该不失时机地塑造自己正面的、职业化的形象，让那些与自己接触频繁的组织内外人士看到自己充满自信、能力卓绝的形象。这其实就是在自我“推销”。不幸的是，有些分析人员和其他情报从业者对这一要求充满质疑，他们的工作需要通过某种形式的宣传才能得以推进，这一点也让他们感觉十分“不舒服”。我们经常会听到这样的评论：让工作质量来证明一切。但是，每个政策制定者、研究者、调查者和情报人员都心知肚明，从某种程度上来说，要想赢得信任，需要依靠展示理念和新产品的能力。

如果说这其中有一个原则，那就是，仅靠产品质量是不够的，除非我们能说服潜在用户，对产品进行客观思考。分析人员有必要发挥合法的作用，通过撰写报告，甚至日常的接触和交流手段，确保产品获得认可，而不应该推卸责任。事实上，分析人员大力推动自身形象塑造及战略情报工作实际情况的宣传，这种积极的思维模式更为有用，同时还可以帮助增强分析人员的信心。

保持严谨的态度

分析人员如果想要正确地建立和维护对战略项目的控制，还需要以最敬业的态度承担起责任。也就是说，他不仅要成为战略研究领域的专家，还要保持高度的专业化水平，以证明自己的专家身份。这不是知识水平的问题，而是一个能否彻底、严格执行有序的研究流程的问题。分析人员拘泥于自己的知识水平，以至于故步自封，排斥艰苦且细致入微的研究工作，这一点不可取。保持严谨的态度，能将战略研究活动与其他形式的情报活动分离开。分析人员不能因为急于求成或对用户曲意逢迎，而无视其研究责任所在。

做好准备工作：概念模型的价值

情报界仍然没有充分理解和实践的一项研究是，建立和保留适用的概念模型。该理论本身十分浅显，我们在第八章进行过讨论。我们面临的挑战是，如何使情报人员相信，对情报流程这一环节不应仅仅停留在理论理解的层面，而应将其纳入组织实践，变成一种**标准程序**，这是有价值的。

业界已经充分认识到建立概念模型的利弊，实际上，许多人也已经就这一话题著书立说。但是，情报工作的本质决定，这项工作总要承受在截止日期前提供答案的巨大压力。这一点对要求紧迫性的战役情报活动来说十分合理，但如果肩负这样的压力来经营一个战略情报机构，则有可能会弄巧成拙，特别是当有时间限制的目标被强制分派给战略情报机构，而非出于常见原因进行任务分配时。在这种情况下，分析人员需要承受巨大的压力，事先获取与情报主题相关的知识，以避免开展可能无法带来任何实质性且直接的结果、被视为带有侵入性的环节。

我通篇都在强调，我们需要努力有序地开展情报流程，这也是研究工作提出的要求。对看似很“花时间”的环节都这样去做，是明智之举。建立概念模型，是在开始规划研究项目之前，对特定现象或概念建立框架结构的一个关键环节。如果不这样做，会产生两种可能的结果：分析人员要么丧失为后续步骤打基础的机会，要么相反，他选择利用现有知识水平作为理论基础，认为没必要进行自我审视。这两种做法都会使得项目规划的基础不够坚实，且两者都不能替代建立概念模型的工作。

在建立概念模型方面，我们通常容易忽视的一点是：需要认识到这个步骤不必等到接受了实际项目任务后再着手开展。在许多情况下，组织工作的本质、兴趣点以及焦点，都使我们不难确定需要规划的那些非常可能或至少是可能需要进行情报分析和未来趋势研究的领域。我们以国防部门、国家安全部门和外交部门为例。参与竞争者观测[1]及风险/机会评估的企业组织，以及其他需要处理不断变化的社会、经济、贸易活动等模式的政府部门，都是具有代表性的领域。在这些领域中，未来分配的情报任务类似于一种建立情景的过程。如果情况的确如此，分析人员可以毫无障碍地利用“空余”时间探索和建立可能的情景，至少可以发展到建立适用的概念模型的程度。随着时间的推移，这些还需不断更新，但我们最好不要认为每项新任务都代表着一种全新且陌生的挑战。

例如，全世界的海关组织都需处理倾销申诉的问题[2]，海关法所规定的程序通常是，除非出现申诉否则不采取任何行动。由此，受侵害国家的工业部门，会成为确认和报告其他国家非法活动的途径。海关部门接下来的调查活动，通常会受制于对时间提出明确限制的规定。有人认为，这不是一个国家保护自身经济不受此类贸易活动影响的最有效方法。另外，当前的实践活动有这样一个显著特点：因为解读法律方式的问题，多数海关

[1] 译注：“竞争者观测”(competitor scanning)是企业组织进行竞争者分析(competitor analysis)的一部分。竞争者观测主要通过对竞争对手的媒体传播策略进行观测和分析。例如就对方发布的广告进行观测，因为对方的广告可能透露其营销理念和目标市场等信息。

[2] 原注：“倾销”是指在资助国内生产成本、旨在获取出口竞争优势的情况下，对外国市场出口商品的一种手段。

1. 展示高超的语言技巧，重在语言朴实、无歧义、清晰、简洁且与主题相关；
2. 目的在于符合用户的技术水平，需要有支撑性或解释性的细节信息；
3. 引起并吸引用户关注，促使用户接受你所采取的方法，能够接受你为支持结论和结果而进行观点阐述时所运用的逻辑。

报告的格式或谋篇布局的风格，可能体现了你所在组织从业方式的特点。但显而易见的是，情报周期的本质以及数据和可能的解决方法之间的逻辑联系，对你提出了内在的要求，即所准备的报告重在帮助理解，而非仅仅提供直接答案。如果你的目的不仅在于说服用户接受报告提供的结果和预测，还希望用户相信情报产品是建立在情报人员执行任务时逻辑缜密的基础上的，这一点尤其正确。

报告的长度之所以重要，有几个原因。报告必须包含所有需要展示、读者可以参考的信息。但是，是否所有的数据都需要体现在报告内，则依靠你自己的判断。最佳的解决方法是，该报告应该展示重要观点、结论、建议以及对支撑性理由的概述。你不要机械地将战略调查过程中搜集到的每一条信息都呈现出来。

报告的长度没有具体的规定，这要视主题的复杂性而定，且要满足用户的期待。

★ 分析人员在确定最终报告所包含的细节信息应该细致到什么程度时，需要良好的判断力，要牢记用户的所有需求。另外，为了做到简洁扼要，讨论敏感话题的部分未必就要一笔带过。
★ 某些组织认为，介绍基本情况时，无论是口头汇报还是书面报告都应该压缩成一种简短的展示形式，例如，遵循“两分钟”或“一页纸”原则。在这种情况下，你需要知道战略情报报告和基本情况介绍是完全不同的两种展示方式。两者都需要经过准备，以实现各自不同又相互补充的目标。
★ 本质上，报告既要切合主题，又要体现主题内在的复杂情况，并满部门都认为自己没有义务处理此类申诉，所以很少或根本不会去评估某种商品成为申诉对象的可能性。人们通常认为，预先观测可能造成损害的商品流通情况十分耗时，也极为费力。不过，许多私人公司和国有企业都发现，向专注于通过商品交换来获取盈利的组织提供此类服务，可以带来诸多好处。就是此类例子，显示了建立情景的可能性，而如果从国家经济利益的角度来看，此举还具有必要性。

类似的例子在那些处理增值税的组织中不胜枚举，在这些组织中，由于缺乏对行业具体运营方式的了解，战略风险评估活动的开展经常受阻。在这种情况下，确定倾销目标的工作就变成查明哪些产业领域出现了最多的问题，而不是去研究只有很少或几乎没有相关倾销事件记录在案的产业的收入遭受损失的可能性。而**观测**为此类产业[1]的组织结构和运营安排建立可能有用的概念模型，可以使我们在未来的某个时间受益，事实上，这样做还能让我们在更好地确定是否要针对某一产业投入时间进行研究调查方面有据可循，而不是依据之前的记录。

在这些领域中，分析人员可以利用他们掌握的技术，来建立适用的产业、商品或情景模型，以节省时间，对分析项目在未来可能遇到的数据方面的问题有更为科学的预测。

三、分析人员面临的特殊挑战

承担风险、大胆推测、鼓起勇气

本章用了大量篇幅且本书通篇都在讨论的问题是，我们都承认分析人员具有潜力和影响力，能够确保以高度的职业精神完成所有与战略

[1] 译注："此类产业"指的是，前面提到的可能因为倾销问题而遭受损失，但又没有相关记录可以查询的产业。

情报活动相关的事情。不过我们同时还必须看到，承担这个角色并非易事，部分原因在于分析人员总是希望避免因此而不得不与其同行或高层发生对峙的局面，部分原因可能在于组织文化通常会阻碍情报实践活动的开展。

成为专家或专业人员必须要担负责任，去面对并应对挑战，分析人员必须认识和接受这一点。各个组织的工作方式有所不同，分析人员所面临的可能对峙状态的程度也会有所差异。当然，不仅仅是分析人员要面对这一情况，情报主管和管理者通常也会为了实现组织对他们的期待，而感受到同样的压力。他们的角色会因为组织对他们赋予的管理角色的期待而受到影响，但对分析人员来说，由于研究活动的本质，且从某种程度上说，是因为情报活动的神秘性，他们的角色具有独立性。分析人员承担这个责任，同时要处理战略研究与组织其他成员从事“真实世界”的活动存在相互隔离的情况，并非易事。这需要分析人员具有较强的目的性，对自己的能力和信心有清晰的认识，同时还要有勇气推动新理念和非传统结论的发展。

另外，分析人员必须意识到，情报产品并不总是能够取悦所有受众。分析人员坚信研究活动执行得彻底、得出的结论极为实用，不仅仅要有勇气，还必须洞悉情报是一种推测性活动。情报活动不是一项旨在搜寻结论性证据的调查行动，而是一项旨在充分挖掘问题、给出当前情况下最佳解释的研究活动。在这项活动的过程中，分析人员既需要有极高的判断力，也需要有严谨的态度，必须对自己做出的推测、评估和预测质量进行自我价值评定。

职业化发展

本章的目的不在于详细讨论选择和培训从事战略情报工作的分析人员的问题。本书列出了战略研究所处的环境类型，并以此确认成功完成此类工作需要的态度、行为方式和技能。欧洲和北美的许多机构已经并且继续在探索，挑选适合的人从事战略分析工作的各类方法和途径。有些人一直认为，学术教育是决定行为潜力的主要因素，在当前这个管理思维流行的时代，存在这种想法不难理解。但是，对于战略分析不过是一系列简单流程、通过学习就可以掌握的观点，总有人能够轻易找到根据。因此我们在讨论这个问题时，更需要关注的是个人的特质和思维模式。根据我的经验，很少有机构就这个方面进行过综合性研究。事实上，当前的情报标准模型建立于20世纪90年代末期，而它们大多仍然关注于技能获取的过程，很少去关注在技能应用过程中形成**行为方式**和**思维模式**的必要性，这一点可以说十分不幸。

最近许多组织开始提供情报理论和实践的学术培训和教育，这个趋势可谓是项新进展。[1]这种将教育要素囊括在内的做法，可以帮助分析人员了解，仅仅运用标准化流程而不进行深入思考，无法应对现代分析活动所面临的挑战。目前，欧洲、北美和澳大利亚的许多大学和学院都在尝试开设课程，旨在满足情报从业者的需求，可以预见的是，至少某些课程将会完全通过远程教育的方法，来满足情报界“市场”的需求。这一发展步伐仍然比较缓慢，而许多机构还在努力提供有趣且实用的学习计划，但事实上，各组织通常都很难等待三至四年的时间，从此类强化训练中获取想要的结果。情报培训和教育的另一改变是，一些机构和许多大学都越来越肯定地认为，实践性、职业化的培训课程已成为旧事物，学术教育将足以替代它们。当然，这也是一种误解，我们可以利用高等教育来对速成式、专业化培训的持续和高要求进行补充，而非完全替代它们。

作为创造性思考者的分析人员

与其他分析活动一样，战略分析的特点之一也是要求分析人员能进

[1] 原注：我自己的公司，情报研究中心（网址：www.intstudycen.com）和情报研究学院（网址：www.intelligencecolledge.com），都通过远程教育项目提供大量此类情报教育的机会。

行飞速思考，而非受制于先例或惯例。[1] 对调查实践活动的理性观察可突出这一点：如果想要确保结果经得起推敲，逻辑线索和证据必定要无懈可击，无论是在法庭、董事会或是在股票交易所，情况都是如此。相反，情报活动需要在某些情况下支持调查活动，但这并不是说它是一种调查实践活动。正如前面所说，情报活动需要巧妙地阐释数据和事件，以确认正在发生的事情、接下来会发生的事情、事件参与者以及行动的影响。情报活动是为决策者提供的服务，使得他们能够集中力量解决问题和抓住机会。情报活动不是一项获取确切性、可证实性结论的调查活动。历史是优质分析的最好明证。

我们显然有必要**教育**和**培训**战略情报分析人员，使他们能够进行创造性思考。情报机构只有提高分析人员的意识，才能确保他们的行动人员不会落入陷阱，不会过于循规蹈矩，受制于前人的成果以及强加给他们的文化价值观，因为这些都会阻碍他们进行客观分析。毫无疑问，分析人员可以通过学习，成为一个创造性思考者。许多课程的开设就是为了实现这个目的，许多书籍、磁带和影像资料都在教授和培养创造性思维的相关技术和技能。另外，如果情况允许，我们还需要改变组织的情报实践文化，从而使得创造性精神生根发芽、开花结果。这并不是说，分析人员、他们的同行以及导师必须脱离实际，情况绝非如此；而是说，我们需要营造一个氛围，接受创造性思维，不将其视为逻辑思维的敌人，当然，想象力不能代替整个流程。正如业界大多数研究思维实践的知名作者观察所得，创造性思维能让我们更为高效地使用某一器官或肌肉组织（这里指的其实就是大脑），然后教会这个器官或肌肉组织自如地运用新技巧。

[1] 译注：此处的意思是，战略分析人员应该摆脱前面已经得出结论的窠臼，也不苛求于必须与之前的结论保持一致性，而是能够自由思考，充分发挥自己的想象力和创造力，才能提高情报的质量。

四、结论

情报界普遍认为，所有情报人员都是平等的，而分析人员就像公司中的首席执行官或总经理一样，在所有地位平等人员中处于首位。对于具有更深厚的军事或类似背景的人来说，持有这种观点并不罕见。毕竟，情报事业的本质通常是，在情报领域的不同岗位之间轮换任职是情报服务需求带来的必然结果。相反，这种实践活动（与其相关并支持这项活动的观点）在执法界并不常见，在企业环境下的竞争性情报活动中也不常见。

分析活动已成为情报领域一项常见的专业性活动。到目前为止，鉴于情报活动开展的环境各异，需要运用高度专业化的技能，因此分析活动出现了功能方面的区分，也出现了部门化倾向。分析活动涉及的语言和文化已经发生了变化，例如，各组织对于分析岗位的职业描述存在很大差异，人员选拔标准也存在差异。

这与战略情报和分析领域有何相关性呢？答案是，承担战略研究任务的分析人员，必须思维活跃，并做好心理准备，实现本书通篇所描述的战略研究要求。分析人员采用的战略情报流程和方法，与战术和战役情报完全不同，两者在培训计划方面当然更无相通之处。此类研究的要求、用户获取战略产品的目的、产品生产所需的技术工作类型，都是战略情报所“特有的”。

从根本上来说，与其他分析人员一样，战略分析人员也需要具备同样的基本技能、素质和特质。这些核心素质包括对问题进行概念化处理的能力，思考和选择合适的解决问题工具，巧妙地运用所有技能等。另外，从事这一系列活动的分析人员必须态度诚实、为人正直，对待细节问题认真谨慎，具有想象力和创造力，表现得训练有素、有条不紊。对于情报分析工作来说，这些核心素质都是基本要求。能否将这些特质应用到那些要求不同的、特殊的技能和工作重点有差别的情况中，是区分各类分析功能的关键。

分析人员在战略情报研究中的角色，就是分析技巧的多种应用情况之一。在这种情况下，分析人员必须显示个人能力，承担所需从事的研究。另外，正如前面多次强调的，战略分析人员要承担智力责任，要“有序安排”整个研究项目，确保所有相互补充的要素（例如项目设计和数据搜集）都能落实到位。有人可能认为，这是一个不切实际、无法实现的概念，战略情报工作在执法界过去 15 年的实践显示，当这一领导角色没有分配给分析人员时，会使得分析工作变得脆弱和令人担忧，无论出于何种原因，集中化智力控制的理念都无法付诸实践。如果战略分析人员想要完全成为一个战略项目的首席研究者，必须不遗余力地找寻能够说服管理者和用户的方法，使他们相信，让从事分析的人来全面“控制”整个研究项目，可以令他们获益。

战略分析人员所承担的责任、需要履行的义务都不是小事。除了此类研究本身会带来的工作负荷压力外，承担研究此类影响深远议题的责任还会为分析人员增添额外的负担。

本章的目的显然不在于回答如何确定分析质量的问题，而在于提高分析人员的认知，重点讨论与战略分析人员角色相关的关键特点。这些问题的重要性，不亚于获取和落实研究流程和程序的重要性。

篇尾寄语

本书旨在从四个方面为战略情报研究提供方向、指导和鼓励：

- ★ 向管理者、用户和战略情报从业者介绍有关战略情报的概念；
- ★ 帮助分析人员理解有关战略研究流程和标准的问题；
- ★ 鼓励管理者和行政人员接受本书谈及的理念，因为战略研究能帮助他们获得成功、避免失误、降低风险；
- ★ 最后，显示流程的简单性，但如果读者想要成功获得结果，还需要经历严格的思维训练，需要有灵活的创造力和开放的思维。

当然，本书并未涵盖战略情报和分析的所有内容。其他分卷正在规划中，其中一本重点探讨如何执行本书所描述的战略情报流程，以及阐述该流程在企业组织和政府环境下如何应用。我认为这一工作十分必要，因为尽管执法界需要本书所描述的战略服务，但其毕竟只是众多潜在用户群中的一个。我的下本书是一部带注释的情报词典，将对情报界有着更为广泛的参考价值。

致　谢

我要感谢诸位情报专业人士、我的各位同事和朋友，感谢他们贡献自己的智慧和灵感，否则本书不可能顺利付梓。我在从事战略情报与分析的研究和教学工作过程中，多次有机会与几大洲的诸多情报分析人员见面并共同讨论。

我要感谢稻草人出版社（Scarecrow Press）的简·戈德曼，感谢他对我的不断鼓励和支持，帮助我完成本书的修订工作。

我还特别要感谢来自荷兰的马塞尔·斯科尔斯（Marcel Scholtes）、保罗·米奈伯（Paul Minnebo），来自比利时的帕斯卡尔·沃特莱特（Pascal Wautelet），来自加拿大的汤姆·哈尼（Tom Haney）、霍华德·克拉克（Howard Clarke）、戴维·尼利（David Neely），来自新西兰的马克·博伊斯（Mark Boyce），来自南非的达勒尼·杜梵奈（Dalene Duvenage），来自英国的莱斯利·惠特利（Lesley Wheatley）、阿曼达·霍普金斯（Amanda Hopkins）、肯尼思·马修斯（Kenneth Matthews），来自美国的鲍勃·海贝尔（Bob Heibel）以及澳大利亚的安东尼·诺兰（Anthony Nolan）。感谢过去几年里，他们对我的帮助和鼓励。

当然，尽管我没有在本书中直接引用或谈及其他作者相关著作中的内容，但我对战略情报理论和实践的研究，的确是建立在广泛阅读的基础之上。从另外一个方面来看，因为受到我在全世界多个企业组织和政府组织中工作经历的启发，我有诸多机会从事本书所列出的战略情报原则和流程应用的研究，我感到自己非常幸运。

最后，我要特别感谢我的妻子贝弗莉，感谢她一直以来给予我的鼓励和协助，使得我能够顺利完成这本书的撰写工作。

延伸阅读

（由情报研究中心编制）

Andrews, Paul P., and Marilyn B. Peterson, eds. *Criminal Intelligence Analysis*. Loomis, CA: Palmer Enterprises, 1990.

Bozeman, Adda B. *Strategic Intelligence & Statecraft: Selected Essays*. Washington, DC: Brassey's (US), 1992.

Bridgeman, Cressida. *Crime Risk Management: Making It Work*. London: Home Office Police Research Group, 1996.

Bruce, Christopher W., Steven R. Hick, and Julia P. Cooper, eds. *Exploring Crime Analysis: Readings on Essential Skills*. Charleston, SC: BookSurge, 2004.

Crime Analysis through Computer Mapping. Workshop presented by the Illinois Criminal Justice Information Authority, August 22–25, 1993.

Criminal Intelligence Program for the Smaller Agency. California Peace Officers Association, Organized Crime Committee, October 1988.

Dey, I. *Qualitative Data Analysis: A User-Friendly Guide for Social Scientists*. London: Routledge, 1993.

Dintino, Justin J., and Frederick T. Martens. *Police Intelligence Systems in Crime Control*. Springfield, IL: Charles C. Thomas, 1983.

Ekblom, P. *Getting the Best out of Crime Analysis*. London: Home Office Police Research Group, 1987.

Farrington, D. "Quantitative Criminology in the UK in the 1990s—A Brief Overview." *Journal of Quantitative Criminology* 12, no. 3 (1996): 249–63.

Friedman, George, et al. *The Intelligence Edge*. New York: Crown, 1997.

Gottlieb, Steven, with Sheldon Arenberg and Raj Singh. *Crime Analysis: From First Report to Final Arrest*. Royersford, PA: Alpha Publishing, 1994.

Harris, Don R. *Basic Elements of Intelligence*, rev. ed. Washington, DC: Law Enforcement Assistance Administration, 1976.

Heuer, Richards J., Jr. *Psychology of Intelligence Analysis*. Washington, DC: Center for the Study of Intelligence, Central Intelligence Agency, 1999.

Intelligence: The Ultimate Managerial Tool. Sacramento, CA: Law Enforcement Intelligence Unit, 1983.

Issues of Interest to Law Enforcement. Sacramento, CA: Law Enforcement Intelligence Unit, 1995.

Kahaner, Larry. *Competitive Intelligence: From Black Ops to Boardrooms: How to Gather, Analyze, and Use Information to Succeed in the Global Marketplace*. New York: Simon & Schuster, 1996.

Kedzior, Richard. *A Modern Management Tool for Police Administrators: Strategic Intelligence Analysis*. Ottawa, ON: Criminal Intelligence Service Canada, 1995.

Khalsa, Sundri. *Forecasting Terrorism: Indicators and Proven Analytic Techniques*. Lanham, MD: Scarecrow Press, 2004.

Maguire, M., and T. John. *Intelligence, Surveillance and Informants: Integrated Approaches*. Crime Detection and Prevention Series. London: Home Office Police Research Group, 1995.

Marshall, Peter. *Research Methods: How to Design and Conduct a Successful Project*. Plymouth, UK: How to Books, 1997.

McDowell, Don. *Fundamentals of Intelligence: A Reference Manual for Analysts*. Cooma, NSW, Australia: Istana Enterprises, 2003.

———. *Strategic Intelligence & Analysis: Guidelines on Methodology and Application*. Cooma, NSW, Australia: Istana Enterprises, 1997.

———. *Strategic Intelligence & Analysis: Selected Writings*. Cooma, NSW, Australia: Istana Enterprises, 1998.

———. *Wildlife Crime, Policy and the Law: An Australian Study*. Canberra: Government of Australia Publishing Service, 1997.

Morris, Jack. *Crime Analysis Charting*. Orangeville, CA: Palmer Enterprises, 1982.

Oldfield, R. *A Review of Crime Pattern Analysis in the UK Police Service*. London: Home Office Police Research Group, 1992.

Paton, Michael Quinn. *Qualitative Evaluation and Research Methods*, 2nd ed. Newbury Park, CA: Sage Publications, 1990.

Peterson, Marilyn B. *Applications in Criminal Analysis: A Sourcebook*. Westport, CT: Greenwood Press, 1994.

———. *Criminal Intelligence: A Vital Police Function*. Issues of Interest to Law Enforcement. Sacramento, CA: Law Enforcement Intelligence Unit, 1998.

Peterson, Marilyn B., Bob Morehouse, and Richard Wright, eds. *Intelligence 2000: Revising the Basic Elements.* Lawrenceville, NJ: Law Enforcement Intelligence Unit and International Association of Law Enforcement Intelligence Analysts, 2000.

Prunckun, Henry W., Jr. *Special Access Required: A Practitioner's Guide to Law Enforcement Intelligence Literature.* Metuchen, NJ: Scarecrow Press, 1990.

Ratcliffe, Jerry H., ed. *Strategic Thinking in Criminal Intelligence.* Annandale, NSW, Australia: Federation Press, 2004.

Read, Tim, and Dick Oldfield. *Local Crime Analysis.* London: Home Office Police Research Group, 1995.

Sadio, Sefton. *Intelligence: The Way Forward. The Proactivity Paradigm in a National Police Force.* PhD diss., Manchester Metropolitan University, UK, 1998.

Sources of Information for Criminal Investigators. Santa Barbara, CA: Anacapa Sciences, 2001.

Sun Tzu. *The Art of War.* Translated by Samuel B. Griffith. Oxford: Clarendon Press, 1963.

Tilley, Nick, and Andy Ford. *Forensic Science and Crime Investigation.* London: Home Office Police Research Group, 1996.

van der Heijden, T., and E. Kolthoff, eds. *Crime Analysis: A Tool for Crime Control.* The Hague: Ben Baruch, 1992.

Viljoen, John. *Strategic Management: How to Analyse, Choose and Implement Corporate Strategies.* Melbourne, Australia: Longman Professional, 1991.

作者简介

唐·麦克道尔（Don McDowell）是情报领域的专业咨询师、研究者、教师和顾问，特别是对战略分析和研究极为擅长。他在国防事务、国际关系、国家安全和执法方面都有着长期的情报从业经验，在过去几年里，他一直在欧洲、澳大利亚和加拿大提供咨询服务。他撰写了大量著作，都与作为管理工具的战略情报相关，涉及战略情报理论和技巧教学。他目前仍在为多国政府从事战略和战役情报研究，并在世界各地都开设过讲座。

麦克道尔撰写过两本有关战略研究流程的书，分别是 1997 年出版的 *Strategic Intelligence Analysis: Guidelines on Methodology and Application* 及 1998 年出版的 *Strategic Intelligence & Analysis: Selected Writings*。他还写过一本集中探讨野生动物犯罪议题的情报应用的著作，即 1997 年出版的 *Wildlife Crime, Policy, and the Law:An Australian Study*。本书最初于 1998 年出版，是第一本有关战略情报理论及其在民间和非军事情报领域运用的主要参考类书籍。麦克道尔一直活跃在自己的研究领域，在国际学术圈积极进行情报分析课程的开发。他领导的情报研究学院，在帮助情报界实现远程教学方面做出了诸多贡献。

麦克道尔是国际注册犯罪分析师协会 [1] 的终身会员，还是一些相关职业协会的成员。他曾积极向各类企业组织提供有关战略发展议题方面的建议，并参与计算机软件开发和计算机在情报方面的适用性等方面的研究。

[1] 译注："注册犯罪分析师协会"（Society of Certified Criminal Analysts，SCCA）创建于 1989 年，是一家旨在推动犯罪分析职业化和高度标准化的职业机构。

英汉词汇对照

acceptability　可接受性
Admiralty System　海事系统
armchair detective　安乐椅侦探

Bayes's Theorem of Conditional Probabilities　贝叶斯条件概率定理
belief system　信念体系
believability　可信性

collation systems　核对系统
College of Intelligence Studies　情报研究学院
comparative analysis　对比分析
competitor analysis　竞争者分析
competitor scanning　竞争者观测
conceptual analysis　概念分析
conceptual modeling　概念模型
crime analysis　罪案分析
criminal society　犯罪群体
cross-referencing　交叉引证

database gateways　数据库网关
Delphi Method　德尔菲法
descriptor　描述符
district commander　区域指挥官
Divergent Analysis　发散性分析
Drug Enforcement Administration　美国缉毒局
Dutch Criminal Intelligence Service　荷兰犯罪情报局
Dutch National Police Service　荷兰国家警察局

Europol　欧洲刑警组织
EUROPOL International Conference of Intelligence Analysts　欧洲刑警组织情报分析师国际会议
excursion　畅想

functioning structure　功能结构

geographical information systems (GIS)　地理信息系统
group approach　组织途径

H. M. Revenue and Customs 英国皇家税务与海关总署

indicator and warning intelligence 指标和预警情报
intelligence collection plan (ICP) 情报搜集计划

logical reasoning 逻辑推理

modus operandi (MO) 犯罪手法

National Criminal Intelligence Service 国家犯罪情报局
Need-to-Know Principle 须知原则
new-wave management 新浪潮管理

on-the-spot knowledge 实地知识
Open Source Information (OSI) 公开来源信息
operational activity 战役活动
operational intelligence 战役情报
operational task 行动任务
organizational approach 组织性方法
overall net worth 整体净值

peak organization 高峰组织
power syndrome 权力综合征
probability 可能性
project directive 项目指令
public lobby groups 公众游说团体

qualitative information 定性信息

regional commander 地区指挥官
reliability 可靠性
Royal Canadian Mounted Police 加拿大皇家骑警

situational logic 情景逻辑
Society of Certified Criminal Analysts (SCCA) 注册犯罪分析师协会
speculative 推测
Strategic Crime Studies Unit of the Australian federal Attorney-General's Department 澳大利亚联邦司法部战略犯罪研究组
Strategic Intelligence 战略情报
structured data 结构化数据

tactical intelligence 战术情报
target intelligence 目标情报
Terms of Reference (TOR) 职权范围
theoretical analysis 理论分析

unstructured data 非结构化数据

validity 有效性

国家安全与保密参考书目

策划人：朱策英
邮　箱：gwpbooks@yahoo.com

《美国政府保密史：制度的诞生与进化》　［美］戴维·弗罗斯特　著

本书论述了美国政府自建国前至今的保密史。作者以大陆会议、宪法制定、曼哈顿计划等各种历史事件为切入点，讲述了保密如何在维护美国国家安全中发挥重要作用，政府保密制度与文化怎样跟随历史不断演变。

《先发制人：国际冲突的先制与预防》　［美］迈克尔·多伊尔　著

一个负责任的政府是应采取预防措施，对潜在敌人发动先制战争以防患于未然，还是待冲突发生后再采取动作？为因应“9·11”恐怖袭击后的挑战，作者就近数十年来的国际冲突案例进行了深入浅出的分析，提出了自己的国家安全主张。

《突然袭击：被袭国的视角》　［以］伊弗雷姆·卡姆　著

本书系统分析了1939年以来的全球11个经典突袭案例，梳理致使一国遭受战略突袭的分析困难、判断偏见、组织障碍等，是研究战略突袭的经典之作。它告诉我们，突袭虽极难预防，但只要处理得当，并非完全不可避免。

《战略情报：情报人员、管理者和用户手册》　［澳］唐·麦克道尔　著

本书阐述了战略情报从生产到应用的整个环节，重点论述了战略情报的概念和原理，战略情报分析的流程和方法，战略情报管理思想和决策观念的革新，战略情报批判性与创造性思维的实践应用等，堪称战略情报的首部系统性研究著作。

《分析情报：国家安全从业者视角》　［美］罗杰·乔治　詹姆斯·布鲁斯　主编

本书从国家安全的视角，汇集美国情报界24位顶级专家的思想，深度阐释情报分析的20个核心议题，包括搜集缺口、认知缺陷、外国拒止与欺骗、分析与政策关系、不确定性、反恐斗争、国内情报等，是情报分析领域论述最为全面的书籍之一。

《情报分析案例：结构化分析方法的应用》　［美］萨拉·毕比　伦道夫·弗森　著

作者精选出17个经典案例，指导情报分析人员运用结构化分析方法处理实际问题。本书是《情报分析心理学》和《情报分析：结构化分析方法》的姊妹篇，与《情报分析案例•实操版：结构化分析方法的应用》是配套用书。

《情报分析案例•实操版：结构化分析方法的应用》　［美］萨拉·毕比　伦道夫·弗森　著

本书是《情报分析案例：结构化分析方法的应用》的配套用书，采用情景化示范的方式，论证了结构化分析方法的实际应用，为情报分析及其他行业的决策者和管理者提供有效的工作指南。

《情报分析：结构化分析方法》　［美］小理查兹·J. 霍耶尔　伦道夫·弗森　著

本书采用结构化分析方法的新理念，将55种情报分析方法分成8大类，不仅阐述每一种分析方法本身的内容，还指出其适用场景、增加的价值、具体的操作步骤等，可有效提升情报用户的预测和决策能力。

《情报研究与分析入门》　［美］杰罗姆·克劳泽　原著　［美］简·戈德曼　改编

本书全面探讨了情报研究与分析的各个阶段，重点讨论了情报研究的规范程序和适用的分析方法工具、模型，优秀情报分析人员的必备特质，以及如何提升情报产品的质量，是情报研究与分析入门必备教材。

《战略情报的批判性思维》　［美］凯瑟琳·弗森　伦道夫·弗森　著

本书关注如何在情报工作中应用批判性思维，系统阐述了20个重点问题，介绍了其中的各种实用技巧与工具，以及简单易懂的解决办法。这是一部情报工作者高效思考力指南，情报分析的三大黄金标杆教科书之一。

《情报搜集技术》　［美］罗伯特·克拉克　著

本书是首部系统论述情报搜集技术的专著，集中讨论了各种技术搜集手段，情报搜集策略与管理问题等；重点探讨了搜集技术在国家安全领域的三大用途，让读者一窥美国情报界强大的情报搜集能力、发展动向及维护国家安全的最新思维。

《情报：从秘密到政策》　［美］马克·洛文塔尔　著

本书详细阐述情报的概念、历史、流程、搜集、分析、反情报、隐蔽行动等问题，重点讨论情报在美国国家安全决策中的重要作用。本作品享有极高声誉，多次再版修订，已成为全美外交、国关、国安、情报等诸多学科的权威教材。

《情报分析心理学》　［美］小理查兹·J. 霍耶尔　著

本书主要探讨了人类在判断不完整或模糊信息过程中的认知心理问题，以及这些问题如何对情报分析产生影响，而我们又怎样有效克服这些影响。本书既是美国情报机构培训员工的经典教科书，也是中情局情报官员的必备参考读物。

《情报分析：以目标为中心的方法》 [美]罗伯特·克拉克 著

本书创造性地提出运用“以目标为中心”的情报分析方法，完善情报分析的逻辑过程，形成“确定目标—问题分解—建立模型—评估数据—填充模型—进行预测”的情报分析流程，称得上是一部名副其实的情报分析教科书。

《斯诺登档案：世界头号通缉犯的内幕故事》（修订版） [英]卢克·哈丁 著

本书对“斯诺登事件”进行了全面介绍和解读。它详细追踪了斯诺登的泄密动机、获取机密文件的方式、媒体的报道过程及事件的后续发展，讲述了事件背后各方的博弈较量与攻防策略，披露了美英等国监控全球的手段和规模。

《二战后的美国对外政策》 [美]史蒂文·胡克 约翰·斯帕尼尔 著

作者将美国置于全球背景下，系统讲述了1945年二战结束后该国对外战略的重大发展与变化，深刻剖析了其外交政策的决策机制，提示了其对外战略的形成过程与规律。通过本书，读者可以了解美国对外政策的根源和复杂性，深入理解其对外战略的全景图。

《谁来监管泄密者？：国家安全与新闻自由的冲突》 [美]盖里·罗斯 著

通过美国政府历史上重大的泄密案例，作者探讨了未授权信息泄露背后的动机、代价、法律困境和解决之道，以提醒全美情报系统：对手如何获取美国情报，获得情报后会取得怎样的优势。本书是信息时代普及国家安全意识的必备佳作。

《情报术：间谍大师杜勒斯论情报的搜集处理》 [美]艾伦·杜勒斯 著

本书作者以第一人称的视角展开，着重阐述了情报的实用技巧——情报如何搜集和处理，以及形成的结果怎样为制定国家政策服务。本书是“间谍大师”、中情局任期最长局长、美国现代情报系统缔造者杜勒斯的收官之作。

《骗中骗：克格勃与中情局的无声战争》 [美]爱德华·爱泼斯坦 著

本书以美国反间谍头目詹姆斯·安格尔顿之死为缘起，追踪了苏联从建国伊始到冷战末期“欺骗对手”的各种行动，以及美国是如何应对和接招的。该书呈现了中情局与克格勃在情报与反情报上的较量，是国家安全研究的重要资料。

《全民监控：大数据时代的安全与隐私困境》 [英]约翰·帕克 著

阿桑奇、斯诺登等的接连爆料警示我们，“全民监控”的时代已经来临。为了获得全方位的监控能力，西方国家利用闭路系统、窃听设备、身份识别技术、定位追踪装置等随时随地监视民众。本书是读者迅速掌握隐私与信息安全知识的必读之作。

《网络战：信息空间攻防历史、案例与未来》 [美]保罗·沙克瑞恩 等著

通过梳理各种经典案例，本书系统探讨了网络战历史、现实和未来。以跨学科的研究方法，作者有机融合理论与实例，涵盖了从个人、组织机构到国家的网络安全问题，细致阐述了网络空间的生存之道。

《秘密情报与公共政策：保密、民主和决策》 [美]帕特·霍尔特 著

全书讲述了美国安全情报的起源与演变，介绍了与国家安全政策制定相关的四大情报活动，穿插了一些情报利用、误用、滥用等的经典案例，并展望了情报和政策两者的未来关系。

《国家安全与情报政策研究：美国安全体系的起源、思维和架构》 [美]伯特·查普曼 著

本书总结和收集了大量以美国为主的世界各国国家安全政策资料，重点介绍了美国国家安全思想和架构的起源和发展历程，以及作为其国家安全基石的情报政策的历史变迁，具有极强的资料性和实用性，是研究国家安全历史的重要案头书。

《恐怖主义如何终结：恐怖活动的衰退与消亡》 [美]奥德丽·克罗宁 著

通过精心研究各种恐怖组织，本书总结出终结恐怖组织的六种模式，分别系统、深入地加以论述，辅以大量实际数据、案例研究和图表作支撑。本书极具历史性、实践性和经典性，论证严谨，是反恐领域的一部不可多得的标杆性读物。

《21世纪犯罪情报：公共安全从业者指南》 [美]理查德·赖特 等主编

本书全面、系统、深入地介绍了以美国为主的西方国家犯罪情报工作的过去、现在和未来，论述了犯罪情报工作的思想、流程、方法、工具和实践。全书在理论上揭示了犯罪情报工作的基本规律；在实践上提供了犯罪情报工作的方法工具。

《数据与监控：信息安全的隐形之战》 [美]布鲁斯·施奈尔 著

在西方世界，大量的个人数据会被政府和企业监控，政治自由与公平、商业公平与平等，甚至隐私以及安全等都因监控岌岌可危。本书给出切实可行的建议，探讨如何才能有效应对监控，保护信息安全和隐私。作者被誉为信息领域的“安全教父”。

《金融情报学》 王幸平 著

本书探讨了金融情报的概念，金融情报的搜集、撰写和分析，金融情报人员的定位，金融情报机构与金融决策机构的关系，以及金融反情报等等。全书思想丰沛，案例多样，构建了一套专业情报学框架，对金融理论创新和国家安全研究均有参考价值。